AF253077

# Le Secret de la Franc-Maçonnerie,

par Monseigneur Amand-Joseph Fava, Évêque de Grenoble.

Troisième Édition.

## Apologétique.

Société de Saint-Augustin,
Desclée De Brouwer et Cie,
Imprimeurs des Facultés catholiques de Lille. 1885.

# LE SECRET DE LA FRANC-MAÇONNERIE.

الجزء:

# Le Secret de la Franc-Maçonnerie,

par Monseigneur Amand-Joseph Fava, Évêque de Grenoble.

~ Troisième Édition. ~

## Apologétique.

Société de Saint-Augustin,
Desclée De Brouwer et Cie,
Imprimeurs des Facultés catholiques de Lille. 1885.

IL y a de par le monde une Société qui s'appelle la Franc-Maçonnerie. On a pu discuter sur son origine et la fin qu'elle se propose ; mais il n'est pas possible de nier son existence, puisque cette Société se montre à tous les yeux, parle, agit et s'affirme elle-même chez les divers peuples de la terre.

Elle est dite *Société Secrète*, parce que ses membres se réunissent aussi secrètement que possible, dans des locaux appelés *Loges*, dont l'entrée est interdite aux *Profanes*, c'est-à-dire à ceux qui ne sont pas Francs-Maçons. Leurs résolutions doivent demeurer ignorées du public ; la loi du silence est imposée à chaque membre sous la foi du plus terrible serment et sous les peines les plus graves, même la mort, selon la gravité du cas : malheur au Franc-Maçon oublieux de ses engagements sacrilèges ! Rien ne saurait, s'il est condamné par elle, le soustraire aux coups de la secte.

Toutefois, la Franc-Maçonnerie, quoique Société Secrète, n'est pas *inconnue*.

Un homme peut dissimuler ses pensées, vivre seul et cacher le secret de sa vie intime sans cependant demeurer ignoré de ses semblables, s'il vit au milieu d'eux.

C'est pourquoi la Maçonnerie a beau vouloir dérober à nos yeux ses assemblées, ses réunions, son action et son but : on sait son existence ; les esprits attentifs la suivent dans les voies où elle marche, si ténébreuses soient-elles, et ses actes révèlent la fin qu'elle se propose comme les fruits font connaître l'arbre.

On doit donc s'étonner d'entendre dire que l'origine de la Franc-Maçonnerie se perd dans la nuit des temps. Évidemment, quand cette société a existé, on l'a vue, et l'histoire, attentive à enregistrer les faits de cette nature, a pris soin d'en parler. Un homme seul, vivant parmi ses semblables, ne saurait passer inaperçu: comment donc une association tout entière pourrait-elle échapper aux regards et à la curiosité du monde?

Aussi, après avoir rapporté nous-même le sentiment de quelques écrivains, qui font remonter les Francs-Maçons, par les Templiers et les Albigeois, aux hérétiques des premiers siècles de l'ère chrétienne, avons-nous laissé de côté ces données trop vagues, pour arriver à quelque chose de précis sur l'origine de la Franc-Maçonnerie. Des ouvrages que nous avons pu nous procurer, et que nous citerons au cours de nos études, ci-après, prouvent d'une façon évidente que la secte a eu pour auteur Fauste Socin.

Certainement il y a eu des maçons avant cet hérésiarque, mais c'étaient des maçons constructeurs. Il y en avait à la Tour de Babel, aux Pyramides, au Temple de Salomon au second Temple, et ailleurs.

Julien l'Apostat en avait pris à sa solde quand il essaya vainement de rebâtir le temple de Jérusalem pour infirmer les paroles de Jésus-Christ. Il y en eut plus tard qui furent connus sous le nom de *Logeurs du Bon Dieu*: c'étaient encore des ouvriers constructeurs.

Les Templiers n'ont pas donné non plus le jour à la Maçonnerie. Ce qui est certain, c'est que l'Ordre des Templiers fut aboli en 1312, et que tous ses membres se dispersèrent aussitôt. L'histoire ne nous montre aucune association formée de leurs débris, et plusieurs siècles s'écoulent, après leur supplice ou leur fuite, sans que la Maçonnerie se révèle.

Le premier document historique qui nous la signale sans

avoir cependant aucune liaison avec ledit Ordre, est connu sous le titre de *Charte de Cologne*, 1535.

En lisant cette pièce, dont l'original se trouve aux archives de la mère-loge d'Amsterdam, portant dix-neuf signatures à la fin, ce qui n'a pas empêché les historiens de mettre son authenticité en question, on voit qu'elle est le fait de maçons bâtisseurs ayant la manie de dogmatiser. Si cette pièce est authentique, on peut dire que cette Société a jeté dans le monde européen l'idée de la Franc-Maçonnerie avec ses trois grades fondamentaux d'Apprenti, de Compagnon et de Maître, puis deux grades supérieurs et un chef suprême à qui tout doit obéir.

D'après cette Charte, la dite association date du XVe siècle, car elle dit dans un de ses considérants : « Rien ne nous indique que notre association ait été connue avant 1440, après la naissance du Christ, sous d'autre dénomination que celle des FF∴ de Jean ; c'est alors, d'après ce qu'il nous a paru, qu'elle commença à prendre le nom de *Confraternité des Francs-Maçons*, spécialement à Valenciennes en Flandre, parce qu'à cette époque on commença, par les soins et les secours des FF∴ Maç∴ de cet Ordre, à bâtir, dans quelques parties du Hainaut, des hospices pour y guérir les pauvres qui étaient attaqués de l'inflammation dartreuse dite *Mal de Saint-Antoine*. »

En outre, cette Charte elle-même nous prouve que l'association dont elle parle n'est pas celle d'aujourd'hui. En effet, celle-ci a pour caractère spécial la haine contre JÉSUS-CHRIST, tandis que celle-là n'admettait dans son sein que des chrétiens, témoin le considérant suivant : « Quoique en accordant nos bienfaits nous ne devions nullement nous inquiéter de religion ni de patrie, il nous a cependant paru nécessaire et prudent de ne recevoir jusqu'à présent dans notre Ordre que ceux qui, dans le monde profane ou non éclairé, professent la Religion chrétienne. »

A partir de 1545, la question devient plus claire et les documents historiques s'offrent nombreux pour fixer définitivement le berceau de la Franc-Maçonnerie à Vicence, près Venise, en Italie, comme nous le montrerons dans cet ouvrage.

L'accueil fait à nos divers écrits concernant la secte maçonnique nous a puissamment encouragé à continuer nos études sur cette question, devenue aujourd'hui d'une importance capitale.

Chose étrange! La Franc-Maçonnerie demeure inconnue, maintenant encore, d'une foule de personnes qui auraient cependant intérêt à la connaître. Ces ténèbres où elle réussit à se cacher, travaillant comme la taupe, *sicut talpa*, et minant la société religieuse et civile, ont en soi quelque chose d'inexplicable.

La taupe, on constate sa présence quand elle soulève sa motte de terre; alors on la saisit et on l'empêche de nuire: pourquoi ne sait-on pas voir la Maçonnerie quand elle soulève les peuples, quand elle opprime l'Église? Pourquoi la laisse-t-on continuer impunément son œuvre de destruction et de mort?

Il est prouvé que la Maçonnerie a jeté dans le sein de la Pologne des germes mortels de division par la main de son auteur, Fauste Socin; qu'à la même époque elle a favorisé la perversion des esprits en Allemagne et chez les nations du Nord; préparé, puis exécuté, en Angleterre, le meurtre de Charles I<sup>er</sup> par l'adepte Cromwel, que Bossuet a si bien peint; décrété, en France, la mort de Louis XVI et déchaîné la grande Révolution de 93, où la nation faillit périr dans le sang, où l'Église aurait sombré si elle n'était à l'abri des tempêtes; que depuis plusieurs siècles elle est le grand ressort du monde politique et, de nos jours, la puissance tyrannique qui aspire à gouverner l'Église de Jésus-Christ ainsi que les États; et cependant elle reste inconnue de ceux-là mêmes qu'elle frappe. C'est à peine si ses propres adeptes, dont elle se fait, à son heure, des instruments, savent ce qu'elle est.

D'où vient ce mystérieux phénomène?

Évidemment il y a une cause. Pour nous, nous pensons qu'il faut surtout l'attribuer à la légèreté des esprits. En général, nous ne sommes frappés que par l'extérieur des choses; nous restons à la superficie des faits sans trop chercher ce qui les produit.

En un mot, nous n'appliquons pas notre intelligence, comme le mot l'indique — *intus legere*, lire au dedans — pour voir clair au fond des questions.

Ce regard scrutateur est en soi un travail pénible, et nous n'aimons pas la peine. Pour savoir, il faudrait étudier: l'étude est fatigante. C'est ainsi que beaucoup de personnes se contentent d'avoir des idées vagues, des connaissances superficielles sur la Franc-Maçonnerie, sans prendre le moins du monde souci de sa doctrine, poison mortel pour les peuples.

Cependant, en pareille matière, la doctrine est tout. La doctrine, mais c'est l'âme des peuples, des associations, des familles, l'âme des âmes. Qui sait la doctrine d'une nation, d'une société, d'un individu, connaît cette nation, cette société, cet individu. Je n'ai pas besoin d'aller chez les Turcs pour savoir leur niveau moral: il me suffit de savoir qu'ils sont Mahométans, et pour connaître un homme, la chose est faite quand on m'a dit que c'est un matérialiste ou un chrétien fervent. Tant vaut la doctrine, tant vaut le peuple, tant vaut la société, tant vaut l'homme, s'ils la prennent pour règle de conduite.

C'est pourquoi il faut avant tout étudier la doctrine de la

Franc-Maçonnerie, si l'on veut connaître cette Société et porter sur elle un jugement adéquat.

Dans le but de faciliter cette étude, nous exposerons à nos lecteurs la doctrine maçonnique avec ses variations.

Dans l'ouvrage que nous publions aujourd'hui, nous prouverons que la Franc-Maçonnerie a d'abord été *hérétique*, puis qu'elle est devenue *panthéiste*.

Cela formera un ensemble assez complet pour faire connaître la secte sous le rapport doctrinal.

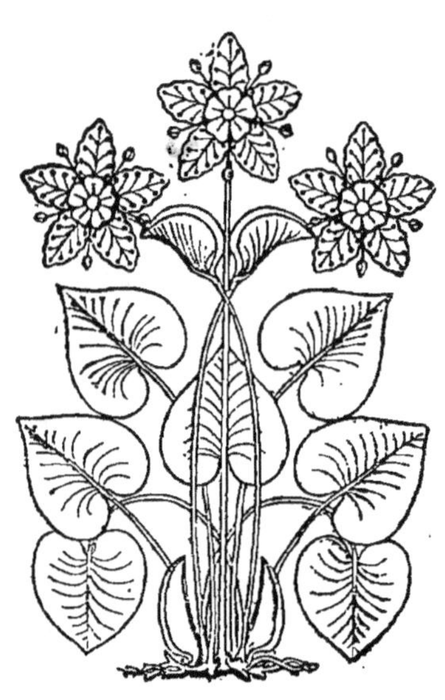

## Première Partie. — La Franc-Maçonnerie, dès son origine, a été hérétique.

I. La Franc-Maçonnerie a eu pour but, dès son origine, de détruire le Christianisme et de le remplacer par le Rationalisme ; c'est à la réussite de ce projet qu'elle a travaillé, depuis sa fondation et qu'elle travaille encore de nos jours.

II. Ce projet constitue précisément ce qu'on appelle : UNE HÉRÉSIE.

III. Quel jugement faut-il porter sur la Franc-Maçonnerie, considérée comme hérésie ?

Tels sont les trois chapitres qui composent cette première partie.

# CHAPITRE PREMIER.

## La Franc-Maçonnerie a eu pour but, dès son origine, de détruire le Christianisme et de le remplacer par le Rationalisme.

**N**OUS diviserons ce chapitre en deux paragraphes, où nous montrerons comment la Maçonnerie a travaillé à l'exécution de son projet, d'abord, jusqu'au convent tenu à Wilhemsbad en 1781 ; puis jusqu'à nos jours.

### I.

Fauste Socin, fondateur de la Franc-Maçonnerie. — Cromwell. — Ashmole. — Témoignage du F∴ Ragon. — Doctrine des Loges, Encycliques des Papes. — Voltaire. — Adam Weishaupt. — Convent de Wilhemsbad.

#### 1. FAUSTE SOCIN, FONDATEUR DE LA FRANC-MAÇONNERIE.

**F**AUSTE Socin naquit à Sienne, en 1539. Il appartient à la famille des *Sozzini* — Socins — qui a donné le jour aux plus grands hérésiarques de l'Italie.

« Fauste Socin, dit Feller, fut gâté de bonne heure, ainsi que plusieurs de ses parents, par les lettres de son oncle, Lœlius Socin, auteur de la secte socinienne, ou, si l'on veut, restaurateur de la secte arienne. Pour éviter les poursuites de l'Inquisition, il se retira en France : nouvelle preuve que c'est à ce tribunal que l'Italie et l'Espagne doivent la tranquillité dont elles ont joui, tandis que l'état politique et religieux du reste de l'Europe était ébranlé par les nouvelles sectes.

« Lorsqu'il était à Lyon, n'étant âgé que de vingt ans, il apprit la mort de son oncle et alla recueillir ses papiers à Zurich (¹). »

Que renfermaient ces papiers ?

Feller nous le dit à l'article qu'il consacre dans son *Dictionnaire historique* à Socin Lélie : « Celui-ci assista à une conférence tenue à Vicence en 1547, où la destruction du christianisme fut résolue ; il concentra ses efforts à renouveler l'arianisme et à saper la religion par ses fondements, en attaquant la Trinité et l'Incarnation (²). »

Le même auteur, en parlant d'*Ochin*, qui avait aussi assisté à ladite conférence, s'exprime dans les termes suivants : « Dans cette assemblée de Vicence, on convint des moyens de détruire la religion de Jésus-Christ, en formant une société qui, par ses succès progressifs, amena à la fin du XVIIIe siècle une apostasie presque générale. Lorsque la république de Venise, informée de cette conjuration, fit saisir Jules Trévisan et François de Rugo, qui furent étouffés, Ochin se sauva avec les autres : la société ainsi dispersée ne devint que plus dangereuse, et *c'est elle que l'on connaît aujourd'hui sous le nom de Francs-Maçons.* » Voir le *Voile levé*, etc. (Édition de 1821, Lyon).

L'auteur de cet ouvrage est l'abbé Lefranc, tombé sous la hache des assassins à Paris, le 2 septembre 1792. Voici ce qu'il dit dans l'ouvrage précité, *le Voile levé*

---

1. Feller, *Dictionnaire historique*, Paris, 1849 ; t. VII, p. 601.
2. Id. *Ibid.*

*pour les curieux, ou Histoire de la Franc-Maçonnerie depuis son origine jusqu'à nos jours.* « Vicence fut le berceau de la Maçonnerie en 1546. Ce fut dans la société des athées et des déistes, qui s'y étaient assemblés pour conférer ensemble sur les matières de religion qui divisaient l'Allemagne en un grand nombre de sectes et de partis, que furent jetés les fondements de la Maçonnerie ; ce fut dans cette académie célèbre que l'on regarda les difficultés qui concernaient les mystères de la religion chrétienne comme des points de doctrine qui appartenaient à la philosophie des Grecs et non à la foi.

« Ces décisions ne furent pas plus tôt parvenues à la connaissance de la république de Venise qu'elle en fit poursuivre les auteurs avec la plus grande sévérité. On arrêta Jules Trévisan et François de Rugo, qui furent étouffés. Bernardin, Ochin, Lœlius Socin, Péruta, Gentilis, Jacques Chiari, François Lenoir, Darius Socin, Alicas, l'abbé Léonard se dispersèrent où ils purent ; et cette dispersion fut une des causes qui contribuèrent à répandre leur doctrine en différents endroits de l'Europe. Lœlius Socin, après s'être fait un nom fameux parmi les principaux chefs des hérétiques qui mettaient l'Allemagne en feu, mourut à Zurich, avec la réputation d'avoir attaqué le plus fortement la vérité du mystère de la Sainte-Trinité, de celui de l'Incarnation, l'existence du péché originel et la nécessité de la grâce de Jésus-Christ.

« Lœlius Socin — qu'on nous permette de le redire — laissa dans Fauste Socin, son neveu, un défenseur habile de ses opinions ; et c'est à ses talents, à sa science, à son activité infatigable et à la protection des princes qu'il sut mettre dans son parti, que la Franc-Maçonnerie doit son origine, ses premiers établissements et la collection des principes qui sont la base de sa doctrine.

« Fauste Socin trouva beaucoup d'oppositions à vaincre pour faire adopter sa doctrine parmi les sectaires de l'Allemagne ; mais son caractère souple, son éloquence, ses ressources, et surtout le but qu'il manifestait de déclarer la guerre à l'Église romaine et de la détruire, lui attirèrent beaucoup de partisans. Ses succès furent si rapides que, quoique Luther et Calvin eussent attaqué l'Église romaine avec la violence la plus outrée, Socin les surpassa de beaucoup. On a mis pour épitaphe sur son tombeau, à Luclavie, ces deux vers :

*Tota licet Babylon destruxit tecla Lutherus,*
*Muros Calvinus, sed fundamenta Socinus.*

qui signifient que, si Luther avait détruit le toit de l'Église catholique, désignée sous le nom de Babylone, si Calvin en avait renversé les murs, Socin pouvait se glorifier d'en avoir arraché jusqu'aux fondements. Les prouesses de ces sectaires contre l'Église romaine étaient représentées dans des caricatures aussi indécentes que glorieuses à chaque parti ; car il est à remarquer que l'Allemagne était remplie de gravures de toute espèce, dans lesquelles chaque parti se disputait la gloire d'avoir fait le plus de mal à l'Église.

« Mais il est certain qu'aucun des sectaires ne conçut un plan aussi vaste, aussi impie, que celui que forma Socin contre l'Église ; non seulement il chercha à renverser et à détruire, il entreprit, de plus, d'élever un *nouveau temple*, dans lequel il se proposa de faire entrer tous les sectaires en réunissant tous les partis, en admettant toutes les erreurs, en faisant un tout monstrueux de principes contradictoires ; car il sacrifia tout à la gloire de réunir toutes les sectes pour fonder une nouvelle église à la place de celle de Jésus-Christ, *qu'il se faisait un point capital de renverser*, afin de retrancher la foi des mystères, l'usage des sacrements, les terreurs d'une autre vie, si accablantes pour les méchants.

« Ce grand projet de bâtir un nouveau temple, de fonder une nouvelle religion, a donné lieu aux disciples de Socin de s'armer de tabliers, de marteaux, d'équerres, d'aplombs, de truelles, de planches à tracer, comme s'ils avaient envie d'en faire usage dans la bâtisse du nouveau temple que leur chef avait projeté ; mais, dans la vérité, ce ne sont que des bijoux, des ornements qui servent de parure plutôt que des instruments utiles pour bâtir.

« Sous l'idée d'un nouveau temple, il faut entendre un nouveau système de religion conçu par Socin, et à l'exécution duquel tous les sectateurs promettent de s'employer. Ce système ne ressemble en rien au plan de la religion catholique établie par Jésus-Christ ; il y est même diamétralement opposé, et toutes les parties ne tendent qu'à jeter du ridicule sur les dogmes et les vérités professées dans l'Église qui ne s'accordent pas avec l'orgueil de la raison et la corruption du cœur. Ce fut l'unique moyen que trouva Socin pour réunir toutes les sectes qui s'étaient formées dans l'Allemagne, et c'est le secret qu'emploient aujourd'hui les francs-maçons pour peupler leurs loges des hommes de toutes les religions et de tous les systèmes.

« Ils suivent exactement le plan que s'était prescrit
Socin de s'associer les savants, les philosophes, les
déistes, les riches, les hommes, en un mot, capables de
soutenir leur société par toutes les ressources qui sont
en leur pouvoir ; ils gardent au dehors le plus grand
secret sur leurs mystères : semblables à Socin, qui apprit par expérience combien il devait user de ménagements pour réussir dans son entreprise. Le bruit de ses
opinions le força de quitter la Suisse en 1579, pour
passer en Transylvanie, et de là en Pologne. Ce fut
dans ce royaume qu'il trouva les sectes des Trinitaires
et des Antitrinitaires, divisées entre elles. En chef
habile, il commença par s'insinuer adroitement dans
l'esprit de tous ceux qu'il voulait gagner : il affecta une
estime  égale pour toutes les sectes ; il approuva hautement les entreprises de  Luther et de Calvin contre
la Cour  romaine ; il ajouta même qu'ils n'avaient  pas
mis la dernière main à la destruction de Babylone, qu'il
fallait en  arracher les fondements pour bâtir, sur  ses
ruines, le *temple véritable.*

« Sa conduite répondit à ses projets. Afin que son
ouvrage avançât sans obstacle, il prescrivit un silence
profond sur  son entreprise, comme les francs-maçons
le prescrivent dans leurs loges en matière de religion,
afin de n'éprouver  aucune contradiction  sur l'explication des symboles religieux dont leurs loges sont pleines;
et ils font faire serment de ne jamais parler, devant les
profanes, de ce qui se passe en loge, afin de ne pas di-
vulguer une doctrine qui ne peut se perpétuer que sous
un voile mystérieux. Pour lier plus étroitement ensemble ses sectateurs, Socin voulut qu'ils se traitassent de

frères et qu'ils en eussent les sentiments. De là sont venus les noms que les Sociniens ont portés successivement de *Frères-Unis*, de *Frères-Polonais*, de *Frères-Moraves*, de *Frey-Maurur*, de *Frères de la Congrégation*, de *Free-Murer*, de *Freys-Maçons*, de *Free-Maçons*. Entre eux, ils se traitent toujours de frères et ont les uns pour les autres l'amitié la plus démonstrative.

« Socin tira un grand avantage de la réunion de toutes les sectes des Anabaptistes, des Unitaires et des Trinitaires, qu'il sut ménager. Il se vit maître de tous les établissements qui appartenaient à ces sectaires ; il eut permission de prêcher et d'écrire sa doctrine ; il fit des catéchismes, des livres, et serait venu à bout de pervertir, en peu de temps, tous les catholiques de la Pologne, si la diète de Varsovie n'y avait pas mis obstacle. En effet, jamais doctrine ne fut plus opposée au dogme catholique que celle de Socin. Comme les Unitaires, il rejetait de la religion tout ce qui avait l'air de mystère; selon lui, Jésus-Christ n'était fils de Dieu que par adoption et par les prérogatives que Dieu lui avait accordées, d'être notre médiateur, notre prêtre, notre pontife, quoiqu'il ne fût qu'un pur homme. Selon Socin et les Unitaires, le Saint-Esprit n'est pas Dieu, et, bien loin d'admettre trois personnes en Dieu, Socin n'en voulait qu'une seule, qui était Dieu. Il regardait comme des rêveries le mystère de l'Incarnation, la présence réelle de Jésus-Christ dans l'Eucharistie, l'existence du péché originel, la nécessité d'une grâce sanctifiante. Les Sacrements n'étaient, à ses yeux, que de pures cérémonies établies pour soutenir la religion du peuple. La tradition apostolique n'était point, à ses

yeux, une règle de foi ; il ne reconnaissait point l'autorité de l'Église pour interpréter les Saintes Écritures.
En un mot, la doctrine de Socin est renfermée dans
deux cent vingt-neuf articles *qui ont tous pour objet de
renverser la doctrine de* JÉSUS-CHRIST (¹). »

L'abbé Lefranc a puisé ses renseignements à bonne
source, car il est en parfait accord avec l'historien César
Cantu, si bien instruit de l'histoire de l'Italie, son pays,
et si bien renseigné sur la vie de Socin.

« Neveu et disciple de Lélio, dit-il, il naquit à
Sienne, le 5 décembre 1539 : bel écrivain, parleur
facile, distingué dans ses manières, il étudia la jurisprudence et ensuite les sciences à Lyon. Ayant appris
la mort de son oncle, il courut en Pologne pour rassembler les livres du défunt, et y fut accueilli comme un
prophète destiné à mettre la dernière main à la doctrine
arienne. Pour le moment, il retourna dans sa patrie,
et pendant douze ans remplit à la Cour de Florence
d'honorables emplois ; puis, lorsque ses parents furent
persécutés, il transféra sa résidence à Bâle, en 1574,
malgré les instances du grand-duc, qui cherchait à l'en
dissuader. Il se mit à étudier la théologie et la ramena
à un sens opposé à celui qu'on lui donnait ordinairement : il publia des œuvres anonymes, par exemple, le
traité de *Jesu Servatore ;* mais, ayant eu une querelle
avec François Pucci, en 1578, il dut quitter Bâle.
Fauste fut alors appelé en Transylvanie et en Pologne,
où l'hérésie antitrinitaire avait pris racine. »

« Sa présence, continue César Cantu, jeta un nouvel

---

1. Lefranc, *Voile levé pour les curieux, ou Histoire de la Franc-Maçonnerie depuis son origine jusqu'à nos jours,* p. 21 et suiv.

élément de confusion parmi les nombreuses sectes de
ce pays, en mettant au jour un nouveau symbole tiré
des papiers de son oncle, symbole qui différait sur des
points essentiels de celui des Unitaires polonais. D'après
ces nombreux écrits, Luther et Calvin avaient bien mérité, mais cependant leurs mérites ne devaient pas satisfaire, puisqu'il fallait, selon lui, débarrasser la foi de
tout dogme qui surpasse la raison... Fauste Socin fut
donc un véritable hérésiarque, et un hérésiarque bien caractérisé, puisque, en proclamant les droits de la raison,
il n'a respecté aucune limite. Luther et les autres avaient
sécularisé la religion, lui sécularisa Dieu; s'il n'osa pas
bannir ouvertement le supra-sensible, il nia tous les dogmes, il conduisit à l'incrédulité, et fut le père du rationalisme, qui est l'hérésie de notre temps. Il enseignait
même des erreurs sociales: en exagérant la doctrine de la
mansuétude évangélique et celle du pardon, il niait, non
seulement la légitimité de la guerre, mais encore celle
de toute autorité répressive... Cette doctrine fut sou-
tenue par ses disciples, qui en étendirent les conséquences jusqu'à nier le droit pénal, et principalement
la peine de mort... En fait, la Réforme n'était parvenue
qu'à arracher les âmes au Pape pour les donner, soit à
un roi, soit à un consistoire, soit à un pasteur. Le socinianisme seul implanta l'autonomie de la raison; c'est
de lui que sortent Descartes, Spinosa, Bayle, Hume,
Kant, Lessing, Hégel, Bauer, Feuerbasch. Strauss et
ses adeptes, en niant le Christ positif et en y substituant un Christ idéal, ne firent qu'ajouter au plan socinien l'élaboration scientifique, laquelle est le propre de
l'âge moderne: les blasphèmes arcadiques de Renan et

les propos de carrefour de Bianchi-Giovani et de plusieurs Italiens n'ont pas d'autre origine. Ce sont eux
qui ont supprimé d'un seul coup la question suprême,
la clé de voûte de l'histoire, celle de la vie, de la mort,
de l'avenir, l'intelligence du monde mystérieux ([1]). »
Ainsi parle César Cantu.

Il est donc évident, pour tout homme qui sait lire,
que le Socinianisme est fils de la Réforme protestante,
et Socin le fondateur de la secte maçonnique : Socinianisme et Maçonnerie ne font qu'un.

« Les Sociniens, dit encore César Cantu, en qualité
de disciples de Luther, se proclamaient les restaura-
teurs du Christianisme primitif, par cela seul qu'ils prenaient la Sainte Écriture pour unique règle de foi et
pour mesure de leurs actions. Luther, en éliminant de
la Bible ce qui n'était pas de son goût, conserva les
dogmes de la Trinité, du péché originel, de l'Incarnation et de la Divinité du Christ, le Baptême et une sorte
d'Eucharistie : Socin supprima tout. Le Luthéranisme
avait donné la prépondérance à l'élément divin, le Socinianisme à l'élément humain ; les Réformés exagé-
rèrent le dogme du péché héréditaire, les Sociniens ne
le reconnurent pas. Selon ceux-là, Dieu seul opère la
justification, et l'homme reste un être entièrement passif ; suivant ceux-ci, l'homme seul est agissant, il s'élève
et se perfectionne de lui-même, sans que Dieu fasse
autre chose que de lui révéler sa doctrine. Pour les
Protestants, le divin Sauveur est venu sur la terre afin
de nous racheter par son sacrifice ; pour les Sociniens,
c'est un homme qui a été envoyé sur la terre afin de

---

1. Cantu, *Les Hérétiques d'Italie*, Paris, 1870 ; t. III, p. 391 et suiv.

donner à l'humanité une nouvelle doctrine et de lui montrer en sa personne le modèle à imiter. Les Protestants, se fiant entièrement en la grâce, méprisent la raison ; les Sociniens proclament que la raison et ses droits sont au-dessus de tout mystère, et qu'elle est seule compétente pour dissiper les nuages épais qui enveloppent les Saintes Écritures. » « Les Protestants, dit Gioberti, ont puisé dans les ouvrages des païens les accessoires et l'éloquence ; les Sociniens en ont renouvelé substantiellement les tendances, l'esprit et les doctrines. En rejetant le supra-intelligible idéal et révélé, ils obscurcissent l'intelligible à force de logique ; ils lui enlèvent cette pureté et cette perfection qui surabondent dans les préceptes évangéliques ; ils réduisent la sagesse du Christ aux étroites proportions de celle de Socrate et de Platon ; à l'idée lumineuse et pleine d'harmonie de la chrétienté catholique, ils substituent l'idée boiteuse et nébuleuse de la philosophie païenne. Ils conservèrent seulement en apparence les vérités supra-rationnelles de la révélation pour établir une harmonie apparente entre l'aristocratie socinienne et la multitude, et pour former une doctrine exotérique à l'usage exclusif du vulgaire. »

Pour résumer la question, disons qu'après avoir pu prêcher librement sa doctrine, multiplier ses adeptes, tenir ses assemblées, organiser sa société secrète et symbolique, verser l'erreur dans le sein de la malheureuse Pologne, Fauste Socin, aidé par Sigismond-Auguste, qui avait accordé la liberté de conscience à tous les ennemis de la Papauté, put s'applaudir d'avoir réalisé son plan, autant qu'il est accordé à l'hérésie de le faire, c'est-à-dire jusqu'à perdre des âmes et à ruiner un ou plusieurs pays, mais jamais au point de détruire le Christianisme, divin et immortel de sa nature.

« Cependant Fauste Socin eut à essuyer de sérieuses contradictions à propos de ses doctrines, dit César Cantu. Protégé par quelques grands personnages, il épousa Agnès, jeune fille de bonne famille, qu'il perdit en 1587. Ses adversaires excitèrent contre lui le peuple de Varsovie, qui le traîna dans les rues de la ville. Il échappa à grand'peine à ces mauvais traitements, et se retira dans un obscur village, où il mourut le 3 mars 1604. »

« La secte socinienne, ajoute Feller, bien loin de mourir ou de s'affaiblir par la mort de son chef, devint considérable par le grand nombre de personnes de qualité et de savants qui en adoptèrent les principes. Les Sociniens furent assez puissants pour obtenir dans les diètes de Pologne la liberté de conscience ; mais divers excès qu'ils commirent contre la religion de l'État les firent enfin chasser en 1658. Les cendres de Socin furent déterrées, menées sur les frontières de la petite Tartarie, puis mises dans un canon qui les envoya au pays des infidèles. »

« A Sienne, où la famille des Socins s'était illustrée, dès les temps les plus reculés, par les charges que ses membres avaient remplies ainsi que par leur savoir, écrit César Cantu, nous avons recherché soigneusement quelques souvenirs d'eux, mais il n'en reste presque aucun. On dit seulement que la villa de Scopeto appartenait à cette famille. Il y a peu d'années encore, on y voyait un grand arbre à l'abri duquel, selon la tradition, les religionnaires tenaient leurs assemblées ; aussi fut-il abattu par l'ordre de la pieuse dame à qui il appartenait ([1]). »

Les historiens sont d'accord sur la vie et la doctrine de Fauste Socin. Nous ne voulons ajouter aux témoignages déjà cités que les paroles d'un théologien bien connu : *Bergier*.

« Ce fut vers l'an 1579, dit l'auteur du *Dictionnaire de Théologie*, que Fauste Socin, neveu et héritier des sentiments de Lélio Socin, arriva en Pologne. Il y trouva les esprits divisés en autant de sectes qu'il y avait de docteurs : toutes ces prétendues églises n'étaient réunies qu'en un seul point, savoir : l'aversion contre le dogme de la divinité de JÉSUS-CHRIST. A force de disputes, d'écrits, de ménagements, de souplesse, Socin vint à bout de les rapprocher et de les amener à peu près à la même opinion, du moins à l'extérieur ; il devint ainsi le principal chef de ce troupeau qui a retenu son nom. Il mourut en 1604 ([2]). »

Après avoir exposé longuement la doctrine socinienne, le même auteur ajoute : « Aussi voyons-nous, par les écrits des déistes modernes, qu'ils ont pris chez les *Sociniens* la plus grande partie de leurs objections contre les dogmes que nous soutenons être révélés, de même que les *Sociniens* ont emprunté leurs principes et la plupart de leurs dogmes aux Protestants. Puisque les premiers ne refusent point de reconnaître ceux-ci pour leurs maîtres, les Protestants ont mauvaise grâce de ne vouloir point avouer les Sociniens pour leurs dis-

---

1. Cantu, *Les Hérétiques d'Italie*, Paris, 1870 ; t. III, p. 371 et suiv.
2. Bergier, *Dictionnaire de Théologie*, Lille, 1844 ; t. IV, p. 357.

ciples. Mais nous avons fait voir ailleurs que le déisme
lui-même est un système inconséquent dans lequel un
raisonneur ne peut demeurer ferme ; que de conséquence en conséquence il se trouve bientôt entraîné à
l'athéisme, au matérialisme, enfin au pyrrhonisme absolu,
dernier terme de l'incrédulité. Nous en sommes convaincu, non seulement par les arguments que les matérialistes
ont opposés aux déistes, mais encore par le fait, puisque nos plus célèbres incrédules, après avoir prêché
quelque temps le déisme, en sont venus à enseigner
hautement le matérialisme. Rien ne prouve mieux la
liaison des vérités qui composent la religion chrétienne
des catholiques que l'enchaînement des erreurs dans
lesquelles tombent nécessairement tous ceux qui s'écar-
tent du principe sur lequel cette religion divine est
fondée ([1]). »

2. CROMWELL (OLIVIER), ADEPTE DE SOCIN, FONDE LA
   MAÇONNERIE EN ANGLETERRE.

UNE fois établis en Pologne, dit Bergier, les Sociniens envoyèrent des émissaires prêcher sourdement leur doctrine en Allemagne, en Hollande, en
Angleterre. Ils n'eurent pas beaucoup de succès en
Allemagne ; les Protestants et les Catholiques se réuni-
rent pour les démasquer. En Hollande, ils se mêlèrent
parmi les Anabaptistes ; en Angleterre, ils trouvèrent
des partisans parmi les différentes sectes qui parta-
geaient les esprits dans ce royaume. Ainsi dispersés, ils
furent désignés sous différents noms... On les a nommés
partout Unitaires ou *Sociniens*, et ce nom de Sociniens

---

1. Cantu, *Op. et loc. cit.*

est devenu commun à tous les sectaires qui nient·la divinité de Jésus-Christ (¹). »

L'abbé Lefranc, déjà cité, affirme que la Maçonnerie agissante passa de Pologne en Angleterre. « La Franc-Maçonnerie, dit-il, est la quintessence de toutes les hérésies qui ont divisé l'Allemagne dans le seizième siècle. Les Luthériens, les Calvinistes, les Zuingliens, les Anabaptistes, les nouveaux Ariens, tous ceux, en un mot, qui attaquent les mystères de la religion révélée, tous ceux qui disputent à Jésus-Christ sa divinité, à la Sainte Vierge sa maternité divine ; tous ceux qui ne reconnaissent point l'autorité de l'Église catholique, ou qui rejettent les sacrements ; ceux qui n'espèrent point une autre vie, qui ne croient pas en Dieu, soit parce qu'ils se persuadent qu'il ne se mêle pas des choses de ce monde, soit parce qu'ils désirent qu'il n'y en ait point, *voilà tous ceux qui ont donné naissance à la Franc-Maçonnerie, ou avec lesquels les Francs-Maçons se sont associés et dont leur Ordre est aujourd'hui formé.* »

« C'est de l'Angleterre, continue l'abbé Lefranc, que les Francs-Maçons de France prétendent tirer leur origine : c'est donc chez nos voisins qu'il faut examiner les progrès de la Maçonnerie. Il n'y était pas question d'eux au commencement du XVIIᵉ siècle. Ce ne fut que vers le milieu qu'ils y furent soufferts, sous le règne de Cromwell, parce qu'ils s'incorporèrent avec les indépendants, qui formaient alors un grand parti. Après la mort du grand protecteur, leur crédit diminua, et ce ne fut que vers la fin du même siècle qu'ils parvinrent à former des assemblées à part, sous le nom de *Freys-*

---

1. Bergier, *Dictionnaire de Théologie*, Lille, 1844 ; t. IV, p. 358.

*Maçons*, d'hommes libres ou de maçons libres ; et ils ne furent connus en France et ne réussirent à s'y faire des prosélytes que par le moyen des Anglais et des Irlandais qui passèrent dans ce royaume avec le roi Jacques et le prétendant. C'est parmi les troupes qu'ils ont été d'abord connus, et par leur moyen qu'ils ont commencé à se faire des prosélytes, qui se sont rendus redoutables depuis 1760, qu'ils ont eu à leur tête M. de Clermont, abbé de Saint-Germain-des-Prés (1). »

L'auteur de l'ouvrage intitulé : *Les Francs-Maçons écrasés* — l'abbé Larudan — est d'accord avec l'abbé Lefranc, l'auteur que nous venons de citer. Imprimé à Amsterdam en 1747, ce volume consacre à la doctrine de la Franc-Maçonnerie des pages où le secret de la secte est clairement dévoilé : il consiste à nier la divinité de Notre-Seigneur JÉSUS-CHRIST, comme nous l'avons dit, pour remplacer ce dogme, qui est la base du Christianisme, par la religion naturelle ou le Rationalisme.

« Cromwell, dit l'auteur de l'ouvrage *Les Francs-Maçons écrasés*, donna à son Ordre le titre d'*Ordre des Francs-Maçons*, parce que son but était de bâtir en liberté un nouvel édifice, c'est-à-dire de réformer le genre humain en exterminant les rois et les puissances, dont cet usurpateur était le fléau. Or, pour donner à ses partisans une idée sensible de son dessein, il leur proposa le rétablissement du Temple de Salomon, et c'est dans ce projet que l'on doit admirer encore davantage la vaste intelligence de cet homme extraordinaire, qui, sous la cendre la plus paisible, voulait cacher ce feu

---

1. Lefranc, *Le Voile levé :* Lyon, 1821.

redoutable dont je fais apercevoir aujourd'hui les étincelles. Et, en effet, quelle idée eut jamais plus de rapport à un projet de cette nature ? Et c'est ici principalement que je prie le lecteur d'en examiner attentivement jusqu'aux moindres parties.

« Le Temple de Salomon avait été bâti par l'ordre que Dieu en signifia à ce prince. C'était le sanctuaire de la religion, le lieu consacré spécialement à ses augustes cérémonies ; c'était pour la splendeur de ce Temple que ce sage monarque avait établi tant de ministres chargés du soin de veiller à sa pureté et à son embellissement. Enfin, après plusieurs années de gloire et de magnificence, vient une armée formidable qui renverse cet illustre monument. Le peuple qui y rendait ses hommages à la Divinité est chargé de fers et conduit à Babylone, d'où, après la captivité la plus rigoureuse, il se voit tiré par la main de son Dieu. Un prince idolâtre, choisi pour être l'instrument de la clémence divine, permet à ce peuple infortuné, non seulement de rétablir le Temple dans sa première splendeur, mais encore de profiter des moyens qu'il leur fournit pour y réussir. »

Or, c'est dans cette allégorie que les Francs-Maçons trouvent l'exacte ressemblance de leur société. Ce Temple, disent-ils, dans son premier lustre, est la figure de l'état primitif de l'homme, au sortir du néant. Cette religion, ces cérémonies qui s'y exerçaient, ne sont autre chose que cette loi commune et gravée dans tous les cœurs, qui trouve son principe dans les idées d'équité et de charité auxquelles les hommes sont obligés entre eux. La destruction de ce Temple, l'esclavage de ses adorateurs, ce sont l'orgueil et l'ambition, qui ont introduit la dépendance parmi les hommes. Ces Assyriens, cette armée impitoyable, ce sont les rois, les princes, les magistrats, dont la puissance a fait fléchir tant de malheureux qu'ils ont opprimés. Enfin ce peuple choisi et chargé de rétablir ce Temple magnifique, ce sont les Francs-Maçons, qui doivent rendre à l'univers sa première dignité (¹). »

Il est facile au lecteur de voir que l'auteur de ces pages attribue à Cromwell une allégorie qui appartient à Fauste Socin, ainsi que nous l'avons exposé plus haut ; mais reconnaissons que Cromwell l'a bien développée et imprimée si vivement dans l'esprit de la Maçonnerie anglaise qu'elle a passé sur le continent européen pour se répandre, de là, dans la Maçonnerie universelle. D'où il résulte que Cromwell, fidèle disciple de Socin, répudia la Révélation chrétienne et rejeta le dogme de la Divinité de JÉSUS-CHRIST, pour suivre les simples données de la raison ; en un mot, pour embrasser le rationalisme socinien.

L'ouvrage que nous citons : *Les Francs-Maçons écrasés*, a été imprimé à Amsterdam en 1747 ; donc quarante ans avant que Adam Weishaupt, fondateur de l'Illuminisme allemand, ne formulât la doctrine maçonnique avec la netteté qui caractérise son esprit. C'est pourquoi nous croyons utile et intéressant de citer ici quelques pages dudit ouvrage, pour montrer, dès maintenant, que la doctrine maçonnique anglaise, puisée chez Fauste Socin, est identique au fond à celle de l'Illuminisme allemand, adoptée elle-même à Wilhemsbad, en 1781, dans le grand convent qui s'y réunit, et

---

1. Larudan, *Les Francs-Maçons écrasés*, Amsterdam, 1747.

d'où elle se répandit immédiatement dans l'univers entier, grâce aux députés qui y étaient venus de toutes les parties du monde.

« On me demandera sans doute, continue l'auteur cité, comment j'ai pu pénétrer le sens de cette allégorie pour en faire la juste application ; quel rayon lumineux est venu percer la sainte horreur de cette nuit profonde qui m'en voilait la structure. A cela je réponds que, longtemps plongé dans les ténèbres, comme une infinité d'autres, j'ai erré ainsi qu'eux à l'aventure, sans pouvoir hasarder la moindre décision, jusqu'à ce qu'enfin mille réflexions sur la morale que l'on me communiquait m'aient dessillé les yeux au point de m'en faire entrevoir le but et de m'en montrer à moi-même l'évidence, après un parallèle exact des cérémonies et des usages dont j'ai été témoin dans les différentes loges que j'ai fréquentées et où j'ai toujours rencontré les mêmes hiéroglyphes à deviner, et conséquemment le même sens à pénétrer. Mais, revenus encore à cette *Liberté* et à cette *Égalité*, figurées par le Temple de Salomon, ces attributs si essentiels à l'homme, disent les Francs-Maçons, et si inséparables de sa nature, ne lui ont été données par le Créateur que comme un bien propre, et sur lequel personne n'avait aucun droit. C'est ce Dieu qui, en tirant la nature du néant, en a fait l'homme, le chef et l'ornement principal, sans le soumettre à d'autre puissance qu'à la sienne. C'est lui qui ne lui a donné la terre à habiter qu'à titre d'être indépendant de ses semblables, auxquels il ne peut rendre ses hommages sans devenir sacrilège et contrevenir formellement à ses ordres. C'est en vain, poursuivent ils, que la supériorité des talents dans les uns, et la sublimité du génie dans les autres, a semblé demander le tribut de son respect et de sa vénération. Tous ces avantages, réunis ailleurs dans un degré plus éminent que chez lui, n'ont rien qui justifie son impiété : le Dieu jaloux qui l'a formé ne veut point de partage, et son encens est impur à ses yeux dès qu'il en a brûlé quelques grains sur l'autel de ces idoles fragiles et périssables qui ne valent pas qu'on leur sacrifie de si nobles victimes. En un mot, c'est dégrader sa nature, c'est en obscurcir la splendeur, c'est en perdre tout le prix, que de reconnaître dans tout homme quelque chose de plus qu'un égal et dont la condition soit préférable à la nôtre. Tel est le raisonnement des Francs-Maçons, qu'ils tâchent de rendre plausible, et par la peinture du malheur des hommes, et par les moyens qu'ils proposent pour y remédier. Voici comment ils exposent la première. — Si l'homme, disent-ils, a vu s'anéantir ses privilèges, s'il est déchu de cet état glorieux, propre de sa nature ; en un mot, s'il se voit aujourd'hui subordonné avec flétrissure et ignominie, ou l'ambition de ses semblables ou l'oubli de son propre intérêt l'ont plongé dans cet abîme ; si l'ambition l'y a précipité, c'est donc à lui à en sortir, c'est à lui à relever enfin cet étendard d'indépendance et d'égalité, ravi par les mains de l'orgueil, et à l'arborer sur les débris du monstre impitoyable qui a causé sa ruine. Au contraire, s'il est lui-même l'artisan de son malheur, si son abaissement est l'ouvrage de ses mains, qu'il ouvre donc les yeux sur les fers où il s'est condamné lui-même ; qu'il accepte le secours de cette main qui s'offre à les briser et à en charger les tyrans. C'est aux Francs-Maçons seuls qu'il est réservé d'accomplir ces miracles, de rassembler en un corps toutes ces familles différentes qui, à mesure qu'elles se sont éloignées de leur commune origine, quoiqu'elles ne composassent qu'un tout, sont venues à se méconnaître au point de vouloir composer par elles-mêmes ce tout, dont elles n'étaient que les parties. »

Évidemment, les Maçons du XVIIIᵉ siècle pensaient comme ceux d'aujourd'hui, et ils s'exprimaient comme leurs frères de l'époque actuelle. Si quelqu'un en doute, qu'il écoute la page suivante, extraite du même auteur : « Or, cette doctrine une fois bien digérée, dit-il, il ne reste plus qu'à la mettre à profit ; et c'est alors que les Francs-Maçons font voir clairement que rien n'est difficile *à quiconque ose entreprendre :* — vous entendez, Messieurs les conservateurs ! — que le contraire doit se détruire par le contraire ; que la révolte doit succéder à l'obéissance, le ressentiment à la faiblesse ; qu'il faut opposer la force à la force, renverser l'empire de la superstition pour élever celui d'une religion véritable, dissiper l'erreur et l'ignorance pour ne suivre que les lumières de la nature ; que c'est Dieu qui a gravé lui-même cette lumière dans le cœur de l'homme, qui l'y a placée comme une lampe éternelle pour éclairer ses actions, comme un oracle sûr qui doit l'inspirer, comme un guide invariable qui doit le conduire ; que le Maître du monde, indifférent d'ailleurs aux actions de ses créatures, n'est jaloux que de leurs hommages ; que le culte principal qu'il en exige est une simple reconnaissance de ses bienfaits, un tendre souvenir de ses dons, mais

que pour cette dépendance, accréditée depuis si longtemps par l'aveuglement et le préjugé, il faut enfin dissiper le prestige, effacer un spectacle injurieux à la Divinité, briser ces idoles qui ont osé lui disputer l'encens,
et, libre par la nature, rentrer en possession de ses privilèges. Morale, comme on le voit, digne de ses auteurs,
et qui a donné lieu sans doute à ces termes mystiques
dont se servent les Francs-Maçons lorsqu'ils disent que
leur société est appuyée sur trois colonnes principales,
c'est-à-dire sur la *Sagesse*, la *Force* et la *Beauté*, qui ne
sont précisément que les attributs de cette loi de nature dont je viens de parler, et l'usage de cette violence
que l'on doit employer. C'est à elle pareillement que
l'Ordre doit ces noms magnifiques de *Temple de la
Vérité*, d'*Entrée de la Lumière*, de *Monde nouveau*,
d'*Astre radieux*, de *Soleil incomparable*, etc. »

Qui ne voit dans ces termes de *superstition*, de *préjugés*, d'*aveuglement*, d'*idoles* usurpant les honneurs dus
au seul Dieu de la nature, le mépris jeté à pleines mains
sur la Religion chrétienne et son divin Auteur? Le projet de la Maçonnerie anglaise était donc celui de Socin:
*la destruction du Christianisme.*

Mort en 1658, Cromwell eut de magnifiques funérailles. « Son cadavre, dit Feller, fut embaumé et en-
terré dans le tombeau des rois, avec beaucoup de magnificence, mais exhumé en 1660, au commencement
du règne de Charles II, traîné sur la claie, pendu et
enseveli au pied du gibet. » C'est ainsi que le fils de
Charles I<sup>er</sup> vengeait son père sur celui qu'on appelait
*le Protecteur de l'Angleterre.*

Ces événements dispersèrent ceux qui s'étaient grou-

pés autour de Cromwell ; mais les Sociniens continuèrent à insinuer partout leur doctrine, qui n'est autre
que la Maçonnerie. Ragon, maçon fort instruit et très
suivi par la secte, complète ce que nous venons de dire
en résumant l'histoire de la Maçonnerie anglaise dans
son ouvrage intitulé : *Orthodoxie maçonnique*, pages 28
et suivantes.

### 3. ASHMOLE. — TÉMOIGNAGE DU F∴ RAGON.

EN 1646, écrit-il, le célèbre antiquaire *Élie Ashmole*, grand alchimiste, fondateur du musée
d'Oxford, se fait admettre avec le colonel *Mainwarraing* dans la confrérie des ouvriers maçons à Warrington, dans laquelle on commençait à agréger ostensiblement des individus étrangers à l'art de bâtir.

«Cette même année, une société de Rose-Croix, formée d'après les idées de la *Nouvelle Atlantis de Bacon*,
s'assemble dans la salle de réunion des Freemasons à
Londres. Ashmole et les autres frères de la Rose-Croix,
ayant reconnu que le nombre des ouvriers de métier
était surpassé par celui des ouvriers de l'intelligence,
parce que le premier allait chaque jour en s'affaiblissant tandis que le dernier augmentait continuellement,
pensèrent que le moment était venu de renoncer aux
formules de réception de ces ouvriers, qui ne consistaient qu'en quelques cérémonies à peu près semblables
à celles usitées parmi tous les gens de métier, lesquelles
avaient jusque-là servi d'abris aux *initiés* pour s'adjoindre des *adeptes*. Ils leur substituèrent, au moyen de traditions orales dont ils se servaient pour leurs aspirants
aux sciences occultes, un mode écrit d'initiation calqué

sur les anciens mystères et sur ceux de l'Égypte et de la Grèce, et le premier grade initiatique fut écrit tel, à peu près, que nous le connaissons. Ce premier degré ayant reçu l'approbation des initiés, le grade de *compagnon* fut rédigé en 1648 et celui de *maître* peu de temps après. Mais la décapitation de Charles Ier, en 1649, et le parti que prit Ashmole en faveur des *Stuarts* apportèrent de grandes modifications à ce troisième et dernier grade devenu biblique, tout en lui laissant pour base ce grand hiéroglyphe de la nature symbolisée vers la fin de décembre. Cette même époque vit naître les grades de *maître-secret, maître-parfait, élu, maître-irlandais*, dont Charles Ier est le héros sous le nom d'*Hiram,* mais ces grades de coteries politiques n'étaient professés nulle part. Néanmoins plus tard ils feront l'ornement de l'*Écossisme*.

« 1650. Mais les membres non travailleurs, acceptés dans la corporation, lui font prendre secrètement, surtout en Écosse, une tendance politique ; les chefs (protecteurs) des ouvriers écossais, partisans des Stuarts, travaillent dans l'ombre au rétablissement du trône détruit par *Cromwell*. On se sert de l'isolement qui protège les réunions des *Freemasons* pour tenir, dans leur local, des conciliabules où les plans sont concertés en sécurité. La décapitation de Charles Ier devait être vengée ; pour y parvenir et s'y reconnaître, ses partisans proposèrent un grade *templier*, où la mort violente de l'innocent J.-B. Molay appelle la *vengeance*. Ashmole, qui partageait le même sentiment politique, modifia donc son grade de maître et substitua à la doctrine égyptienne, qui en faisait un tout uniforme avec les deux premiers degrés, un voile biblique, incomplet et disparate, ainsi que l'exigeait le système jésuitique, et dont les initiales des mots sacrés de ces trois degrés reproduisaient celles du nom du grand-maître des Templiers. Voilà pourquoi, depuis cette époque, les initiés ont toujours regardé le *grade de maître*, seul complément de la *Franc-Maçonnerie*, comme un *grade à refaire ;* c'est sans doute d'après cette réforme que les deux colonnes et les paroles des deux premiers grades ont aussi reçu des noms bibliques.

« 1703. *Décision importante des formations* qui admettent *ouvertement*, dans l'association à Londres, les personnes étrangères à l'art de bâtir. Les maçons philosophes, dits acceptés, mêlés depuis longtemps aux ouvriers constructeurs, vont se trouver plus puissants pour opérer *publiquement* la transformation tant désirée.

« 1714. Georges Ier commence son règne. Les auteurs maçons regardent cette époque comme la fin des *temps obscurs de l'Ordre maçonnique*. Ils se trompent, il n'existe pas encore d'Ordre maçonnique ; cette époque n'est que la fin des associations d'ouvriers constructeurs, dont l'existence était devenue fort précaire depuis que leurs secrets en architecture étaient tombés dans le domaine public.

« 1717. De cette époque *seule* date l'Ordre maçonnique : l'association des constructeurs n'était qu'un ou plusieurs corps de métiers et ne fut jamais un Ordre. Quant au mot *maçonnique*, ce qualificatif n'a pas été créé pour eux ; l'irréflexion ou l'ignorance pouvait seule les en doter, car, nous le répétons, un ouvrage de maçonnerie n'est pas un ouvrage maçonnique.

« Cette année, la corporation ne comptait plus, à Londres, que quatre sociétés, dites *Loges*, possédant les registres et anciens titres de la confraternité et opérant sous le *chef d'ordre d'York*. Elles se réunissent en février ; elles adoptent les trois rituels rédigés par Ashmole ; elles secouent le joug d'York et se déclarent *indépendantes du gouvernement de la confraternité*, sous le titre de GRANDE-LOGE DE LONDRES.

« C'est de ce foyer central et unique que la FRANC-MAÇONNERIE, c'est-à-dire la rénovation ostensible de la philosophie secrète des mystères anciens, partit dans toutes les directions pour s'établir chez tous les peuples du monde.

« 1725. A compter de cette époque, la FRANC-MAÇONNERIE se répand dans les divers États de l'Europe ; elle a débuté en France dès 1721, par l'institution, le 13 octobre, de la loge l'*Amitié et Fraternité* à Dunkerque ; à Paris en 1725 ; à Bordeaux en 1732 (la loge l'*Anglaise*), et à Valenciennes le 1er janvier 1733, la *Parfaite-Union*. Elle pénètre en Irlande en 1729, en Hollande en 1730 ; la même année une loge s'établit à Savannah, État de Géorgie (Amérique), puis à Boston en 1733. Elle paraît en Allemagne en 1736 ; la Grande-Loge de Hambourg est instituée le 9 décembre 1737 ; ainsi de suite dans les autres États de l'Europe et des pays extra-européens, toujours sous l'active et intelligente direction de la Grande-Loge d'Angleterre ([1]). »

Quelle était donc la doctrine de toutes ces loges ? Le Saint Siège va nous le dire.

---

[1]. Ragon, *Orthodoxie maçonnique.*

4. Doctrine des loges. — Encycliques des papes.

EN 1738, le 4ᵉ jour des calendes de mai, Clément XII écrivait à tout l'univers catholique une lettre apostolique où nous lisons les passages suivants: «Nous avons appris par la rumeur publique elle-même l'extension, la contagion et les progrès chaque jour plus rapides de certaines sociétés, assemblées ou conventicules appelés *Liberi Muratori* ou *Francs-Maçons*, ou de quelque autre nom, suivant la variété des langues. Dans ces associations, des hommes de toute religion et de toute secte, attentifs à affecter une apparence d'honnêteté naturelle, liés entre eux par un pacte aussi étroit qu'impénétrable suivant les lois et les statuts qu'ils se sont faits, s'engagent par un serment rigoureux prêté sur la Bible, et sous les peines les plus terribles, à tenir cachées par un serment inviolable les pratiques secrètes de leur société.

« Mais telle est la nature du crime qu'il se trahit lui-même et qu'il pousse un cri qui le révèle : c'est ainsi que les sociétés ou conventicules dont nous parlons ont excité dans les esprits des fidèles des soupçons si graves, que l'affiliation à ces sociétés est auprès des hommes sages et honnêtes une marque de dépravation et de perversion. En effet, s'ils ne faisaient point le mal, ils n'auraient pas cette haine de la lumière. Et la défiance qu'ils inspirent a grandi jusque-là que dans tous les pays le pouvoir séculier a prudemment proscrit et banni ces sociétés comme ennemies de la sécurité des États.

« C'est pourquoi nous défendons absolument et en vertu de la sainte obéissance, à tous et à chacun des fidèles de Jésus-Christ, de quelque état, grade, condition, rang, dignité et prééminence qu'ils soient, laïques ou clercs séculiers ou réguliers... d'avoir l'audace ou la présomption d'entrer, sous quelque prétexte ou sous quelque couleur que ce soit, dans ces dites sociétés de *Francs-Maçons*... sous peine de l'*excommunication* qu'encourent les contrevenants à la défense qui vient d'être portée, et par le fait même et sans autre déclaration... »

En 1751, le 15 des calendes d'avril, Benoît XIV, analysant la Constitution de Clément XII, parle dans le même sens et renouvelle les mêmes condamnations. Ainsi feront les Pontifes romains leurs successeurs.

Plût à Dieu que le cri d'alarme poussé par le Saint Siège eût été entendu. L'Église et les divers États où la Maçonnerie a pénétré eussent évité les maux de tous genres dont ils ont été les victimes, et dont nous-mêmes nous souffrons si cruellement à l'heure présente.

5. Voltaire, libre-penseur et franc-maçon, attise en France le feu de la haine de Jésus-Christ.

DANS son *Histoire de Voltaire*, Paillet de Warcy a écrit ce qui suit : « Voltaire fut mis à la Bastille, et au bout de six mois on lui rendit la liberté, avec ordre de sortir de France. Il passa en Angleterre. Ainsi, à 31 ans, Voltaire avait été chassé de chez son père et de chez le procureur, renvoyé de la Hollande, souffleté par un comédien, châtié plus sérieusement encore par un officier, mis à la Bastille et exilé de France. Ce n'était certainement pas avoir, observe M. Lepan, de grandes dispositions à la philosophie : mais celle qu'il se proposait, peut-on répondre, n'en demandait pas d'autre. »

« Voltaire arrive à Londres, où il passe les années 1726, 27 et 28. Ce fut là, dit notre historien, dans la société d'un *Toland*, dont l'impiété fut poursuivie et condamnée même en Angleterre, et dont les dernières paroles en mourant furent : *Je vais dormir ;* d'un *Chubb*, Socinien, qui disait : JÉSUS-CHRIST *a été de la religion de Thomas Chubb, mais Thomas Chubb n'est pas de la religion de* JÉSUS-CHRIST ; de *Switz*, le Rabelais de l'Angleterre, et qui, malgré ses dignités dans l'Église avait essayé sur la religion les armes les plus effilées du ridicule ; d'un *Antoine Collins*, le plus terrible des ennemis du Christianisme ; d'un *Wolston*, d'un *Tindal*, qui vendait tour à tour sa plume aux amis et aux ennemis de la foi ; de l'évêque *Tailor*, auteur du *Guide des douleurs ;* de lord *Hébert de Cherbury ;* de lord *Shafsterbury*, d'un *Bolingbrocke* ; enfin ce fut dans la société de tous ces hommes, devenus ses oracles, que Voltaire acheva de se pénétrer des sentiments les plus irréligieux. Dès ce moment ses opinions parurent fixées. Il les retint quelquefois avec prudence ; mais, comme l'a observé M. Mazure, c'est qu'il y était amené par la crainte, l'espérance ou l'ambition (¹). »

Toland était l'âme de la société des *Free-Thinkers* ou *Libres-Penseurs*, formée par les divers personnages ci-dessus nommés. Voltaire y fut admis avant de rentrer en France. De retour à Paris, il commence contre le Christianisme une guerre sans trêve ; il se lie à tous les ennemis de la religion, en attendant qu'il s'affilie à la

---

(¹) Paillet de Warcy, *Histoire de Voltaire*, édit. de 1824,

Maçonnerie de France et que, semblable à un général en chef, il lance l'armée des philosophes incrédules, qui se soumettent à ses ordres, contre l'*Infâme :* c'est ainsi qu'il appelait la religion chrétienne et son divin Fondateur.

Le baron d'Holbac avait écrit: « Un aveugle fatalisme entoure des chaînes de la nécessité l'homme, la nature, Dieu lui-même, *s'il existe.* L'homme, comme la pierre brute, est sans rapport avec Dieu, ou plutôt la nature est Dieu; elle est la cause de tout et sa propre cause. *Tout s'anéantit à l'heure de la mort.* La douleur, le plaisir sont les uniques mobiles de toute la morale. Le bonheur est dans ce qui flatte les sens. Les devoirs? ce sont les chaînes imposées par le despotisme. Les bourreaux et les gibets sont plus à craindre que la conscience et les dieux. Enfin, puisque la société est corrompue, il faut se corrompre pour trouver le bonheur. »

Telles furent les maximes immondes auxquelles s'abandonna Voltaire. « Après avoir puisé dans les sources obscures que lui offraient les réformateurs du seizième siècle — en particulier Socin, — il s'empara des blasphèmes des *Toland,* des *Collins,* des *Wolston,* des *Tindal* et des *Bolingbrocke;* il crut que le moment était venu de renverser les autels de l'Europe chrétienne; il se promit d'*écraser l'infâme* et se flatta d'établir une ère nouvelle dans les annales du monde. » (Mazure.)

Condorcet, en écrivant la vie de Voltaire, a pu dire de lui: « Il n'a point vu tout ce qu'il a fait, mais il a fait tout ce que nous voyons. Les observateurs éclairés prouveront à ceux qui savent réfléchir que le premier auteur de cette grande révolution est sans contredit Voltaire. »

« Je suis las d'entendre répéter, disait Voltaire, que douze hommes ont suffi pour établir le Christianisme, et j'ai envie de leur prouver qu'il n'en faut qu'un pour le détruire. »

Un lieutenant de police dit à Voltaire: « Quoi que vous écriviez, vous ne parviendrez pas à détruire la religion chrétienne. — *C'est ce que nous verrons,* » répondit-il.

Les progrès de l'impiété causaient à Voltaire une joie qu'il ne pouvait plus contenir. Dans un souper de ces philosophes, chez d'Alembert, Voltaire, en regardant la compagnie, dit: « Messieurs, je crois que le Christ se trouvera mal de cette séance. » Et d'Alembert avoue, dans une de ses lettres, qu'entendant leurs infâmes propos, les cheveux lui dressèrent sur la tête; « il les prenait, écrit-il, pour les conseillers du prétoire de Pilate. »

Voltaire fit un jour les plus vifs reproches à son ami d'Alembert de ce que celui-ci avait écrit dans l'Encyclopédie, en parlant de Bayle: *Heureux s'il avait plus respecté la religion et les mœurs!...* « J'ai vu avec horreur, lui écrivait Voltaire, ce que vous dites de Bayle; vous devez faire pénitence toute votre vie de ces deux lignes... que ces lignes soient baignées de vos larmes! »

A la suppression de la Société des Jésuites, Voltaire s'était écrié avec transport: « Voilà une tête de l'hydre coupée; je lève les yeux au ciel et je crie: *Écrasez l'infâme!* » Toutes ses lettres à ses amis intimes finissaient

par ces mots: *Écrasons l'infâme! Écrasez l'infâme!*
« Je finis toutes mes lettres par dire: *Écrasez l'infâme*,
comme Caton disait toujours : « Tel est mon avis, et
qu'on détruise Carthage. » Tandis qu'il faisait à la cour
de Rome toutes ses protestations de respect pour
l'Église, il écrivait à Damilaville: « On embrasse les
philosophes, et on les prie d'inspirer pour *l'infâme*
toute l'horreur qu'on lui doit; courez tous sus à *l'infâme*,
habilement. Ce qui m'intéresse, c'est la propagation
de la foi et de la vérité, et l'avilissement de l'infâme:
*Delenda est Carthago.* »

M. d'Argental lui ayant fait des reproches sur le
scandale de ses contradictions, il répond: « Si j'avais
cent mille hommes, je sais bien ce que je ferais; mais
comme je ne les ai pas, je communierai à Pâques et
vous m'appellerez hypocrite tant que vous voudrez. »
Alors le roi venait de rétablir sa pension, et Voltaire,
en effet, communia à Pâques l'année suivante.

Qui saura lire dans l'âme de cet homme, maître de ceux
qui l'entouraient, dominé lui-même par une vanité immense? Aujourd'hui il blasphème contre le Christ, le lendemain il le reçoit en communiant. Il se relève pour
l'outrager bientôt encore; puis tombant, un jour, après
s'être brisé un vaisseau dans la poitrine en déclamant
avec violence, tandis qu'il vomit le sang à grands flots
et que Tronchin, son docteur, déclare qu'il y a danger
pour sa vie: « Vite, s'écrie-t-il, qu'on envoie chercher
le prêtre... » Et il se confessa, et il signa de sa main
une profession de foi dans laquelle il demandait pardon à Dieu et à l'Église de ses offenses. Il ordonna
que cette rétractation fût imprimée dans tous les papiers

publics. Rétabli, il recommença la guerre contre Jésus-
Christ, qu'il continua jusqu'au jour où il fut frappé à
mort par une cruelle maladie. L'abbé Gaultier et le
curé de Saint-Sulpice reparurent à ce moment suprême;
mais Voltaire était entouré de Diderot, de d'Alembert,
Marmontel, la Harpe, Grimm, etc. « Le curé de Saint-
Sulpice perça jusqu'à son lit et lui dit avec douceur ces
propres paroles: « Monsieur de Voltaire, vous êtes au
dernier terme de votre vie, reconnaissez-vous la divinité de Jésus-Christ? » Le mourant hésita un moment,
puis étendant la main et repoussant le curé, il répondit: « Monsieur le curé, laissez-moi mourir en paix. »
Les ecclésiastiques sortirent. Quand ils furent partis,
(raconte l'historien), M. Tronchin, médecin de Voltaire, le trouva dans des agitations affreuses, criant
avec fureur: *Je suis abandonné de Dieu et des hommes...* Le docteur Tronchin, qui a raconté ce fait à des
personnes respectables, n'a pu s'empêcher de leur
dire: « Je voudrais que tous ceux qui ont été séduits
par les livres de Voltaire eussent été témoins de sa
mort: il n'est pas possible de tenir contre un pareil
spectacle (¹). »

Voici l'épitaphe de Voltaire par un des siens :

> Plus bel esprit que grand génie,
> Sansloi, sans mœurs et sans vertu,
> Il est mort comme il a vécu,
> Couvert de gloire et d'infamie.
>
> J.-J. Rousseau.

Ajoutons avec l'auteur de l'*Histoire de Voltaire* :
«On a vu que des philosophes s'opposèrent, autant qu'ils

---

1. *Recueil de particularités curieuses de la vie et de la mort de M. de
Voltaire*, Porentruy, 1782.

le purent, à ce que Voltaire reçût les visites et les ex-
hortations du curé de Saint-Sulpice et de l'abbé Gaultier. Dans le nombre, nous avons cité d'Alembert,
Diderot et Marmontel. Nous jugeons à propos, à l'instar
de M. Lepan, de rappeler que Condorcet joua le même
rôle en 1783, à la mort de d'Alembert, en empêchant
d'entrer dans sa chambre le curé de Saint-Germain,
qui vint s'y présenter. «*Si je ne m'étais pas trouvé là* (a
dit Condorcet), *il faisait le plongeon.*» L'année suivante,
Diderot resta longtemps chez lui, retenu par des plaies
aux jambes, et reçut plusieurs fois M. de Tersac, curé
de Saint-Sulpice ; les adeptes de la philosophie, effrayés
de ces visites, trouvèrent moyen de les empêcher jusqu'à sa mort, arrivée le 2 juillet 1784.

Marmontel, plus heureux, se montra religieux à la
fin de ses jours ; il les termina, le 31 décembre 1799,
dans une retraite modeste qu'il avait achetée au hameau
l'Ableville, près de Guillon.

Quant à Condorcet, il s'était empoisonné le 28 mars
1794, à Bourg-la-Reine, près de Paris, dans un cachot
où il avait été jeté.

Telle fut la fin des quatre personnages qui ont le
plus marqué, dans la moderne philosophie, auprès de
Voltaire.

Tous les détails que nous venons de donner prouvent
malheureusement, jusqu'à l'évidence, ce que nous avons
dit, à savoir : que le secret de la secte n'est pas autre
que la haine de Jésus-Christ et le projet de détruire le
Christianisme. Nous pourrions citer à l'appui de cette
thèse mille autres témoignages, mais nous nous en abs-
tiendrons. Voltaire, à lui seul, résume la société fran-

çaise depuis 1728 jusqu'en 1778, année de sa mort ; il a fait à son image ceux qui l'entouraient, libres-penseurs et francs-maçons, et par eux et leurs écrits, aussi multipliés que répandus à profusion, il a corrompu son siècle et le monde.

### 6. Adam Weishaupt fonde l'Illuminisme allemand.

A LA même époque naquit en Allemagne Adam Weishaupt. Il était âgé de trente ans, quand mourut Voltaire. Doué d'un profond génie d'organisation, il se servit des matériaux amassés par la secte maçonnique depuis Socin jusqu'à lui ; il les façonna, et pour achever d'en faire un être moral complet, il donna pour âme à ce corps la doctrine de Spinosa, c'est-à-dire le Panthéisme.

Le secret de l'Illuminisme allemand est celui de la Maçonnerie, avec laquelle il s'est identifié pour ne faire qu'un : la haine de Jésus-Christ et le projet de détruire le Christianisme. Pour le prouver, il nous suffira de citer quelques passages des écrits de Weishaupt lui-même, dont nous avons parlé ailleurs.

« Souvenez-vous, disait-il à ses adeptes, que dès les premières invitations que nous vous avons faites pour vous attirer parmi nous, nous avons commencé par vous dire que, dans les projets de notre ordre, il n'entrait aucune intention contre la religion ; souvenez-vous que cette assurance vous a été donnée de nouveau quand vous avez été admis aux rangs de nos novices ; qu'elle vous a été encore répétée lors de votre entrée à notre Académie minervale. Souvenez-vous aussi, combien, dans ces premiers grades, nous vous avons parlé de morale et de vertu ; mais combien les études que nous vous prescrivions et les leçons que nous vous donnions rendaient *et la vertu et la morale indépendantes de toute religion ;* combien, en vous faisant l'éloge de notre religion, nous avons su vous prévenir qu'elle n'était rien moins que ces mystères et ce culte dégénéré entre les mains des prêtres. Souvenez-vous avec quel art, avec quel respect simulé, nous vous avons parlé du CHRIST et de son Évangile dans vos grades d'*Illuminé majeur*, de *Chevalier écossais* et d'*Épopte* ou *prêtre ;* comment nous avons su, de cet Évangile, faire celui de notre raison, et de la morale celle de la nature, et de la religion, de la raison, de la morale, de la nature, faire la religion, la morale des *Droits de l'homme*, de *l'Égalité*, de la *Liberté*. Souvenez-vous qu'en vous insinuant toutes les diverses parties de ce système, nous les avons fait éclore de vous-mêmes comme vos propres opinions. Nous vous avons mis sur la voie ; vous avez répondu à nos questions bien plus que nous aux vôtres. Quand nous vous demandions, par exemple, si les religions des peuples remplissaient le but pour lequel les hommes les ont adoptées ; si la religion pure et simple du CHRIST était celle que professent aujourd'hui les différentes sectes, nous savions assez à quoi nous en tenir ; mais il fallait savoir à quel point nous avions réussi à faire germer en vous nos sentiments. Nous avons eu bien des préjugés à vaincre chez vous avant de vous persuader que cette prétendue religion du CHRIST n'était que l'ouvrage des prêtres, de l'imposture et de la tyrannie. S'il en est ainsi de cet Évangile tant proclamé, tant admiré, que devons-nous penser des autres religions ? Apprenez donc qu'elles ont toutes les mêmes fictions pour origine; qu'elles sont également toutes fondées sur le mensonge, l'erreur, la chimère et l'imposture : Voila notre secret.

« Les tours et les détours qu'il a fallu prendre, les promesses même qu'il a fallu vous faire, les éloges qu'il a fallu donner au Christ et à ses prétendues écoles secrètes, la fable des Francs-Maçons longtemps en possession de la véritable doctrine, et notre *Illuminisme*, aujourd'hui seul héritier de ses mystères, ne vous étonnent plus en ce moment. *Si, pour détruire tout Christianisme*, toute religion, nous avons fait semblant d'avoir seuls la vraie religion, souvenez-vous que *la fin légitime les moyens, que le sage doit prendre pour le bien tous les moyens du méchant pour le mal.* Ceux dont nous avons usé pour vous délivrer, ceux que nous prenons pour délivrer un jour le genre humain de toute religion, ne sont qu'une pieuse fraude que nous nous réservons de dévoiler dans le grade de *Mage* ou de *Philosophe illuminé.* »

## 7. Convent de Wilhemsbad.

Remarquons bien qu'une assemblée, ou convent universel, s'est tenue en 1781, à Wilhemsbad dans le Hanau, à l'effet de délibérer sur la doctrine que la Franc-Maçonnerie adopterait pour s'unifier sous ce rapport, et que ce fut celle de l'Illuminisme allemand qui fut adoptée. De sorte que la décision prise en 1781, dans ledit convent, décision suivie et gardée jusqu'à nos jours par les diverses loges maçonniques de l'univers entier, fait loi dans la secte généralement. En conséquence, la divinité de Jésus-Christ est une chimère pour les Francs-Maçons, et le Christianisme est un édifice qu'il faut au plus tôt détruire.

Parlant de ce convent, le Père Deschamps, dans son ouvrage magistral *Les Sociétés secrètes*, revu par M. Claudio Janet, nous dit que les sociétés maçonniques, avant 1781, étaient divisées comme les sectes protestantes, et que cette division nuisait beaucoup à leur action. « On résolut donc, dit-il, d'en venir à une réunion ou convent général de députés de tous les rites maçonniques de l'univers, pour mettre plus d'activité dans les travaux, plus d'ensemble dans la marche, et arriver plus sûrement et plus vite au but commun : une révolution universelle. Wilhemsbad, dans le Hanau, près de la ville de ce nom, et à deux ou trois lieues de Francfort-sur-le-Mein, fut choisi pour le lieu de la réunion. De toutes les assemblées générales tenues depuis vingt ans par les Francs-Maçons, aucune encore n'avait approché de celle de Wilhemsbad, soit par le nombre des élus, soit par la variété des sectes dont elle se composait. Donc en 1781, sous l'inspiration secrète de Weishaupt et sur la convocation officielle du duc de Brunswick, de toutes les parties de l'Europe, du fond de l'Amérique et des confins même de l'Asie, étaient accourus les agents et les députés des sociétés secrètes. C'étaient en quelque sorte tous les éléments du chaos maçonnique, dit Barruel, réunis dans le même antre ([1]). »

Weishaupt se fit représenter au convent par Knigge, le plus habile de ses adeptes, et par Dittfurt. Ils avaient

---

1. N. Deschamps, *Les Sociétés secrètes*, Avignon, 1880; t. II, p. 106.

surtout pour émules les députés de l'Illuminisme français ou Martinisme de Lyon.

« Cependant, écrit le Père Deschamps, l'Illuminisme
français ou le Martinisme n'était point resté oisif devant
ce travail de l'Illuminisme bavarois. Il venait de tenir
lui-même une grande assemblée à Lyon sous le nom
de *Convent des Gaules*, où il avait projeté de choisir
pour chef le duc Ferdinand de Brunswick, qu'avec son
appui, et à son instigation sans doute, l'assemblée de
Wilhemsbad nomma bientôt en effet chef suprême de
toute la Maçonnerie : sa loge centrale, dite des *Chevaliers bienfaisants*, à Lyon, ayant acquis, on ne sait à
quel titre, dit Clavel, une haute prépondérance sur les
loges d'Allemagne. Elle était en quelque sorte considérée, même par les différentes fractions de la, stricte
observance, et par les ateliers qui admettaient, soit ex-
clusivement, soit en partie, le système templier, comme
la loge-mère de l'association.

« Les loges martinistes avaient député à Wilhemsbad, avec Saint-Martin lui-même, le président du *Convent des Gaules*, F∴ de Villermoz, négociant lyonnais,
et La Chape de la Heuzière. Le Martinisme, qui avait
sourdement provoqué ce convent, et dont celui des
Gaules n'avait été que le précurseur, ajoute Clavel, y
exerça la plus grande part d'influence ; ses doctrines
dominèrent dans les nouveaux rituels, et le nom de sa
loge-mère, les *Chevaliers bienfaisants*, figura dans le
titre même de la réforme, avec l'addition : *de la cité
sainte*. Aussi ses loges adoptèrent sans exception le régime rectifié qui fut substitué à la *Maçonnerie* de Saint-
Martin.

« Tous ces envahissements de la Maçonnerie par le Martinisme et l'Illuminisme de Weishaupt sont également attestés par Barruel, ajoute le P. Deschamps. Forts de la protection du vainqueur de Creveld et de Minden, dit Barruel, Ferdinand de Brunswick, les députés martinistes au congrès de Wilhemsbad, dont ce prince était président, Saint-Martin et La Chape de la Heuzière, n'épargnèrent rien, et eux et leurs agents, pour y triompher; ils furent appuyés, et leur victoire eût été infailliblement complète sans le grand nombre de députés déjà gagnés par Knigge (avec lequel cependant ils s'entendirent et s'allièrent), dit M. Lecoulteux de Canteleu (¹). »

Si le lecteur se demande comment on a pu connaître tous ces renseignements sur les *Sociétés secrètes*, les historiens de cette époque nous fournissent la réponse, et Barruel en particulier nous en donne les détails, résumés par le Père Deschamps dans les termes suivants : « En Allemagne, un événement, ménagé par la Providence comme un dernier avertissement aux monarchies, faillit interrompre le progrès de la secte. La jalousie fit éclater une rupture violente entre Weishaupt et Knigge. En outre, l'électeur de Bavière, inquiet des menées souterraines de ce qu'il croyait la Franc-Maçonnerie proprement dite, ordonna la fermeture de toutes les loges. Les Illuminés, se croyant déjà assez forts pour résister à l'édit de l'électeur, refusèrent d'y obtempérer. Le hasard fit découvrir la secte, dont on ne soupçonnait pas même l'existence. Un ministre protestant, nommé Lanze, fut frappé de la foudre en juillet 1785. On trouva sur lui des instructions par lesquelles il cons-

---

1. N. Deschamps, *Les Sociétés secrètes*, Avignon, 1880; t. II, p. 110.

tait qu'il était chargé, en qualité d'Illuminé, de voyager en Silésie, de visiter les loges et de s'enquérir entre autres de leur opinion sur la persécution des Francs-Maçons en Bavière.

« Mis sur la trace, le gouvernement procéda à une enquête sévère. Les abbés Cosandey et Rennes, le conseiller aulique Utschneider et l'académicien Grünberger, qui s'étaient retirés de l'Ordre dès qu'ils en avaient connu toute l'horreur, firent une déposition juridique. Le 11 octobre 1786, la justice fit une visite domiciliaire dans la maison de Zwach, à Landshut, ainsi que dans le château de Chanderdor, appartenant à l'adepte baron de Bassus. On y découvrit tous les papiers et toutes les archives des conjurés, que la cour de Bavière fit imprimer sous le titre d'*Ecrits originaux de l'Ordre et de la secte des Illuminés*. Étrange aveuglement des princes ! L'appel de l'électeur de Bavière ne fut pas entendu. L'interdiction de l'Ordre des Illuminés dans l'électorat et dans l'empire d'Autriche fut sans portée, car tous les chefs de la secte trouvèrent une protection déclarée dans tout le reste de l'Allemagne. Le roi de Prusse se refusa à toute mesure contre eux. Weishaupt se retira chez un de ses adeptes le prince de Saxe-Cobourg-Gotha, qui lui donna une place honorifique et lucrative. De là, il put continuer à diriger l'Ordre.» En note, on lit : « Nous avons entendu dire, par M. le pasteur Munier, président du consistoire de Genève, que Weishaupt, ayant trouvé un asile chez le prince de Cobourg, lui promit de l'en récompenser, et la Maçonnerie a peuplé de Cobourg les trônes de l'Europe (¹). »

---

1. M. Léon Pagès, Valmy, p. 13. — *Les Sociétés secrètes*, t. II, p. 112.

**II.**

Maçonnerie en Italie. — Cagliostro. — Jugement de John Robison sur la Maçonnerie. — Le Franc-Maçon Napoléon I$^{er}$. — Maçonnerie en Espagne et en Portugal.—D'Aranda.—Pombal. — Choiseul. — Tannucci. — Jugement de Louis Blanc sur le rôle des Maçons dans la Révolution française de 1793. — Paroles de Lamartine sur la même question.—Congrès de Vérone. — Témoignage du comte de Haugwitz sur la secte. — Carbonari. — Haute-Vente. — Une page de Rorhbacher. — Mazzini. — Paroles de Ricciordi. — Nubius, chef de la Haute-Vente. — Louis-Philippe et Grégoire XVI. — Pie IX. — Léon XIII. — Extrait d'une réunion à la Grande Loge symbolique écossaise.

---

8. La Franc-Maçonnerie en Italie. — Cagliostro, fondateur du Rite de Misraïm ou Rite Égyptien.

UISQUE l'Italie était le berceau de la secte maçonnique, ainsi que nous l'avons montré en parlant de l'Académie de Vicence et, en particulier, des Socins, il était naturel que la société des Maçons y eût son centre et reçût d'elle le mouvement. Il n'en fut pas ainsi : Socin Lœlius et Fauste, son neveu, furent obligés de quitter leur pays où les semeurs de fausses doctrines étaient traités comme le sont aujourd'hui parmi nous les fabricants de fausse monnaie. On pensait alors, et à juste titre, que l'erreur religieuse est plus pernicieuse à une société que le faux argent, et les gouvernements, pénétrés et armés de ce principe, demandaient à l'Église de leur signaler les doctrines erronées, dont la prédication pouvait diviser les esprits et fomenter ces troubles, ces révolutions, ces guerres qui ont ensanglanté l'Europe, en dehors de l'Italie et de l'Espagne mieux défendues par leurs institutions que les autres nations.

Cependant l'Italie ne demeura pas complètement étrangère à la Franc-Maçonnerie. César Cantu, dans son ouvrage *L'hérésie dans la Révolution*, nous fournit de précieux renseignements à ce sujet. En voici quelques-uns :

« On ne sait pas d'une manière certaine, dit-il, comment cette société ténébreuse pénétra en Italie. Parmi les ciméliums de la Maçonnerie se trouve une médaille frappée à Florence, en 1733, en l'honneur du grand-maître le duc de Middlesex. En 1739, elle fut introduite en Savoie, dans le Piémont et en Sardaigne ; ces trois pays n'avaient qu'un grand-maître provincial, nommé par la loge principale d'Angleterre. A Rome, rendez-vous d'un si grand nombre d'étrangers, il y avait des loges en 1742, année où elles décernèrent une médaille à Martin Folkes, président de la Société royale de Londres ; mais elles demeurèrent secrètes jusqu'en 1789 ([1]). »

Si l'on ignore de quelle manière la Maçonnerie pénétra en Italie, il est facile au lecteur de voir que la secte est d'importation anglaise, en Italie comme en France, et que les loges ne demeurèrent pas tellement secrètes qu'elles aient pu échapper à la vigilance du Saint-Siège, puisque Clément XII les condamna par une lettre apostolique datée de la huitième année de son pontificat, c'est-à-dire en 1738. Cette condamnation et les termes qui l'expriment prouvent bien que la Maçonnerie n'avait pas changé de doctrine.

« La loge des *Amis sincères* de la Trinité du Mont y fut fondée, dit César Cantu, le 6 novembre 1787, par

---

1. César Cantu, *L'hérésie dans la Révolution*, p. 45.

cinq Français, un Américain et un Polonais, qui, en qualité de membres de loges étrangères, gémissaient de vivre au milieu des ténèbres...

« La loge de Rome fut d'abord indépendante, puis elle se fit conférer une institution régulière par le Grand-Orient de France, — créé lui-même, d'après Ragon, le 24 décembre 1772, en remplacement de la *Grande-Loge* de France, tombée en sommeil depuis quelque temps sous son grand-maître le prince de Clermont, qui mourut le 15 juin 1771.

« Naples eut diverses loges, qui toutes se fusionnèrent, en 1756, en une loge nationale, laquelle correspondait avec l'Allemagne. En 1767, un moribond, par scrupule de conscience, et un adepte, à qui la société avait supprimé les larges subventions qu'elle lui accordait, révélèrent son existence et firent connaître le grand-prieur du royaume, le duc de San Severo. Celui-ci fut arrêté, mais au même instant le feu fut mis à son palais ; le peuple l'éteignit, en sorte que l'on put saisir la correspondance. Le duc ne nia rien, exposa la fin et les moyens de l'association, assura qu'il y avait soixante-quatre mille Maçons dans la seule ville de Naples, et qu'il fallait compter les adeptes par millions. » Cantu ajoute: « Suivant une notice publiée alors avec l'incertitude dont étaient enveloppées les sociétés secrètes, la Maçonnerie remontait à cent soixante-cinq ans en arrière, à l'époque où Cromwell fonda une chambre de quatre secrétaires et sept assesseurs, un par nation ; chaque nation était subdivisée en cinq provinces, avec un assesseur par province.

« A Venise, des loges furent ouvertes dès l'origine

de la secte; mais on en prescrivit la fermeture en 1786.
— Le livre porte 1686. — C'est sans doute une faute
d'impression. — Cependant la chose, quoique impro-
bable, est possible, puisque Socin est mort en 1604, et
qu'il a pu plaire à quelqu'un de ses adeptes de venir implanter la secte maçonnique à Venise.

« Quoi qu'il en soit, un certain Sessa, de Naples, les
rétablit; des nobles, des abbés, des négociants s'y affiliè-
rent. Les vigilants inquisiteurs d'État en furent infor-
més par un rouleau de papier que Jérôme Julian oublia
dans une gondole. Aussitôt la loge près Saint-Simon-le-
Grand fut envahie pendant qu'il n'y avait personne; on
en emporta tout cet attirail mystique et burlesque de
crânes, de compas, de pentagones, de tambours, de
truelles, de tabliers, et l'on brûla le tout en présence du
peuple, qui crut à un sabbat. On défendit alors les loges,
non seulement à Venise, mais à Padoue et à Vicence,
sans pourtant sévir contre les affiliés, peut-être parce
qu'ils étaient trop nombreux et trop puissants; ils ne
tardèrent pas, du reste, à se rallier et à conspirer pour
la destruction de la république (1). »

Remarquons ici que la Maçonnerie ne s'offre pas
seulement avec le caractère de haine directe et personnelle contre Jésus-Christ, mais aussi avec une opposi-
tion réelle et un mépris formel de la vérité chrétienne.
A l'appui de cette proposition, nous citerons une page
très instructive de César Cantu, qui ne laisse pas que
d'avoir sa note gaie :

« Observons, avant d'aller plus loin, dit-il, qu'avec la
disparition des vraies doctrines, la superstition grandit

---

1. César Cantu, *Les Hérétiques d'Italie*, t. V, p. 49.

en Allemagne et en France d'une manière surprenante:
c'est que l'aspiration aux réalités idéales est si bien dans
la nature de l'homme que, plutôt que de renoncer à l'espérance, cette divinité suprême, il se jette tête baissée
dans les sciences occultes. On vit donc apparaître de
nouveaux thaumaturges: on avait tourné en ridicule la
métaphysique, on avait coupé les ailes aux aspirations
légitimes de l'âme, mais, ne pouvant se contenter d'une
philosophie sans idéal, on ajouta foi aux charlatans, ou
bien l'on recourut au merveilleux, pour se soustraire aux
sévères leçons de la vérité. Quelques-uns de ces hiéro-
phantes étaient des mystiques, comme Swedenborg,
Lewater, Saint-Martin; d'autres, des révolutionnaires,
comme Weishaupt, Knigge, Bode; d'autres des charlatans et des fourbes, comme Jean-Georges Schropfer,
un garçon d'hôtel qui parvint à fasciner des ministres,
des diplomates et des princes au moyen d'opérations
thaumaturgiques, jusqu'au moment où, se voyant reconnu pour un véritable escamoteur, il se tua. Peu de siècles furent aussi sottement crédules que le dix-huitième:
la grande cité des philosophes fut pleine de démons, de
vampires, de sylphes, de convulsionnaires, de magnéti-
seurs, de cabalistes, de rose-croix, d'évocateurs, de fabri-
cants d'élixirs de longue vie. Le marquis de Saint-Germain, que servait une mémoire vaste et tenace, traitait
les grands, les savants, la société, avec le plus grand
sans-gêne, débitait les contes les plus bizarres, se disait
le témoin oculaire des événements les plus éloignés: il
avait connu David, avait assisté aux noces de Cana,
chassé avec Charlemagne, bu avec Luther, et les Pari-
siens le croyaient. Il était, à ce que l'on pense, fils du

prince Rakasky de Transylvanie : il voyageait également beaucoup en Italie, se donnant successivement pour le marquis de Montferrat et le comte de Bellamare à Venise, pour le chevalier Schoning à Pise, pour le chevalier Wedon à Milan, pour le comte Soltikof à Gênes ; il rappelait souvent ses aventures d'Italie et d'Espagne ; il fut puissamment protégé par le dernier grand-duc de Toscane, dont il avait fait un initié ([1]). »

« Ici ce place, écrit le P. Deschamps, de 1780 à 1789, un curieux épisode de l'action des sociétés secrètes : l'intervention du fameux Cagliostro, qui depuis longtemps était un de leurs agents les plus habiles... Nous avons dit que la Maçonnerie comptait, entre autres origines, la *Kabale*. Les pratiques cabalistiques, jointes aux rêves de l'alchimie, avaient, au XVIII$^e$ siècle, en pleine lumière ·philosophique, autant d'adhérents qu'au XV$^e$. L'histoire de la Maçonnerie à cette époque est remplie de récits des réunions de loges de Kabale. Des supercheries de tout genre s'y mêlaient à des prestiges démoniaques, dont il est impossible de contester la réalité. Ainsi en est-il dans le spiritisme moderne, dont nous avons signalé la liaison avec la Franc-Maçonnerie, (livre I$^{er}$, ch. II, § 9). La Maçonnerie cabalistique exerçant une fascination toute particulière sur certains esprits, Cagliostro eut pour mission de la propager. Nous allons raconter cet épisode de l'histoire de la Révolution, en faisant remarquer que la Maçonnerie ne put se dégager de la solidarité de ce personnage, chez qui le charlatan se joignait au possédé, car le *Rite de Misraïm ou Égyp-*

---

1. César Cantu, *Op. et loc. cit.*

*tien*, dont il est fondateur, n'a jamais cessé de faire partie de l'orthodoxie maçonnique.

« Né à Palerme en 1743, Balsamo, qui changea plus tard son nom en celui de Cagliostro, après avoir parcouru une grande partie de l'Orient, devint l'agent voyageur du double Illuminisme français et allemand auquel l'avait initié Saint-Germain, et qu'il rendait plus attrayant encore par l'alchimie, la cabale et les secrets médicinaux, magiques et fantasmagoriques, qu'il y mêlait. Il parcourait, présidant en secret ou bien ouvertement les loges, en fondant de nouvelles, l'Allemagne, l'Italie méridionale, l'Espagne, puis l'Angleterre, toujours accompagné de Lorenza, femme remarquable par sa beauté, qu'il avait épousée dans son premier voyage à Rome, et qu'il avait façonnée à tous les genres de séduction. De là il passait à Venise sous le nom de marquis de Pelligrini, et traversait de nouveau l'Allemagne pour s'entendre avec les chefs des sociétés secrètes, et retrouver le comte de Saint-Germain dans le Holstein, d'où il partait pour la Courlande et Saint-Pétersbourg avec la riche cargaison qu'il avait amassée. Il quittait bientôt la capitale de la Russie avec vingt mille roubles de plus, don de l'impératrice Catherine, la correspondante de Diderot, de Voltaire et d'Alembert, et la grande protectrice des loges maçonniques qu'il avait fondées dans cette ville, ainsi qu'à Mittau, pour les hommes et pour les femmes. C'est alors qu'il parut à Strasbourg précédé d'une réputation extraordinaire, et muni d'un brevet de colonel délivré par le roi de Prusse. Il y fonda de nouvelles loges et y fit de nouveaux prosélytes. De là il se rendit à Lyon, où il fut reçu avec de grands honneurs par la loge de la *Stricte Observance;* il y fonda avec un luxe extrême celle de la *Sagesse triomphante,* qui devait devenir la mère de toutes les autres. De Lyon il se rendit à Bordeaux, où il resta onze mois à organiser les loges maçonniques, et arriva enfin à .Paris pour la seconde fois. Ce fut alors qu'il fonda une mère-loge d'adoption ou de femmes de la haute Maçonnerie égyptienne, puis, dans son logis même, une seconde pour ses disciples les plus instruits et les plus sûrs; et que, dans une séance solennelle où les 72 loges de Paris avaient envoyé des députés, il fascina en quelque sorte par son éloquence et ses prestiges les frères ébahis. Mais, bientôt compromis dans l'affaire du Collier, mis à la Bastille, il n'en sortit que pour passer de nouveau en Angleterre. C'est là qu'il rédigea — en 1787 — cette lettre célèbre au peuple français où il annonçait l'œuvre et la réalisation des plans des sociétés secrètes, et prédisait la Révolution, la *destruction de la Bastille et de la Monarchie,* et l'avènement d'un prince, Philippe-Égalité, qui abolirait les lettres de cachet, convoquerait les États-Généraux et rétablirait *la vraie religion ou le culte de la Raison.* » On le voit, le secret de la Maçonnerie égyptienne est le même que celui de l'Illuminisme allemand et français, que celui de la Maçonnerie anglaise: c'est du *Socinianisme* à haute dose, c'est-à-dire la négation de la Révélation chrétienne et les orgies intellectuelles du paganisme, sans excepter ses saturnales ni les mystères de là bonne déesse. Et dire que Cagliostro dominait l'Europe! qu'il fondait partout des loges! qu'il donnait son nom au Rite de Misraïm ou Rite Égyptien, encore suivi aujourd'hui par le monde maçonnique ! Quelle paternité ! (¹) »

« Weishaupt, dit M. Louis Blanc, avait toujours professé beaucoup de mépris pour les ruses de l'alchimie et les frauduleuses hallucinations de quelques rose-croix. Mais Cagliostro était doué de puissants moyens de séduction; il fut décidé qu'on se servirait de lui (²). »

« Ceci vaut qu'on le note dans l'histoire des aventures de *l'esprit humain*, dit encore M. Louis Blanc; il se fit autour de Cagliostro un bruit qui ressemblait à de la gloire. On vit affluer vers lui, mêlés à des gens du peuple et à de simples ouvriers, princes, savants, nobles de race et nobles d'épée. Il put compter au nombre de ses partisans des personnages du plus haut rang, tels que le duc de Luxembourg et des hommes d'un mérite reconnu, tels que le naturaliste Ramond, Maçon du rang le plus élevé. Ses disciples ne l'appelaient que père adoré, maître auguste, et mettaient à lui obéir un empressement plein de ferveur. On voulait avoir son portrait, sur des médaillons, sur des éventails, et taillé en marbre, coulé en bronze, son buste fut mis dans des palais avec cette inscription : *Le divin Cagliostro* (3). »

Ces paroles de M. Louis Blanc, décrivant la gloire, la puissance et la folle admiration du monde pour Cagliostro, rappellent naturellement au lecteur la scène de l'Évangile où Satan transporte *le Fils de l'homme* sur une haute montagne, puis, lui montrant les divers royaumes de la terre, lui dit : *Si, tombant à mes pieds, tu m'adores, je te donnerai tous ces empires.* — Il y a vrai-

---

1. N. Deschamps, *Les Sociétés secrètes*, Avignon, 1880; t. II, p. 124.
2. *Ibid.*, p. 127.
3. *Ibid.*

ment dans l'histoire de l'esprit humain des choses qui ne s'expliquent que par des puissances mystérieuses. Ces explications, les spirites les demandent aux tables tournantes, et nous, à l'enseignement infaillible de l'Église. L'esprit de vérité est avec l'Église, l'esprit d'erreur avec les autres.

Mais le sujet est trop instructif pour l'abandonner si vite. Écoutons l'illustre Maçon Clavel nous parler de Cagliostro à son tour :

« Le grand Cophte, dit-il — c'est ainsi qu'en loge s'appelait Cagliostro, — promettait à ses sectateurs de les conduire à la perfection à l'aide de la régénération physique et de la régénération morale. Par la régénération physique, ils devaient trouver la matière première ou la pierre philosophale et l'acacia qui maintient l'homme dans la force de la jeunesse et le rend immortel. Par la régénération morale, il procurait aux adeptes un pentagone, ou feuille vierge, sur laquelle les anges ont gravé leur chiffre et leurs sceaux, et dont l'effet est de ramener l'homme à l'état d'innocence, et de lui communiquer la puissance qu'il avait avant la chute de notre premier père, et qui consiste particulièrement à commander aux purs esprits. Ces esprits, au nombre de sept, entourent le trône de la Divinité et sont préposés au gouvernement des sept planètes.

« Les hommes et les femmes étaient admis aux mystères du Rite égyptien : et quoiqu'il y eût une Maçonnerie distincte pour chaque sexe, cependant les formalités étaient à peu près les mêmes dans les deux rituels.

« Dans le rituel de la réception aux deux premiers grades, les néophytes se prosternaient à chaque pas devant le Vénérable comme pour l'adorer. — C'est toujours Clavel qui parle. — Ce ne sont ensuite qu'insufflations, encensement, fumigation, exorcismes, prières, évocations de Moïse, des sept esprits, des anges primitifs, qui sont censés apparaître et répondre (comme dans le spiritisme) par des médiums, qui doivent être ici un jeune garçon ou une jeune fille dans un état d'innocence parfaite. Le Vénérable leur souffle sur le visage en prolongeant le souffle jusqu'au menton ; il ajoute quelques paroles sacramentelles, après quoi la colombe ou pupille, c'est le nom donné à ces médiums, voit les purs esprits, qui leur déclarent si les candidats présentés sont, oui ou non, dignes d'être reçus, et leur montrent dans une carafe pleine d'eau et entourée de plusieurs bougies allumées ce qu'ils doivent répondre aux interrogations curieuses qui leur sont faites sur des choses cachées ou fort éloignées (1).»

César Cantu parle longuement aussi de Cagliostro :

« Annoncé par des affiches apocalyptiques et par les journaux, écrit-il, il arriva à Paris, prit un appartement somptueux, avec une table magnifique, où se donna rendez-vous tout ce qu'il y avait de riche, de beau, de docte et d'influent. Pendant quelque temps on ne parla que de lui dans la grande ville, où l'on est sûr que toute espèce de nouveauté, d'extravagance, excite momentanément l'enthousiasme. C'était l'époque où la raison, révoltée contre Dieu, se prosternait devant les rose-croix ; où l'on niait les miracles, mais où l'on admettait les évocations d'esprits de Gossner, les

---

1. *Histoire pittoresque de la Franc-Maçonnerie et des Sociétés secrètes*, par le F∴ Clavel, 3ᵉ édition. Pagnerre, 1844, p. 175 et s.

conjurations de Gazotte, les puissances invisibles de Lewater...» Bordes, dans ses *Lettres sur la Suisse*, ne peut se lasser de l'admirer : « Son aspect, dit-il, révèle le génie ; ses yeux de feu lisent au fond des âmes. Il connaît presque toutes les langues de l'Europe et de l'Asie ; son éloquence étourdit, il entraîne même dans les choses qu'il connaît le moins. » — « On sait pourtant, dit Cantu, que Cagliostro avait les yeux de travers, le regard effaré, le corps difforme, un caractère emporté, orgueilleux, dominateur, aucune politesse dans les manières, aucune grâce, aucune correction dans son langage ([1]). »

Obligé de fuir d'Angleterre, puis de quitter la Suisse, Turin, Venise, chassé enfin de partout, il se flatta de trouver plus facilement des dupes à Rome. Sa femme l'entraînait aussi de ce côté, où l'attirait le désir de revoir sa patrie. Cagliostro essaya vainement de recommencer son rôle habituel : il fut pris par le Saint-Office, en 1789, avec tous ses papiers, tous ses symboles et tous ses livres. On instruisit son procès. Il avoua tout. Il se montra changé et repentant : c'est pourquoi il ne fut pas livré au bras séculier, c'est-à-dire qu'il évita la mort. Son manuscrit, auquel il avait donné ce titre : *La Maçonnerie égyptienne*, fut solennellement réprouvé et brûlé publiquement avec les insignes de la secte ; les Francs-Maçons furent de nouveau condamnés, avec une mention particulière du Rite Égyptien et des Illuminés (7 avril 1791).

« Enfermé au fort San-Léo, dit Cantu, Cagliostro ne fit plus de miracles. Il demanda à se confesser et

---

1. César Cantu, *Les Hérétiques d'Italie*, t. V, p 56.

tenta d'étrangler le capucin qu'on lui avait envoyé, es-
pérant s'échapper sous le couvert de sa robe. Surveillé
de plus près à partir de ce moment, on n'entendit plus
parler de lui. Les Jacobins le mirent au nombre des
martyrs de l'Inquisition, et je m'attends à ce que, d'un
jour à l'autre, on en fasse une des saintes victimes de
la tyrannie romaine ([1]). »

Que le lecteur ne s'étonne pas du soin que nous
avons pris de lui peindre Cagliostro; mais qu'il se souvienne plutôt du rôle important joué par ce personnage
étrange dans l'histoire de la Maçonnerie. Voyant alors
qu'il est le fondateur d'un rite encore aujourd'hui suivi
dans la société maçonnique, il comprendra qu'en vertu
de cette paternité, Joseph Balsamo, dit Cagliostro, devait être traité comme nous l'avons fait.

Arrêtons-nous ici pendant quelques instants, et demandons à quelques écrivains de cette même époque
leur jugement sur les faits et gestes de la Maçonnerie
au XVIIIe siècle.

### 9. Jugement de John Robison.

ÉCOUTONS d'abord un Franc-Maçon anglais, John
Robison, secrétaire de l'Académie d'Édimbourg,
qui publia en 1797 un livre intitulé : *Preuves des cons-
pirations contre toutes les religions et tous les gouvernements de l'Europe, ourdies dans les assemblées secrètes des Illuminés et des Francs-Maçons.*

« J'ai eu, dit-il, les moyens de suivre toutes les tentatives faites pendant *cinquante ans*, sous le prétexte

---

1. César Cantu, *Les Hérétiques d'Italie*, t. V, p. 70.

spécieux d'éclairer le monde avec le flambeau de la philosophie et de dissiper les nuages dont la superstition religieuse et civile se servait pour retenir tout le peuple de l'Europe dans les ténèbres et l'esclavage. J'ai observé les progrès de ces doctrines se mêlant et se liant de plus en plus étroitement aux différents systèmes de la Maçonnerie ; enfin j'ai vu se former une association ayant pour but unique de détruire jusque dans leurs fondements tous les établissements religieux et de renverser tous les gouvernements existant en Europe. J'ai vu cette association répandre ses systèmes avec un zèle si soutenu qu'elle est devenue presque irrésistible, et j'ai remarqué que les personnages qui ont eu le plus de part à la Révolution française étaient membres de cette association ; que leurs plans ont été conçus d'après ses principes et exécutés avec son assistance. Je me suis convaincu qu'elle existe toujours, qu'elle travaille toujours sourdement, que toutes les apparences nous prouvent que, non seulement ses émissaires s'efforcent de propager parmi nous ses doctrines abominables, mais même qu'il y a en Angleterre des loges qui, depuis 1784, correspondent avec la mère-loge. C'est pour la démasquer, pour prouver que *les meneurs étaient des fourbes* qui prêchaient une morale et une doctrine dont ils connaissaient la fausseté et le danger, et que leur véritable intention était d'abolir toutes les religions, de renverser tous les gouvernements et de faire du monde entier une scène de pillage et de meurtre, que j'offre un extrait des informations que j'ai prises sur cette matière (¹). »

---

1. N. Deschamps, *Les Sociétés secrètes*, t. II, p. 132.

Le lecteur trouvera dans  cette citation une preuve bien positive de  ce que nous avons avancé, à savoir : que le secret de  la  Maçonnerie consiste dans le  projet de détruire le  règne de Jésus-Christ sur la terre. John Robison va plus loin, il dit de toute religion.

Est-ce que la secte s'est convertie depuis cette époque ?

Non, elle ne  s'est pas convertie. Fatiguée de destruction, elle a pu s'arrêter un moment, comme autrefois les bourreaux, lassés de frapper les martyrs chrétiens, laissaient tomber leurs bras :  mais elle garde sa doctrine et ne désarme jamais.

### 10. Le Franc-Maçon Napoléon I<sup>er</sup>.

NOUS lisons dans le P. Deschamps  ce qui suit : « Napoléon Bonaparte était en effet Franc-Maçon avancé, et son règne a été l'époque du plus grand épanouissement de  la Franc-Maçonnerie. On a vu comment, pendant la Terreur, le Grand-Orient avait cessé son activité. Dès que Napoléon se fut emparé du pouvoir, les loges se rouvrirent de toutes parts. »

«Ce fut l'époque la plus brillante de la Maçonnerie, dit le secrétaire du G∴ O∴, Bazot ; près de douze cents loges existaient dans l'Empire français ; à Paris, dans les départements, dans les colonies, dans les pays réunis, dans les armées, les plus hauts fonctionnaires publics, les maréchaux, les généraux, une foule d'officiers de tous grades, les magistrats, les savants, les artistes, le commerce, l'industrie, presque  toute la  France, dans ses notabilités, fraternisait maçonniquement avec les

Maçons simples citoyens : c'était comme une initiation générale ([1]). »

« L'Illuminisme et la Franc-Maçonnerie, dit également Alexandre Dumas, ces deux grands ennemis de la royauté, dont la devise était ces trois initiales : L∴ P∴ D∴ c'est-à-dire *Lilia pedibus destrue :* — *Foulez aux pieds les Lis,* — eurent une grande part à la Révolution française… Napoléon prit la Maçonnerie sous sa protection. »

Il en fut le chef et l'instrument. « Le gouvernement impérial, dit le F∴ Bazot, se servit de son omnipotence, à laquelle tant d'institutions, tant d'hommes cédèrent si plaisamment, pour dominer la Maçonnerie. Elle ne s'effraya ni ne se révolta… Que désirait-elle, en effet ? Étendre son empire. Elle se laissa faire sujette du despotisme pour devenir souveraine. » Tous ensemble que voulaient-ils ? Asservir l'Église et la détruire ([2]).

« Quelques jours après la signature du Concordat de 1802, comme Volney, l'impie auteur des *Ruines*, dont Napoléon avait fait un sénateur, lui demandait : *Est-ce là ce que vous aviez promis ?* Calmez-vous, lui répondit le premier consul, la Religion, en France, a la mort dans le ventre : vous en jugerez dans dix ans. » A la même époque, le tribun Sanilh lui disait qu'avec le Concordat il donnait du pouvoir en France à un prince étranger : « Pensez-vous, répondit-il, que pour cela je me sois mis dans la dépendance du Pape ([3]) ? »

---

1. Bazot, *Tableau historique de la Maçonnerie*, p. 38.
2. Bazot, *Code des Francs-Maçons*, p. 183.
3. Bazot, *Tableau historique de la Maçonnerie*, p. 38.

« Tant que la France domina dans la péninsule, dit Cantu, soit au temps de la République cisalpine, soit au temps des royaumes d'Italie, de Naples, d'Étrurie, la toute-puissance de Napoléon pesa sur l'Église. Le maître prétendait soumettre à ses décrets les volontés et les consciences. Le Concordat qu'on avait conclu avec la République italienne ne devait pas imposer d'aussi grands sacrifices, parce qu'il ne s'agissait pas de rétablir la religion, qui n'avait jamais été abolie dans la péninsule ; les concessions furent moindres, et on y inséra la promesse de n'introduire aucune innovation, si ce n'est d'accord avec le Saint Siège. Cependant on publia aussi en Italie les *Articles organiques*, que Napoléon avait arbitrairement joints au Concordat, et qui le dénaturaient en quelques parties. Si on feignit de les retirer pour faire droit aux plaintes du Pape, ils subsistèrent réellement dans les décrets du vice-président Melzi et du ministre du culte. Quand la République italienne fut devenue le royaume d'Italie, Napoléon supprima plusieurs couvents, et plus tard tous les autres ; il réduisit les paroisses ; il fixa le nombre des séminaristes et entoura d'espions le Vatican et les cardinaux ([1]). »

Au fond de ces mesures tyranniques, il faut voir la passion de dominer qui caractérisait le conquérant ; toutefois, n'oublions pas qu'il était toujours l'*instrument* de la secte maçonnique, et pour lui plaire, et pour garder ses suffrages, il était obligé de lui donner sans cesse les satisfactions qu'elle réclamait, c'est-à-dire des chaînes imposées à l'Église. On l'a dit avec raison : les gouvernants, de par la Maçonnerie, ressemblent au

---

1. César Cantu, *Les Hérétiques d'Italie*, t. V, p. 215.

voyageur qui traverse les forêts de la Russie, poursuivi par une troupe de loups. Il n'échappe à leur dent meurtrière qu'en leur jetant, dans sa fuite, quelque chose à dévorer, jusqu'au moment où il devient lui-même leur proie. Tel fut Napoléon.

« En effet, dit César Cantu, le moment vint où, dans ses desseins, il n'y eut plus de place pour la prudence et la modération. Il ne savait plus s'arrêter sur ce chemin rapide qui paraissait le porter au sommet et qui le conduisait cependant à l'abîme. Résolu d'enserrer même les croyances et le culte dans son despotisme administratif, il songeait à s'emparer du reste de l'État pontifical. A ceux qui lui montraient qu'un Pape sans royaume serait nécessairement asservi à un roi, et par suite repoussé des autres, Napoléon répondit : « Tant que l'Europe a reconnu plusieurs maîtres, il n'était pas décent que le Pape fût soumis à l'un d'eux en particulier. Mais aujourd'hui qu'elle n'en reconnaît plus d'autre que moi…. Toute l'Italie (écrivait-il militairement au Pape) sera soumise à ma loi… Votre Sainteté est souveraine de Rome, mais moi j'en suis l'Empereur. Tous mes ennemis doivent être les siens (1). »

Ces phrases à effet, publiées au loin, retentissaient jusqu'au fond des loges. Elles faisaient prendre patience à la secte, sans toutefois la satisfaire. Vainement Napoléon Ier traîna Pie VII en prison, menaça le pontife, osa même, dit-on, le maltraiter ; rien ne sut apaiser la Révolution maçonnique, et la secte insatiable finit par l'abandonner en 1809.

« L'Ordre maçonnique, dit Eckert, maçon instruit,

---

1. César Cantu, *ib.*

considérait l'empereur Napoléon I<sup>er</sup> comme un instrument destiné à renverser toutes les nationalités européennes ; après ce gigantesque déblai, il espérait réaliser plus facilement son plan d'une *République universelle.* »

« A Francfort et dans toute l'Allemagne, raconte un illustre historien, Janssen, les Juifs l'acclamaient comme le Messie, tant ils avaient conscience du renversement de l'édifice social chrétien qui s'accomplissait par ses armes. »

« Dès que les chefs maçonniques, écrit le P. Deschamps, comprirent que le despotisme impérial se concentrait tout entier dans une ambition personnelle et des intérêts de famille, et que la Maçonnerie n'avait été pour lui qu'un instrument, dès ce moment commença à bouillonner l'effervescence populaire, par le moyen des *Tugendbund*, œuvre des sommités maçonniques.

« La correspondance du haut maçon Stein, ministre de Prusse..., démontre que la conversion hostile à Napoléon s'étendait au loin... Sa dictature marcha de défaite en défaite jusqu'à l'île d'Elbe et à Sainte-Hélène, comme elle avait autrefois marché, avec l'appui de la Maçonnerie, de victoire en victoire ([1]). »

### 11. La Franc-Maçonnerie en Espagne et en Portugal.

LA Maçonnerie s'était aussi propagée dans les pays du midi de l'Europe par les Anglais. « C'est de 1726, dit Clavel, que date l'introduction de la Franc-Maçonnerie en Espagne. En cette année, des consti-

---

1. Eckert, *La Franc-Maçonnerie*, t. II, p. 155.

tutions furent accordées par la Grande-Loge d'Angleterre à une loge qui s'était formée à Gibraltar ; en 1727, une autre loge fut formée à Madrid. Jusqu'en 1779, celle-ci reconnut la juridiction de la Grande-Loge d'Angleterre, de laquelle elle tenait ses pouvoirs ; mais, à cette époque, elle secoua le joug et constitua des ateliers tant à Cadix qu'à Barcelone, à Valladolid et dans d'autres villes.

« Les premières loges, ajoute immédiatement le même historien, qui s'établirent en Portugal, y furent érigées, en 1727, par des délégués des sociétés de Paris ; la Grande-Loge d'Angleterre fonda aussi, à partir de 1735, plusieurs ateliers à Lisbonne et dans les provinces. Depuis lors, les travaux maçonniques ne furent jamais entièrement suspendus dans ce royaume ; mais, sauf les exceptions que nous signalerons ailleurs, ils y furent constamment entourés du silence le plus profond (¹). »

Ce silence si profond, observé en Portugal, ne fut pas moins gardé en Espagne, si l'on en juge par certain exposé que nous trouvons dans l'ouvrage déjà cité par nous : *le Voile levé pour les curieux*, lequel renferme, avec les documents de l'abbé Lefranc, d'autres pièces intéressantes. « L'Espagne, y lisons-nous, pouvait à peine compter jusqu'alors — (les guerres de Napoléon Ier) — quelques-uns de ses enfants isolés qui, loin de leur patrie, avaient été initiés aux mystères de la Maçonnerie ; cette secte était presque inconnue parmi nous. Lorsque l'Inquisition fut détruite, on ne trouva dans les archives de ce tribunal qu'un très petit nombre

---

1. N. Deschamps, *Sociétés secrètes*, vol. II, p. 8.

de procès relatifs à la Maçonnerie, et encore les documents offraient-ils tant de confusion et des circonstances si vagues et si discordantes, que l'Inquisition paraissait n'être point du tout versée dans les causes relatives à la Maçonnerie. Bien plus, lorsque les prisons du Saint-Office furent ouvertes dans toute l'Espagne, on n'y trouva que trois individus arrêtés comme Maçons. On doit conclure de tout cela que jusqu'en 1818 les Francs-Maçons n'y existaient point comme société, car, dans le cas contraire, ils auraient difficilement échappé à la surveillance de l'Inquisition.

« Les apôtres, ou, si l'on veut, les premiers propagateurs de cette secte dans la péninsule, furent plusieurs militaires au service de Napoléon, parmi lesquels les généraux L... et M... se firent remarquer par leur esprit de prosélytisme. Le premier propagea la Maçonnerie dans l'Andalousie, et le second dans la province de Soria. D'autres militaires travaillèrent en même temps, et réussirent à l'établir à Madrid, à côté du trône éphémère et usurpé de Joseph. Et, soit attrait de la nouveauté, soit nécessité de se réunir et de resserrer les nœuds de l'amitié pour des hommes qui avaient suivi le même parti, on vit accourir aux loges les ministres du roi intrus, des conseillers d'État, des écrivains politiques, et enfin tous les premiers personnages parmi ceux qui avaient embrassé la cause de la nouvelle dynastie ; et le Grand-Orient s'établit à Madrid sous la dénomination de Sainte-Barbe ou de Sainte-Eulalie. »

Nous ne suivrons pas les diverses phases de la Maçonnerie en Espagne ; nous dirons seulement, avec l'auteur cité plus haut, que les sociétés secrètes, « maîtresses de tous les moyens de communication parmi les malheureux Espagnols, après avoir étouffé l'opinion publique et les cris des gens de bien, qui ne pouvaient se plaindre sans s'exposer à monter sur l'échafaud, ces sociétés gouvernaient ou plutôt bouleversaient despotiquement la péninsule, devenue leur patrimoine ; et, se disputant le sceptre de fer qu'elles avaient en main en invoquant la *liberté*, elles faisaient verser au peuple, à chaque querelle, des torrents de larmes et plongeaient les familles dans la désolation. »

Quelle était leur doctrine ? Évidemment celle de Socin et de la Maçonnerie en général. Aussi Don Ferdinand VII, roi de Castille, rappelant le décret du 6 décembre 1823, par lequel il ferme les loges (ou *torres*) et proscrit la secte maçonnique, s'exprime en ces termes :

« A ceux de mon Conseil, etc... Sachez que, par décret royal du 6 décembre de l'année dernière (1823), je jugeai à propos de dire à mon Conseil qu'une des principales causes de la révolution en Espagne et en Amérique, et un des ressorts les plus efficaces employés pour favoriser ses progrès, ont été les Sociétés secrètes qui, sous différentes dénominations, s'étaient introduites parmi nous, trompant la vigilance du gouvernement, et acquérant un degré de malignité inconnu dans les pays d'où elles tiraient leur origine primitive: C'est pourquoi, convaincu que, pour apporter un prompt et efficace remède à *cette plaie morale* et politique, il ne suffisait pas de quelques dispositions de nos lois destinées à couper le mal, et qu'au moins il était nécessaire de les corroborer et de les approprier aux circonstances dans lesquelles nous nous trouvons, en redoublant de précautions pour découvrir les susdites associations et leurs sinistres desseins, je voulus que le Conseil, toute affaire cessante, s'occupât de celles-ci, en me communiquant ce qu'il jugeait le plus convenable sur la matière. »

L'art. 1<sup>er</sup> porte : «Sont prohibées de nouveau et d'une manière absolue, dans tous mes royaumes et domaines de l'Espagne et des Indes, toutes les congrégations de Francs-Maçons et d'autres sociétés secrètes, quels que soient leur dénomination et leur objet. »

L'art. 14 est ainsi conçu : « Les archevêques, évêques et autres prélats ecclésiastiques, dans leurs sermons, visites et instructions pastorales, feront tout ce que leur dictera leur zèle pour le salut des âmes confiées à leurs soins, pour les détourner de l'*horrible crime* de Franc-Maçonnerie et d'initiation à toute autre société secrète, en leur répétant qu'elles sont proscrites par le Saint Siège *comme véhémentement soupçonnées d'hérésie et subversives du trône et de l'autel.* »

Art. 15. « Je recommande très instamment au Conseil de redoubler de zèle et de vigilance sur les règlements des écoles primaires, etc.

Donné à Sacedon, le 1<sup>er</sup> août 1824.

Moi, le Roi. »

Évidemment cet acte royal et sa teneur prouvent que la Maçonnerie savait se cacher en Espagne, retenue sans nul doute par la crainte, car elle y avait été introduite, ainsi que nous l'a prouvé Clavel, et, de plus, elle y avait montré par des actes bien connus sa haine contre JÉSUS-CHRIST et son Église.

D'Aranda. — « Le comte d'Aranda, écrivait le marquis de l'Angle, voyageur avancé dans la philosophie maçonnique, comme on va le voir, est le seul homme peut-être de qui la monarchie espagnole puisse s'enorgueillir à présent : c'est le seul Espagnol de nos jours que la postérité puisse écrire sur ses tablettes. C'est lui qui voulait faire graver sur le frontispice de tous les temples et réunir dans le même écusson les noms de Luther, de Calvin, de Mahomet, de William Penn et de Jésus-Christ. C'est lui qui voulait faire vendre la garde-robe des saints, le mobilier des vierges, et convertir les croix, les chandeliers, les patènes, etc., en ponts, en auberges et en grands chemins (1). »

« Depuis 1764, raconte l'historien prussien le protestant Schœll, le duc de Choiseul avait chassé de France les Jésuites ; il persécutait cet Ordre jusqu'en Espagne. On employa tous les moyens d'en faire un objet de terreur pour le roi, et l'on y réussit par une calomnie atroce. On assure qu'on mit sous ses yeux une prétendue lettre du Père Ricci, Général des Jésuites, que le duc de Choiseul est accusé d'avoir fait fabriquer, lettre par laquelle le Général avait annoncé à son correspondant qu'il avait réussi à rassembler des documents qui prouvaient incontestablement que Charles III était un enfant de l'adultère. Cette absurde invention fit une telle impression sur le roi qu'il se laissa arracher l'ordre d'expulser les Jésuites (2). »

Et qui donc arracha cet ordre à Charles III ? Ce fut d'Aranda, qui voyait seul le roi, écartant de lui

---

1. *Voyage en Espagne*, p. 127.
2. Deschamps, *Les Sociétés secrètes*, t. II, p. 70.

Monino et Campomanès, ses collègues, en disant « qu'*il jouait sa tête* ».

« Tout à coup les autorités espagnoles, dans les deux mondes, reçoivent des ordres minutés dans le cabinet du roi. Ces ordres, signés par Charles III, contresignés par d'Aranda, étaient munis de trois sceaux. A la seconde enveloppe on lisait : *Sous peine de mort, vous n'ouvrirez ce paquet que le 2 avril 1767, au déclin du jour.* »

La lettre du roi leur ordonnait, sous peine de mort, de saisir immédiatement tous les jésuites et de les embarquer sur des vaisseaux de guerre.

L'historien anglican Adam donne la même version que Schœll, et il ajoute : « On peut, sans blesser les convenances, révoquer en doute les crimes et les mauvaises intentions attribués aux Jésuites, et il est plus naturel de croire qu'un *parti ennemi*, non seulement de leur rétablissement comme corps, *mais même de la religion chrétienne* en général, suscita cette ruine ([1]). »

Le Père Deschamps ajoute : « Ainsi parle Léopold Ranke, dans son *Histoire de la Papauté ;* ainsi Christophe de Murr, dans son journal ; il ajoute que le duc d'Albe fit l'aveu, au moment de mourir, de cette lettre supposée ; ainsi parle Sismondi, dans son *Histoire des Français ;* ainsi enfin l'Anglais Coxe, dans son *Histoire de l'Espagne* sous les rois de la maison de Bourbon, pour ne citer que les historiens protestants.

« En vain Clément XIII prit-il la défense des Jésuites espagnols, comme il avait pris celle des Jésuites portugais et français ; en vain prit-il à témoin Dieu et

---

1. Adam, *Histoire d'Espagne*, t. IV, p. 271.

les hommes que le corps, l'institution, l'esprit de la Société de Jésus étaient innocents ; que cette Société était pieuse, utile et sainte dans son objet, dans ses lois, dans ses maximes ; en vain déclara-t-il que les actes du roi contre les jésuites mettaient évidemment son salut en danger, et que, quand même quelques religieux se seraient rendus coupables, on ne devait pas les frapper avec tant de sévérité sans les avoir auparavant accusés et convaincus : tout fut inutile.

« D'après les ordres si rigoureux de Charles III à tous les gouverneurs de ses vastes royaumes, au jour et à l'heure marqués, la foudre éclata en même temps en Espagne, au nord et au midi de l'Afrique, en Asie, en Amérique et dans toutes les îles de la domination espagnole. Le secret de cette expulsion fut si bien gardé que, non seulement aucun Jésuite, mais encore aucun ministre, aucun magistrat ne s'en doutait le jour même où elle devait arriver. Tous les vaisseaux de transport se trouvèrent prêts dans les différents ports indiqués. Leurs ordres étaient uniformes : commandement suprême de la part du roi d'aller *jeter* les prisonniers sur les côtes de l'État ecclésiastique, sans se permettre, sous aucun prétexte, d'en déposer aucun autre part, sous peine de mort. Telle fut la marche du comte d'Aranda : il la regardait comme le chef-d'œuvre d'une politique sage et vigoureuse ; il aimait encore à en parler longtemps après (¹). »

Pombal. — En Portugal, Carvalho, dit Pombal, s'était fait déjà l'instrument des loges maçonniques pour persécuter aussi les Jésuites. Pour déchristianiser

---

1. N. Deschamps, *Les Sociétés secrètes*, t. II, p. 71.

le Portugal, il résolut de le protestantiser, et, d'une main plaçant dans les universités des professeurs protestants, il faisait traduire et répandre les œuvres de Voltaire, de J.-J. Rousseau, de Diderot et autres philosophes Maçons ; de l'autre il livrait son pays à l'Angleterre, où il avait commencé par être chargé d'affaires et affilié, comme Voltaire, aux libres-penseurs.

Le panégyriste de Pombal, M. de Saint-Priest, est obligé de dire lui-même : « Ennemi du clergé et des moines, qu'il appelait la vermine la plus dangereuse qui puisse ronger un État, selon la *Biographie universelle*, il en voulut aux Jésuites encore plus qu'à l'aristocratie, et ses griefs, l'échafaud dressé d'avance dans son esprit contre les *hidalgues*, leur mort ignominieuse, n'avaient été pour lui qu'un moyen ([1]). » Un moyen ! oui, un moyen de plaire aux philosophes maçons qui le nommaient « *leur adepte* » ; un moyen qui allait bien à sa nature, car, disent ses historiens, il était avare, cruel et raffiné dans sa vengeance.

Tel il se montra à l'égard des Jésuites. « Ils étaient divisés en trois parts, dit le P. Deschamps. Les novices et scolastiques des premiers vœux étaient soumis par Pombal, sans aucune ombre de procédure, à tous les genres de promesses, de menaces et de vexations propres à les amener au renoncement de leur vocation. Les profès furent jetés sur les terres du Pape, en Italie, avec les premiers, qui refusèrent en grande majorité d'apostasier. Entassés par centaines dans des navires de commerce, exposés à toutes les intempéries, sans provisions, où le pain et l'eau manquaient à dessein,

1. Saint-Priest. *Histoire de la chute des Jésuites*, p. 52-60.

ils furent jetés successivement, poussés par les vents, dans les ports d'Espagne, où ils furent abondamment secourus, et enfin à Civita-Vecchia, où ils furent salués avec admiration. Trois fois ces transports se renouvelèrent ; le dernier se composa de missionnaires amenés de la Cafrerie, du Brésil, du Malabar, de tous les lieux où ils répandaient la civilisation avec la foi catholique. Seulement, plus de deux cents, dont plusieurs Français, Italiens, Allemands, furent retenus, pour assouvir la rage de Pombal, dans les cachots du Tage, où quatre-vingt-et-un périrent de misère et de souffrance.

« Plus de cent languirent dix-huit ans dans ces sépulcres jusqu'à la mort du roi, esclave de son libertinage et de son ministre. Un tribunal, composé du conseil d'État et des hommes les plus vénérables par leurs lumières et leur intégrité, fut chargé par le nouveau roi et la nouvelle reine de revoir la sentence du prétendu attentat contre le roi, qui fut déclarée injuste et sans fondement, et il fut déclaré à la presque unanimité que les personnes, tant vivantes que mortes, qui avaient été justiciées, ou exilées, ou emprisonnées en vertu de la sentence, étaient toutes innocentes du crime dont on les avait accusées. Les fatales prisons s'ouvrirent, et l'on vit sortir de dessous terre et reparaître parmi les vivants huit cents personnes crues mortes depuis longtemps ; c'était le reste de *neuf mille* enlevées à l'État par la haine, la férocité ou les soupçons du ministre, *sans interrogatoire et sans jugement.* Les Jésuites survivants parurent avec les autres à demi-nus, sans autre vêtement que la paille qui leur servait de lit, le teint livide, le corps enflé, si faibles pour la plupart qu'ils ne pouvaient ni marcher ni presque se soutenir, plusieurs privés de l'usage de la vue par les ténèbres profondes où ils avaient été plongés, quelques-uns enfin les pieds pourris et *rongés* par les rats et les insectes (¹). »

Carvalho-Pombal fut condamné à restituer des sommes immenses extorquées sous divers prétextes, et relégué, par considération de son grand âge et des signatures du feu roi dont il s'était fait garantir, à sa terre de Pombal, où, en 1829, les Jésuites, rappelés par don Miguel, rendirent les derniers devoirs à son cadavre, privé jusque-là de sépulture. Sur ces entrefaites arrivèrent des Indes dix-neuf caisses à l'*adresse du marquis de Pombal*, pleines d'argenterie et de pierres précieuses enlevées au tombeau de saint François-Xavier à Goa, où la reine indignée les fit renvoyer sur-le-champ. Des confiscations, ou plutôt un pillage de ce genre avait eu lieu dans toutes les maisons et églises des Jésuites en Portugal et aux colonies. A Porto, un parent du ministre, chargé de la saisie, se distingua par sa barbarie et son impiété. Il laissa trois Pères mourir misérablement, faute de médecins et de remèdes. Ajoutant le sacrilège à l'inhumanité, il fit ouvrir le tabernacle et vider sous ses yeux le saint ciboire, dont il s'empara et qu'il mit dans les balances d'un orfèvre pour le lui faire peser sur l'autel même.

« Qui croirait, dit l'oraison funèbre du roi Joseph, prononcée à Lisbonne en 1777, qu'un seul homme, en abusant de la confiance et de l'autorité du roi, pût, durant l'espace de vingt ans, enchaîner toutes les langues, fermer toutes les bouches, resserrer tous les cœurs,

---

1. N. Deschamps, *Les Sociétés secrètes*, t. II, p. 71.

*tenir la vérité captive*, mener le mensonge en triomphe, effacer tous les traits de la justice, faire respecter l'iniquité et dominer l'opinion publique d'un bout de l'Europe à l'autre ? » La Maçonnerie seule peut l'expliquer.

Il nous souvient, qu'on nous permette ce souvenir, qu'en 1858, passant à Mozambique, nous eûmes l'honneur d'être accueilli par le gouverneur de l'île avec une extrême bienveillance. Il avait, comme palais, la maison et le collège des Pères Jésuites chassés par Pombal, et j'offris le saint sacrifice de la messe, plusieurs fois, dans leur chapelle encore pleine de splendeur et de richesses. Il y avait, sur l'île, plusieurs autres églises ; mais tout y tombait en ruine, là comme sur les rives du Zambèse, où la Compagnie de Jésus avait formé de beaux établissements ; Pombal, par sa haine, condamna ces belles contrées à demeurer sauvages et barbares. Le travail de civilisation chrétienne, commencé sur cette côte de l'Afrique orientale par les Jésuites et autres religieux, fut arrêté, comme nous l'avons dit, et c'est à peine s'il est recommencé depuis quelques années d'une façon sérieuse. Voilà le fait d'un homme, mais cet homme pourrait s'appeler *Légion*, car il était l'*adepte de la Maçonnerie*, l'ennemi acharné de JÉSUS-CHRIST, qui seul est *la vie et la résurrection* des peuples comme des individus.

CHOISEUL. — Après avoir parlé de la haine de la Maçonnerie contre le règne de JÉSUS-CHRIST en Espagne et en Portugal, nous ne saurions garder le silence sur ce qu'elle a fait en France et à Naples contre la Compagnie de JÉSUS, appelée à juste titre l'*Avant-Garde de l'Église catholique.*

Dans son *Tableau de Paris*, de Saint-Victor a écrit ce qui suit : « La faveur de Choiseul, déjà grande, s'accrut, à la mort de M^me de Pompadour, de toute celle qu'elle avait possédée, de manière à ne pas même échapper au soupçon bien ou mal fondé d'avoir contribué à hâter le trépas de cette maîtresse dont le pouvoir était si absolu et que Louis XV oublia si facilement. Sans en avoir le titre, il obtint tous les pouvoirs de premier ministre, les honneurs qu'il voulut, les richesses qu'il lui plut d'accumuler, et n'y devint que plus acharné contre les Jésuites, qu'il avait des motifs particuliers de haïr, motifs que l'on a cru fort différents de ceux qu'il faisait publiquement valoir.

« Lié avec les chefs du parti philosophique, dont il était le disciple, poussé par eux et par une perversité égale à la leur, cet homme, devenu le maître de la France, avait conçu le projet insensé — *et des lettres de sa main en font foi* — de détruire dans le monde entier l'autorité du Pape et de la religion catholique. Or, l'entière destruction d'un ordre religieux si fortement constitué, et qui, répandu dans les deux hémisphères, soutenait et propageait de toutes parts la pureté de la foi et la plénitude de cette autorité apostolique, devenait la condition première d'un semblable projet : il s'y porta donc de toute l'activité de son esprit nourri d'intrigues et de fraudes (1). »

Quant aux parlements, on trouve aussi leur brevet d'affiliation maçonnico-philosophique dans la correspondance de Voltaire et de d'Alembert, dans les pèlerinages à Ferney des conseillers et maîtres des requêtes,

---

1. De Saint-Victor, *Tableau de Paris*, t. VI, 2^e partie, p. 242.

et dans les nombreuses lettres aux principaux membres de ces cours, aurions-nous pu dire, s'il eût été nécessaire d'ajouter quelque chose aux notes premières.

« Les plus dangereux ennemis des jésuites, dit M. de Saint-Victor, ceux qui pouvaient servir le plus efficacement la vengeance de la favorite (au sujet de l'absolution qu'ils lui avaient refusée si elle ne quittait la cour), étaient dans le Parlement. Nous avons vu que là était *le foyer du jansénisme*, et que la secte philosophique y avait aussi ses partisans (1). »

Les jésuites, finalement, furent chassés de leurs collèges, condamnés par les Parlements à une faible majorité, sans enquête, sans défense, sans témoins entendus, sans être interrogés eux-mêmes, ainsi que cela s'était fait en Portugal : ils furent proscrits en masse et individuellement comme Jésuites ; leurs biens, fondations catholiques de leurs collèges ou de leurs maisons faites par eux-mêmes ou librement par des catholiques, furent confisqués ; c'est la jurisprudence maçonnique qui s'établit et qui bientôt s'appliquera en grand à tous les prêtres et aux biens catholiques, à tous les nobles et à la famille royale elle-même. Quatre mille religieux qu'il avait plu à ce tyran en simarre de placer entre leur conscience et la faim furent arrachés à leur famille, à leur pays, et forcés d'aller mendier leur pain dans une terre étrangère (2).

Tannucci. — Tannucci, aussi ennemi des Jésuites que du Saint Siège et de la religion, sur l'ordre de Charles III, qui l'avait laissé ministre souverain de son

---

1. De Saint-Victor, *Ib.*

2. N. Deschamps, *Les Sociétés secrètes*, t. II, p. 64.

fils, roi de Naples, copia en tout le ministre d'Aranda. En Autriche, Marie-Thérèse, gagnée après de longues résistances par son fils Joseph II, qui venait d'être aussi initié aux loges maçonniques, à *nos mystères*, écrivait Grimm à Voltaire, céda elle-même en pleurant. Désormais, les instituteurs chrétiens étaient bannis de l'Europe : la philosophie pourrait à son aise donner l'enseignement qui allait préparer la Révolution.

12. Jugement de M. Louis Blanc sur le rôle des Maçons dans la Révolution française de 1793.

A PROPOS de la Révolution, citons encore le témoignage d'un franc-maçon qu'on peut, ici, croire sur parole. « Il importe, dit M. Louis Blanc, d'introduire le lecteur dans la mine que creusaient alors, sous les trônes comme sous les autels, des révolutionnaires bien autrement profonds et agissants que les Encyclopédistes ; une association composée d'hommes de tout pays, de toute religion, de tout rang, liés entre eux par des conventions symboliques, engagés sous la foi du serment à garder d'une manière inviolable le secret de leur existence intérieure, soumis à des épreuves lugubres, s'occupant de fantastiques cérémonies, mais pratiquant d'ailleurs la bienfaisance et se tenant pour égaux quoique répartis en trois classes, apprentis, compagnons et maîtres : c'est en cela que consiste la Franc-Maçonnerie. Or, à la veille de la Révolution française, la Franc-Maçonnerie se trouvait avoir pris un développement immense ; répandue dans l'Europe entière, elle secondait le génie méditatif de l'Allemagne, agitait sourdement la France, et présentait partout l'image d'une société fondée sur des principes contraires à ceux de la société civile (¹). »

Remarquons bien ce que dit M. Louis Blanc, si nous voulons comprendre jusqu'à quel point le règne de Jésus-Christ sur la terre était menacé à l'heure où la Révolution allait éclater. Ce n'est pas seulement la France qu'elle agitait, mais l'Europe tout entière. Que dis-je ? le monde était en puissance de la Maçonnerie. Tous les délégués des loges étaient venus, en 1781, à Wilhemsbad, de toutes les contrées de l'univers ; l'Europe, l'Afrique, l'Amérique, l'Asie, les plus lointains rivages où avaient abordé les navigateurs, apôtres zélés de la Maçonnerie, tous ces pays avaient voulu être représentés à ce convent sans pareil dans l'histoire de la secte, et tous ces députés, désormais pénétrés de l'Illuminisme de Weishaupt, dont la doctrine n'est pas autre que le panthéisme de Spinosa, c'est-à-dire l'athéisme, étaient retournés vers ceux qui les avaient envoyés et leur avaient versé le poison de l'incrédulité religieuse avec une ardeur que les orateurs du convent avaient surexcitée en eux. L'Europe et le monde maçonnique étaient donc armés contre le catholicisme. Aussi, quand le signal du combat fut donné, le choc fut terrible, terrible surtout en France, en Italie, en Espagne, chez les nations catholiques que l'on voulait séparer du Pape et jeter dans le schisme, en attendant qu'on pût achever de les déchristianiser. C'est bien là ce que prouvent la captivité de Pie VI et de Pie VII, les cardinaux dispersés, les évêques arrachés à leurs sièges, les pasteurs

---

1. Louis Blanc, *Histoire de la Révolution française*, t. II, p. 74.

séparés de leurs troupeaux, les congrégations religieuses détruites, les biens de l'Église confisqués, les
églises renversées, les couvents changés en casernes, les
vases sacrés volés et fondus par sacrilège avide, les
cloches changées en monnaie ou en canons, les écha-
fauds dressés de toutes parts, et les victimes par milliers,
par hécatombes, choisies surtout dans le clergé ; en un
mot, toutes les horreurs de ce qu'on appelle *la Révolution*, et surtout le crime qui était la fin qu'elle se proposait et le grand mobile de ses actions : *le Christ jeté
à bas de ses autels pour y être remplacé par la Raison*.
Ce jour-là les disciples de Socin, les Maçons entendus,
crurent que leur maître triomphait ; et, en effet, il avait
le triomphe que Dieu laisse à l'erreur, et qui consiste
en des ruines morales et matérielles amoncelées par l'a-
bus de la liberté humaine, par la liberté devenue folle
indépendance et changée en furie satanique ; spectacle
étrange et mystérieux où l'on voit se briser tous les
liens qui unissent les hommes, et les hommes s'entr'é-
gorger, en attendant que, lassés de carnage, de désordre, de débauche et d'impiété, ils rappellent parmi eux
l'Être suprême, leur Créateur et leur Père, qui revient
à ses prodigues avec son pardon et son amour infini,
avec la paix des âmes, l'honneur des familles, le bonheur et la prospérité des nations.

Qui donc, encore une fois, a fait la Révolution ? Ce
n'est pas nous qui répondrons ; la réponse sera faite, ce
coup-ci, par un Maçon illustre dont la voix s'unira à
celle de M. Louis Blanc : Lamartine.

### 13. Parole de Lamartine sur la même question.

LE 10 mars 1848, le suprême Conseil du Rit écossais alla féliciter le Gouvernement provisoire, et Lamartine lui répondit : « Je suis convaincu que c'est du fond de vos loges que sont émanés, d'abord dans l'ombre, puis dans le demi jour, enfin en pleine lumière, les sentiments qui ont fini par faire la sublime explosion dont nous avons été témoins en 1789, et dont le peuple de Paris vient de donner au monde la seconde et, j'espère, la dernière représentation il y a peu de jours. »

Lamartine n'était ni philosophe, ni prophète : il était poète. S'il avait été philosophe, dans le sens vrai du mot, il aurait su que les mêmes principes produisent les mêmes conséquences. Il aurait entrevu les révolutions qui ont ensanglanté et brûlé Paris ; sans même être prophète, il aurait annoncé que la parole est une semence qui produit fatalement des fruits selon son espèce, et que *les partageux de 1848* deviendraient *les communards de l'avenir*, surtout si on laissait les semeurs, façonnés par les loges, continuer leur œuvre contre la religion, les gouvernements et la propriété.

Ce regard jeté en avant nous montre que la Maçonnerie n'est pas restée sous les ruines qu'elle avait faites elle-même ; qu'elle n'a rien compris en face des malheurs dont elle a couvert, soit la France et l'Europe, où elle s'est établie avec les armées triomphantes de Napoléon, soit le monde entier, qu'elle a soulevé par le combat contre Dieu et l'autorité.

En effet, nos Sociniens modernes n'ont pas désarmé. Après avoir chassé Napoléon Ier, qui, ne voulant pas se soumettre, fut obligé de se démettre, ils recommencèrent leur guerre antichrétienne au fond de leurs loges. Puis ils agirent sur l'opinion publique, dont on sait la puissance tyrannique, et ils jetèrent tant de discrédit sur la religion, qu'il était rare, vers 1830, de voir des hommes dans les églises. Ils s'emparèrent, comme toujours, de l'enseignement, afin de propager dans les esprits le *libéralisme maçonnique* sous le nom de : *Liberté de conscience*. On n'a pas assez remarqué la parenté qui existe entre le libéralisme et la Franc-Maçonnerie, qui est fille du libre examen protestant. Maçons et libéraux ne sont tels que pour avoir abandonné le magistère infaillible de l'Église catholique et avoir pris leur propre raison pour guide.

Puis, la secte ne craignit pas de déverser à flots les doctrines fausses et de l'Éclectisme, qui mit en si grand honneur le Mahométisme, et du Panthéisme de Spinosa ou d'Averroès. Elle s'acharna à propager les divers systèmes, plus faux les uns que les autres, concernant la propriété, résumés par Proudhon en ces mots : *La propriété c'est le vol* : enfin elle prépara de nouvelles attaques contre le catholicisme.

✦✦✦✦✦✦✦

14. Congrès de Vérone. — Témoignage du comte de Haugwitz sur la Révolution.

EN 1822, dit le P. Deschamps, les sociétés secrètes venaient de faire explosion en Espagne, à Naples, dans le Piémont, par autant de mouvements révolutionnaires ; les souverains, pour garantir et leurs couronnes et la vraie liberté parmi leurs peuples, s'étaient réunis en congrès dans la ville de Vérone. Ce fut alors que le comte de Haugwitz, ministre du roi de Prusse, qu'il accompagnait, fit part à l'auguste assemblée d'un rapport où il disait :«Arrivé à la fin de ma carrière, je crois qu'il est de mon devoir de jeter un coup d'œil sur les sociétés secrètes, dont le poison menace l'humanité *aujourd'hui plus que jamais*. Leur histoire est tellement liée à celle de ma vie que je ne puis m'empêcher de la publier encore une fois et de vous en donner quelques détails.

« Mes dispositions naturelles et mon éducation avaient excité en moi un tel désir de la science que je ne pouvais me contenter des connaissances ordinaires: je voulais pénétrer dans l'essence même des choses ; mais l'ombre suit la lumière ; ainsi une curiosité insatiable se développe en raison des nobles efforts que l'on déploie pour pénétrer plus avant dans le sanctuaire de la science. Ces deux sentiments me poussèrent dans la société des Francs-Maçons.

«On sait combien le premier pas qu'on fait dans l'Ordre est peu de nature à satisfaire l'esprit. C'est là précisément le danger qui est à redouter pour l'imagination si inflammable de la jeunesse. A peine avais-je atteint ma majorité que déjà, non seulement je me trouvais à la tête de la Maçonnerie, mais encore j'occupais une place distinguée au chapitre des hauts grades. Avant de pouvoir me connaître moi-même, avant de comprendre la situation où je m'étais témérairement engagé, je me trouvais chargé de la direction supérieure des réunions maçonniques d'une partie de la Prusse, de la Pologne et de la Russie. La Maçonnerie était alors divisée en deux partis dans ses travaux secrets. Le premier pla-

çait dans ses emblèmes l'explication de la pierre philosophale; le *déisme* et même l'*athéisme* étaient la religion
de ses sectaires ; le  siège central de ses travaux était à
Berlin, sous la direction du docteur Zinndorf.

« Il n'en était pas de même de l'autre parti, dont le
prince F. de Brunswick était le chef apparent.  En lutte
ouverte entre eux, *les deux partis se donnaient la main
pour parvenir à la domination du monde ;* conquérir les
trônes,  se servir  des rois comme de l'*Ordre*, tel était
leur but. Il serait superflu de vous indiquer de  quelle
manière, dans mon ardente curiosité,  je parvins à
devenir maître du secret de l'un et de l'autre parti ; la
vérité est que le secret des  deux sectes  n'est plus un
mystère pour moi. *Ce secret me révolta.*

« Ce fut en 1777 que je me chargeai de la  direction
d'une partie des loges prussiennes, trois ou quatre ans
avant le convent de Wilhemsbad et l'envahissement
des loges par l'Illuminisme; mon action s'étendit même
sur les frères dispersés dans la Pologne et la Russie. Si
je n'en avais pas fait moi-même l'expérience, je ne pourrais donner  moi-même  d'explications plausibles de
l'insouciance  avec laquelle  les  gouvernements ont pu
fermer les yeux sur un tel désordre, un véritable *status
in statu* (État dans l'État); non seulement les chefs
étaient en correspondance assidue et employaient des
chiffres particuliers,  mais encore ils s'envoyaient réci-
proquement des émissaires. Exercer une  influence
dominatrice sur les trônes et les souverains, tel était
notre but...

« J'acquis alors la ferme conviction que le drame
commencé en 1788 et 1789, LA RÉVOLUTION FRAN-

ÇAISE, LE RÉGICIDE AVEC TOUTES SES HORREURS, *non seulement y avaient été résolus alors, mais encore étaient le résultat des associations et des serments.... etc.*

« De tous les contemporains de cette époque, il ne m'en reste qu'un seul... Mon premier soin fut de communiquer à Guillaume III toutes mes découvertes. Nous acquîmes la conviction que toutes les *associations maçonniques*, depuis la plus modeste jusqu'aux grades les plus élevés, ne peuvent se proposer que d'*exploiter les sentiments religieux, d'exécuter les plans les plus criminels*, et de se servir des premiers comme manteaux pour couvrir les seconds.

« Cette conviction, que S. A. le prince Guillaume partagea avec moi, me fit prendre la ferme résolution de renoncer absolument à la Maçonnerie (1)... »

Le congrès de Vérone, éclairé sans doute par ce noble aveu de M. de Haugwitz, prit des mesures en conséquence, surtout en ce qui regarde la Russie et l'Autriche. « Alexandre, dont les *Illuminés* avaient pu surprendre la bonne foi à certains moments, était complètement éclairé sur leurs vraies menées. Au lieu de protéger la Maçonnerie comme en 1807, il la proscrivit absolument en 1822; au lieu d'expulser les Jésuites comme en 1816, il se rapprochait tous les jours du catholicisme, et il envoya en 1824 son aide-de-camp, le général Michaud, au Saint Père pour préparer le retour de la Russie à la grande et véritable unité chrétienne. Sa mort mystérieuse (1825) à Taganrog doit-elle être attribuée aux sociétés secrètes, qui avaient toujours conservé des affidés parmi son entourage? Il y a là un

---

1. Deschamps, *Les Sociétés secrètes*, t. II, p. 211.

mystère qui ne sera peut-être jamais éclairci ; mais on doit constater qu'immédiatement après sa mort éclata une insurrection contre Nicolas, son successeur désigné, à ce cri de *constitution*, qui était alors le mot d'ordre des sociétés secrètes dans tous les pays. Il fut établi qu'elle avait été préparée de longue main, dès 1819, par une société modelée sur celle des *Carbonari* et appelée les *Esclavoniens-Unis*. Un écrivain bien informé sur ces événements affirme que cette société avait eu, *comme toutes les sectes particulières* sa base d'opération dans les loges maçonniques, qui s'étaient dissoutes seulement en apparence ([1]). »

### 15. Carbonari.

LES Carbonari, dont il vient d'être question, formaient, en qualité de *Charbonniers*, la Haute-Vente, expressions employées, comme celle de Maçons, pour cacher la nature et le but de la société, qui n'était autre que la continuation de l'Ordre Maçonnique tel qu'il existait avant la grande Révolution. Elle se composa d'abord de quelques grands seigneurs corrompus et de Juifs.

« Assurément, dit le Père Deschamps, tous les Francs-Maçons étaient loin d'être des *Carbonari*, mais ils n'en concouraient pas moins au même dessein ; car, 1° les loges, par une première initiation, préparaient le personnel où ils se recrutaient : ainsi, d'après la constitution de la *Carbonara — Charbonnerie —* italienne, les Francs-Maçons, quand ils demandaient à être ini-

---

1. N. Deschamps, *Les Sociétés secrètes*, t. II, p. 212.

tiés, étaient dispensés du premier grade, qui est celui d'apprenti, pour arriver à ceux de compagnon et de maître qui existent dans tous les rites ; 2° elles facilitaient les démarches de leurs membres ; et enfin, par la direction donnée au *grand troupeau de sots* enrégimenté dans les loges, elles formaient ce poids irrésistible de *l'opinion publique* d'où sortaient les élections qui acculaient la monarchie dans une charte, dans une impasse à laquelle un coup d'État offrait seul une issue. »

« Les loges avaient été, dit le *Siècle*, le berceau et la pépinière de la célèbre société des *Carbonari*, laquelle mit en danger la Restauration et contribua dans une si large proportion à la renaissance du parti républicain ([1]). »

Jean Witt, suédois, a écrit : « Les *Carbonari* tirent leur véritable origine de la Franc-Maçonnerie. Aussitôt que Napoléon parvint au trône, il détruisit ([2]), en la favorisant, une association qui avait du danger pour lui. Elle perdit ainsi son indépendance, et devint une institution de police qui ne servit qu'à surprendre les sentiments des adeptes dont elle se composait. Alors s'assemblèrent les *Francs-Maçons*, qui tenaient encore pour la défunte République ; ils formèrent (dans le sein de la Maçonnerie) une autre affiliation. Besançon était le quartier-général de ces maçons *charbonniers* (ou bons-cousins) et *maçons philadelphes*. Le colonel Oudet était leur chef ; la plupart des membres étaient des militaires ; ceux-ci propagèrent l'Ordre dans le Piémont et dans les États septentrionaux de l'Italie. Ce ne fut

---

1. N. Deschamps, *Les Sociétés secrètes*, t. II, p. 232.
2. Le P. Deschamps, *Les Sociétés secrètes*, t. II, p. 244.

que beaucoup plus tard qu'il s'établit dans le sud de la péninsule, où, favorisé par l'ex-gouvernement (celui de Murat), il se répandit avec rapidité. On établit en 1809, à Capoue, la première *Vendita*, qui fut en même temps la principale. » Notons que ce Jean Witt était inspecteur général et Maçon élevé de tous les rites.

### 16. LA HAUTE-VENTE. — MAZZINI.

LA Haute-Vente était en pleine activité sous la Restauration, dès 1819, deux ans avant l'assassinat du duc de Berry, et, quoique « son principal objectif fût la destruction *de la puissance spirituelle de l'Église*, on voit par la correspondance de ses membres qu'elle se ramifiait à Paris, à Vienne, à Londres, en Suisse, à Berlin, où elle avait des affidés très haut placés, et qu'elle poussait activement au renversement du roi Charles X et de la dynastie.

Aussi ne faut-il pas s'étonner qu'une fois la révolution de Juillet faite, Dupin l'aîné, un haut maçon de la loge des *Trinosophes*, disciple de Ragon, ait pu dire : « Ne croyez pas que trois jours aient *tout fait*. Si la révolution a été si prompte et si subite, *c'est qu'elle n'a pris personne au dépourvu*... Mais nous l'avons faite en quelques jours, *parce que nous avions une clé à mettre à la voûte*, et que nous avons pu immédiatement substituer *un nouvel ordre de choses complet à celui qui venait d'être détruit* ([1]). »

« Pendant les dix-huit années où se déroula le gouvernement de Juillet, écrit le Père Deschamps, les

---

1. N. Deschamps, *Les Sociétés secrètes*, ib.

Sociétés secrètes continuèrent leur œuvre de destruction de la *Papauté et préparèrent la République universelle.*

« Deux courants se dessinèrent bientôt parmi les hommes qui poursuivaient l'asservissement de l'Église et voulaient modérer la marche de la Révolution *à leur profit, la fixer dans des gouvernements constitutionnels :* c'était la politique de la Haute-Vente, des révolutionnaires aristocrates qui avaient conduit le mouvement de 1815 et les insurrections de 1821. De l'autre étaient les hommes nouveaux qui, par-delà la *destruction de l'Église, voulaient réaliser l'égalité de fait et préparer les voies au socialisme par la République universelle* (1). »

### 17. UNE PAGE DE ROHRBACHER.

L E lecteur lira avec plaisir, et aussi avec profit, une page de l'histoire universelle de l'Église catholique par l'abbé Rohrbacher, si connu et si apprécié, concernant la question des *Carbonari.* En outre, cette lecture sera comme une confirmation de plusieurs aperçus déjà placés par nous sous les yeux de nos lecteurs.

« Les Sociétés secrètes, écrit l'illustre historien, qui ne se forment que pour détruire la société publique, principalement la société universelle, autrement l'Église catholique, réunissent toujours les deux ou trois caractères de Satan : le mensonge, l'homicide, l'impureté. Il y en a deux principales de nos jours, la secte des Francs-Maçons et la secte des *Carbonari* ou Charbonniers. La première, née en Angleterre sous le protes-

---

1. N. Deschamps, *Les Sociétés secrètes*, ib.

tant et régicide Cromwell, en a importé l'esprit en France et dans le reste de l'Europe. Plusieurs princes, par antipathie contre la société universelle du catholicisme, ont favorisé cet ennemi de la société publique et des trônes. La seconde secte, les *Carbonari*, qui a le même but, s'est formée parmi les Italiens sous le prétexte de procurer la liberté de l'Italie. Le chef actuel est un carbonaro gênois, l'avocat Joseph Mazzini, qui lui a donné une nouvelle forme sous le nom de *Jeune Italie*, laquelle ne devait être qu'une branche de la *Jeune Europe*. La *Jeune Italie* diffère du Carbonarisme quant aux principes religieux. Les *Carbonari* professent l'indifférence en matière de religion, ou plutôt le matérialisme voltairien. L'avocat Mazzini, au contraire, fait parade d'une certaine religion politique, d'un panthéisme protestant, qui se trouve affiché dans son ouvrage : *Devoirs de l'homme*. « Dieu, dit-il, existe parce que nous existons. Il est dans notre conscience, dans la conscience de l'humanité, dans l'univers qui nous entoure... Vous l'adorez, même sans le nommer, toutes les fois que vous sentez votre vie et la vie des personnes qui sont autour de vous... L'humanité est le Verbe vivant de Dieu... Dieu s'incarne successivement dans l'humanité. » Cette hérésie ou impiété est déjà vieille. C'est l'ancien gnosticisme, l'ancienne idolâtrie des païens, qui confond Dieu avec la créature et la créature avec Dieu. C'est le panthéisme idolâtrique de l'Inde, le panthéisme prussien ou protestant importé de nos jours en France par Victor Cousin. C'est la cent millième répétition de ce premier sophiste : « Non, non, vous ne mourrez pas de mort en mangeant du fruit que

Dieu vous a défendu : au contraire, vous serez comme des Dieux, sachant le bien et le mal. »

« Lorsque Mazzini et ses pareils suppriment la divinité de JÉSUS-CHRIST et qu'ils l'appellent simplement un grand homme, un philosophe, ils ne sont que l'écho de Mahomet et de l'Antéchrist...

« En quoi Mazzini et les nouveaux sectaires ne s'accordent pas moins avec le faux prophète de La Mecque, c'est dans le second caractère de Satan d'être homicide... L'année 1835, un étudiant nommé Lessing fut assassiné à Munich. Plus tard, quatre réfugiés italiens, qui voulaient bien combattre contre les princes d'Italie, n'acceptaient pas la doctrine sanguinaire de la secte mazzinienne et s'en étaient expliqués ouvertement. Le tribunal secret s'assemble à Marseille sous la présidence de Mazzini, condamne deux des quatre aux verges et aux galères, et les deux autres à mort. Copie de ce jugement fut saisie et existe. Les condamnés étant domiciliés à Rhodez, la pièce portait comme chapitre additionnel : Le président de Rhodez fera choix de quatre exécuteurs de la présente sentence, qui en demeureront chargés dans le délai de rigueur de vingt jours : celui qui s'y refuserait encourrait la mort *ipso facto*. Quelques jours après, l'un des condamnés, M. Emiliani, passant par les rues de Rhodez, est attaqué par six de ses compatriotes, qui lui portent des coups de poignards et se sauvent. Les assassins sont arrêtés et condamnés par le jury français à cinq ans de réclusion. M. Emiliani, tout maladif encore, sortait de la Cour d'assises avec sa femme, lorsque lui et sa femme sont poignardés à mort par un nommé Saviali, qui ne fut arrêté qu'avec peine. L'assassin, jugé et condamné, porta la peine de son crime. Quant à Mazzini, ajoute l'auteur que nous citons, rentré en Suisse, comme le tigre rentre dans sa caverne, après une scène de carnage, il se remet froidement à son œuvre de destruction sociale ([1]). »

Disons que l'avocat Mazzini ne se cachait pas pour déclarer que la société par lui instituée avait pour but « la destruction indispensable de tous les gouvernements de la péninsule, afin de former un seul État de l'Italie. » — Art. 2. « En raison des maux dérivant du régime absolu et de ceux plus grands encore des monarchies constitutionnelles, nous devons réunir tous nos efforts pour constituer une république une et indivisible. » Rohrbacher ajoute : « Quelle sera donc la forme de la République mazzinienne ? » Un autre chef socialiste, Ricciardi, nous l'apprend : « Pour conduire le peuple, dit-il, il ne s'agit pas d'une assemblée populaire, flottante, incertaine, lente à délibérer ; mais il faut une *main de fer*, qui seule peut régenter un peuple jusqu'alors accoutumé aux divergences d'opinion, à la discorde, et, ce qui est plus encore, un *peuple corrompu, énervé, avili par l'esclavage.* »

### 18. Parole de Ricciardi.

S I le pape Grégoire XVI n'a pas été poignardé avec d'autres prêtres, le même Ricciardi nous en donne la raison. « Je crois, dit-il, *je crois* que notre cause

---

1. Le comte Édouard Lubienski, *Guerre et révolution d'Italie en 1849*, p. 40-41.

sainte serait tachée par l'assassinat d'un vieillard; outre qu'il ne suffirait pas d'étouffer le Pape, il faudrait assassiner jusqu'au dernier cardinal, jusqu'au dernier prêtre, jusqu'au dernier religieux de tout l'univers catholique. » Plus loin le même socialiste ajoute: « La plante funeste née en Judée n'est arrivée à ce haut point de croissance et de vigueur que parce qu'elle fut abreuvée de flots de sang. Si vous désirez qu'une erreur prenne racine parmi les hommes, mettez-y le fer et le feu! Voulez-vous qu'elle tombe ?... faites-en l'objet de vos moqueries. »

On le voit, Charbonniers ou Maçons, ils ont tous au cœur la haine de Jésus-Christ : c'est leur secret à tous.

✿✿✿✿✿✿✿

### 19. Nubius.

DANS son ouvrage: *l'Église Romaine en face de la Révolution*, Crétineau-Joly, à propos de la Haute-Vente, nous parle d'un comité formé d'une quarantaine de membres, présidé par un jeune homme admirablement apte au rôle de conspirateur, et qui était parvenu à se saisir de la direction générale de la Haute-Vente en dehors de Mazzini. Ce jeune homme avait pris, suivant la coutume des illuminés, un nom maçonnique, qui était *Nubius*. Son but était, à lui aussi, la destruction du christianisme. Il disait que le meilleur poignard pour frapper l'Église catholique au cœur, c'était *la corruption. Dépraver le prêtre, la femme et l'enfant*, telle était la tactique de Nubius, et l'on voit que certains parmi nous s'en souviennent. Cependant Mazzini, éloigné de Rome, où était le siège dudit comité, voyait venir des ordres jusqu'à lui sans qu'il en pût connaître la source. Il résolut de pénétrer le mystère et finit par découvrir l'existence du comité ; mais lorsque *Paolo*, ami de Nubius, fit part à celui-ci du désir qu'avait Mazzini d'être admis dans ce conseil, le président répondit qu'on n'avait pas besoin de Mazzini avec ses poisons et ses poignards, et lui fit envoyer un refus formel. « Sur ces entrefaites, dit Crétineau-Joly, Nubius fut atteint d'une de ces fièvres lentes qui consument par une prostration graduée. Ordinairement l'art ne peut ni les guérir ni les expliquer. Cette maladie, venue si à propos, avait sa raison d'être. Les complices de Nubius n'en recherchèrent point la cause. Ils savaient depuis longtemps que, dans les sociétés secrètes, la surdité commande au mutisme, et qu'il vient encore des lettres de Caprée, comme au temps de Tibère et de Séjan. Nubius frappé d'impuissance et ses amis de terreur, les sociétés secrètes n'avaient plus à redouter une action indépendante ([1]). » C'est pourquoi le comité tout entier disparut, et Mazzini put ressaisir lui-même la direction des loges.

### 20. Louis-Philippe et Grégoire XVI.

CE n'était pas seulement en Italie qu'on trouvait des complots contre la Papauté ; en France et surtout en Angleterre, le Pape-Roi était l'objet principal en butte à la haine des sociétés secrètes.

« Louis-Philippe, dit le P. Deschamps, qui n'avait méconnu la Maçonnerie active que dans la crainte de voir se tourner à la fois contre lui les puissances légitimes et les plus avancées des sociétés secrètes elles-

---

1. Crétineau-Joly, *L'Église Romaine en face de la Révolution.*

mêmes, voulut donner à ces dernières quelque satisfaction, sans rompre cependant ostensiblement avec
l'Europe monarchique. Bien convaincu, par sa propre
expérience, que les plaintes mises en avant par le carbonarisme italien pour justifier son insurrection n'étaient
que des prétextes, il eut l'air de les prendre au sérieux
devant les cours et les peuples. Appuyé, ou plutôt
dirigé par l'Angleterre et Palmerston, chef suprême des
Sociétés secrètes, et pendant longtemps ministre tout-
puissant dans son pays, il entraîna dans cette campa-
gne diplomatique des ministres francs-maçons conservateurs de l'Autriche, de la Prusse et de la Russie. Ils
osèrent bien tous ensemble demander des réformes au
Souverain Pontife (¹). »

« L'Europe consternée tremble devant la Révolution, a écrit l'auteur de l'*Église Romaine en face de la
Révolution*. Elle n'ose ni la combattre ni l'affronter :
c'est tout au plus si, dans sa panique, elle a la force de
lui offrir le pontificat en pâture. *La Révolution annonce
qu'elle va en finir avec l'Église.* L'Europe saisit ce
moment pour demander au Saint Siège des réformes
dont le carbonarisme a proclamé l'indispenseble nécessité. L'Autriche, qui cherche à maintenir à tout prix
la paix dans la péninsule italienne, est d'avis que le
Pape peut très bien, vu l'imminence du péril, se prêter
à des concessions inoffensives. La France en propose
un simulacre, afin, s'il est possible, de fermer la bouche
aux orateurs et aux journaux qui stipulent au nom des
Sociétés secrètes (²). »

---

1. N. Deschamps, *Les Sociétés secrètes*, t. II, p. 263.
2. Crétineau-Joly, *L'Église Romaine en face de la Révolution.*

On sait qu'une conférence eut lieu et qu'il en sortit un *Memorandum* en quatre articles, source des malheurs futurs de Pie IX, et cet acte vient des loges maçonniques d'Europe plutôt que de la diplomatie elle-même.

Quand on le présenta à Grégoire XVI, il sourit: «Oh! s'écria-t-il, la barque de Pierre a subi de plus rudes épreuves que celles-là. Nous braverons certainement la tempête. Que le roi Philippe d'Orléans tienne donc en réserve pour lui-même la *bonaccia* qu'il voudrait nous vendre au prix de l'honneur: son trône croulera, mais celui-là, non. » Et Bernetti répondit à l'ambassadeur de Louis-Philippe, d'abord, que la garantie française paraissait très précieuse au Saint Siège, mais que le Pape croyait impossible de l'acheter par des mesures qui seraient une véritable abdication de l'indépendance pontificale ; puis aux autres, que la garantie des cours est acquise de droit au Saint-Siège, mais que ce Siège romain, en apparence si faible, ne consentira jamais à sanctionner des réformes qui lui seraient dictées impérieusement et à jour fixe ; qu'il se réserve sa liberté d'action et son entière indépendance ; qu'il a depuis longtemps, d'ailleurs, prouvé par sa conduite l'empressement qu'il met à chercher et à réaliser toutes les améliorations désirables et compatibles avec la sécurité publique ([1]). »

Nubius, alors qu'il était chef de la Haute-Vente, disait: «Si nous pouvions avoir un Pape avec nous, il en ferait plus avec le petit doigt que nous tous ensemble. »

Nubius avait raison, car, dans cette hypothèse irréa-

----

1. N. Deschamps, *Les Sociétés secrètes*, t. II, p. 268.

lisable, celui qui est chargé de défendre l'Église du CHRIST deviendrait son plus mortel ennemi; celui à qui il a été dit : « Confirme tes frères dans la foi, » les égarerait lui-même ; celui à qui a été confié le soin de paître le troupeau l'empoisonnerait cruellement. Aussi c'est là un rêve insensé.

On rencontre des chefs d'État qui poussent l'aveuglement jusqu'à jeter leur pays dans le schisme et l'hérésie, jusqu'à trahir ses intérêts les plus sacrés, pour suivre l'impulsion que la passion antireligieuse leur imprime : il n'en sera jamais ainsi du Vicaire de JÉSUS-CHRIST. Que l'on interroge les siècles écoulés depuis Pierre jusqu'à Léon XIII, on verra les Pontifes romains, divinement aidés par l'Esprit de Dieu, maintenir l'Église dans la vérité et faire triompher l'unité doctrinale, en tous temps et en tous lieux, malgré tous les obstacles. C'est là vraiment le plus grand de tous les miracles qu'un esprit élevé puisse désirer pour encourager sa foi, et cette preuve aura pour lui une force invincible s'il veut se souvenir de la faiblesse et de l'inconstance communes à tous les hommes, quelle que soit la dignité dont ils sont revêtus.

### 21. PIE IX.

LES conspirateurs romains savent eux-mêmes qu'il en est ainsi, et cependant ils essayèrent d'attirer à eux le successeur de Grégoire XVI. « Dès son exaltation, dit le Père Deschamps, Pie IX fut acclamé d'un bout du monde à l'autre, comme le Pape si longtemps désiré, le restaurateur de la liberté et le libérateur des

peuples. A Rome, en France, en Allemagne, en Angleterre et jusque dans les républiques de l'Amérique,
on exaltait ses vertus, on proclamait son libéralisme,
on multipliait son buste et son portrait, on l'imprimait,
on l'étalait jusque sur les foulards et les châles. On
dressait à Rome des arcs de triomphe à chacun de ses
pas ; on applaudissait avec un enthousiasme inouï à
chacune de ses paroles ; on le couvrait de vivats et de
fleurs ; jamais on n'avait vu de telles démonstrations
et des ovations aussi universelles

« Homme de foi, de prière, de travail, de vertu et
de science, d'une bonté ineffable, d'une candeur et
d'une aménité vraiment célestes et qui se peignaient
dans tous ses traits, Pie IX joignait à une droiture et à
une charité qui ne soupçonne pas le mal, comme parle
l'Apôtre, une fermeté d'âme et de conscience que rien
n'était capable de faire dévier de la ligne du devoir
connu. Avec d'aussi éminentes qualités, il ne pouvait
songer, Pontife-Roi, qu'à faire le bien de ses États et
à ramener, par la liberté vraiment chrétienne, et les
peuples et les rois à la vérité et à la pratique des vertus qui, en préparant à la vie éternelle, peuvent seules
faire le bonheur ici-bas.

« Bientôt on s'aperçut que les bandes qui se rassem-
blaient au Quirinal ne suivaient plus le sentiment de
la reconnaissance et du dévouement au Saint Siège,
mais qu'elles obéissaient à une impulsion secrète, qu'elles avaient une organisation occulte et des chefs recon-
nus (¹). »

Le Saint Père renvoyait le peuple au travail, et

---

1. N. Deschamps, *Les Sociétés secrètes.*

Mazzini, dans son manifeste aux amis de l'Italie en novembre 1846, leur recommandait le contraire.

« Profitez, leur disait-il, de la moindre concession pour réunir les masses, ne fût-ce que pour témoigner leur reconnaissance. Des fêtes, des chants, des rassemblements, des rapports nombreux établis entre les hommes de toute opinion, suffisent pour faire jaillir des idées, donner au peuple le sentiment de sa force et le rendre exigeant. La difficulté n'est pas de convaincre le peuple ; quelques grands mots : liberté, droits de l'homme, progrès, égalité, fraternité, despotisme, privilèges, tyrannie, esclavage, suffisent pour cela ; le difficile, c'est de le réunir. Le jour où il sera réuni sera le jour de l'ère nouvelle. »

Et Pie IX, dans ce même mois de novembre, adressait au monde catholique son encyclique *Qui pluribus jam*, où il disait : « Nul d'entre vous n'ignore, Vénérables Frères, que, dans ce siècle déplorable, une guerre furieuse et acharnée est faite au catholicisme par des hommes qui, liés entre eux par une société criminelle, repoussant les saines doctrines et fermant l'oreille à la voix de la vérité, produisent au grand jour les opinions les plus funestes et font tous leurs efforts pour les répandre dans le public et les faire triompher.

« Nous sommes saisi d'horreur et pénétré de la douleur la plus vive quand nous réfléchissons à tant de monstrueuses erreurs, à tant de moyens de nuire, à tant d'artifices et de coupables manœuvres dont se servent les ennemis de la vérité et de la lumière, si habiles dans l'art de tromper, pour étouffer dans les esprits tout sentiment de pureté, de justice et d'honnêteté, pour corrompre les mœurs, fouler aux pieds tous les droits divins et humains, ébranler là religion catholique et la société civile, et même *les détruire de fond en comble*, s'il était possible. Vous le savez, en effet, Vénérables Frères, ces implacables ennemis du nom chrétien, emportés par une aveugle fureur d'impiété, en sont venus à ce degré inouï d'audace : *ouvrant leur bouche aux blasphèmes contre Dieu, ils ne rougissent pas d'enseigner publiquement que les augustes mystères de notre religion sont des erreurs et des inventions des hommes, que la doctrine de l'Église catholique est opposée au bien et aux intérêts de la société ; et aussi ils ne craignent pas de renier le* CHRIST *et Dieu.* »

En quelques mots, le saint Pontife résumait la doctrine impie de la secte maçonnique, qui renie *le* CHRIST *et Dieu ;* il était saisi d'horreur, il versait des larmes ; et c'est à peine si le bruit des triomphes et des vivats dont il avait été le héros s'éteignait dans les rues de Rome. Nous l'avons dit ailleurs: d'autres larmes avaient précédé les siennes. Une Mère auguste, une divine Mère avait gémi et pleuré dans nos montagnes des Alpes, unissant sa parole et sa douleur à celles du Vicaire de son Fils. Elle disait : *Ils blasphèment mon Fils !* Ils l'abandonnent, ils le laissent seul sur les autels ! Et Pie IX en même temps, au Quirinal, sans connaître les plaintes de la Messagère céleste, lui faisait écho en répétant : *Ouvrant leur bouche aux blasphèmes... ils ne craignent pas de renier le* CHRIST *et Dieu.*

Nous n'avons pas à retracer ici la vie de Pie IX. On sait son exil à Gaëte, son retour à Rome, d'où il avait dû fuir; on n'ignore pas qu'il fut attaqué et crucifié moralement, durant tout son pontificat, par les Sociniens modernes, qui ne surent pas même respecter ses cendres et son cercueil. Il ne craignait pas, il est vrai, durant sa vie, de flétrir leurs maximes et de les condamner. Qu'on se souvienne, en particulier, de son allocution prononcée en consistoire secret le 25 septembre 1865, où il disait : « Vénérables Frères, parmi les nombreuses machinations et les moyens par lesquels les ennemis du nom chrétien ont osé s'attaquer à l'Église de Dieu et ont essayé, quoique en vain, de l'abattre et de la détruire, il faut, sans nul doute, compter cette société perverse d'hommes, vulgairement appelée *maçonnique*, qui, contenue d'abord dans les ténèbres et l'obscurité, a fini par se faire jour ensuite, pour la ruine commune de la religion et de la société humaine.... Plût au Ciel que les monarques eussent prêté l'oreille aux paroles de notre prédécesseur ! Plût au Ciel que, dans une affaire aussi grave, ils eussent agi avec moins de mollesse ! Certes, nous n'aurions jamais eu, ni nos pères non plus, à déplorer tant de mouvements séditieux, tant de guerres incendiaires qui mirent l'Europe en feu, ni tant de maux amers qui ont affligé et qui affligent encore aujourd'hui l'Église.... Aussi n'avons-nous pas vu sans douleur des sociétés catholiques, si bien faites pour exciter la piété et venir en aide aux pauvres, être attaquées et même détruites en certains lieux, tandis qu'au contraire on encourage, ou tout au moins on tolère la ténébreuse société *maçonnique*, si ennemie de l'Église et de Dieu, si dangereuse même pour la sûreté des royaumes....»

Tel est le langage apostolique de Pie IX, renouvelant les instructions et les excommunications prononcées par ses vénérés prédécesseurs, depuis Clément XII, dont nous avons rappelé l'Encyclique datée de 1738, jusqu'à Pie IX lui-même.

### 22. Léon XIII.

MARCHANT sur les traces de ces courageux Pontifes, Notre Saint-Père Léon XIII a signalé au monde, avec des accents non moins énergiques et une pleine lumière, ces hommes qui en sont venus, après avoir blasphémé le CHRIST et Dieu, à vouloir détruire la propriété et la famille, entraînés qu'ils sont fatalement par la marche logique de l'erreur, qui va d'abîme en abîme. Dans sa dernière Encyclique du 15 février 1882, Sa Sainteté, écrivant à ses Vénérables Frères les Archevêques et les Évêques d'Italie, disait : « Une secte pernicieuse, dont les auteurs et les chefs ne cachent ni ne voilent leurs projets, leurs volontés, a pris position depuis longtemps en Italie ; après avoir déclaré la guerre à JÉSUS-CHRIST, elle s'efforce de dépouiller le peuple des institutions chrétiennes. Jusqu'où déjà sont allées ses audaces, il nous est d'autant moins nécessaire de le dire, Vénérables Frères, que les brèches et les ruines faites aux mœurs et à la religion s'étalent sous vos yeux. Au milieu des peuples de l'Italie, toujours si constamment fidèles à la foi de leurs pères, la liberté de l'Église est de toute part atteinte ; chaque jour on redouble d'efforts pour effacer des institutions publiques cette forme, cette empreinte chrétienne qui a été toujours et à bon droit le sceau des gloires de l'Italie. Les maisons religieuses supprimées, les biens de l'Église confisqués, les unions conjugales formées en dehors des lois et des rites catholiques, le rôle de l'autorité religieuse effacé dans l'éducation de la jeunesse : elle est sans fin et sans mesure, cette cruelle et déplorable guerre déclarée au Siège Apostolique, cette guerre pour laquelle l'Église gémit sous le poids d'inexprimables souffrances ; et le Pontife romain se trouve réduit aux plus inexprimables angoisses ; car, dépouillé du principat civil, il lui a fallu tomber à la merci d'un autre pouvoir ; et Rome, cité la plus auguste des cités chrétiennes, est une place ouverte à tous les ennemis de l'Église. De profanes nouveautés la souillent ; çà et là des temples et des écoles y sont consacrés à l'hérésie. On dit même qu'elle va recevoir, cette année, les députés et les chefs de la secte la plus acharnée contre le catholicisme, qui s'y sont donné rendez-vous pour une solennelle assemblée. Les raisons qui ont déterminé le choix de ce théâtre ne sont point un mystère : ils veulent par cette outrageante provocation assouvir la haine qu'ils nourrissent contre l'Église, et approcher de plus près leurs torches incendiaires du Pontificat romain en l'attaquant dans son siège même. L'Église, sans aucun doute, enfin victorieuse, déjouera les menées impies des hommes ; il est pourtant acquis, et d'expérience, que leurs complots ne tendent à rien moins qu'à renverser tout le corps de l'Église avec son chef, et, s'il était possible, à éteindre la religion.» Et tel est, pouvons-nous ajouter, *le secret de la Maçonnerie.*

### 23. Un extrait d'une réunion de la Grande-Loge symbolique écossaise.

LES personnes qui ne lisent pas le compte-rendu des loges maçonniques ignorent ce qui s'y passe et ne voient pas le mal tel qu'il est. Qu'elles écoutent donc l'extrait suivant d'une réunion de la Grande-Loge symbolique écossaise qui a eu lieu à Paris en décembre 1882 :

« Tenue du 21 décembre. Le F∴ Gaston, membre de la loge, a fait une très intéressante conférence sur ce sujet : *Dieu devant la science.*

« L'ordre des travaux, très chargé, a malheureusement restreint le temps qu'il eût fallu au conférencier pour développer son sujet, et il a dû en une demi-heure renfermer la matière d'une conférence d'une heure et demie.

« Nous espérons que ce n'est que partie remise, et que notre F∴ Gaston aura l'occasion prochainement de traiter de nouveau cette question, mais, cette fois, dans des conditions meilleures, et peut-être devant un auditoire beaucoup plus nombreux.

« Quoi qu'il en soit, les bravos de l'assistance ont maintes fois souligné la parole, à la fois sérieuse et spirituelle, mais surtout convaincue, du conférencier, ainsi que les citations, fort heureusement trouvées, qu'il a apportées à l'appui de sa thèse.

« L'espace nous manque pour entrer dans des détails à ce sujet. Du reste, ainsi que nous l'avons déjà annoncé, notre F∴ H. Gaston va, sous peu de jours, publier un ouvrage intitulé : *Dieu, voilà l'ennemi !* dans lequel il expose d'une façon très nette les idées qu'il n'a pu qu'effleurer dans cette conférence.

«Notre prochain bulletin contiendra un article bibliographique sur ce livre, que nous avons en ce moment sous les yeux et que nous voudrions voir dans toutes les mains.»

(Communication du F∴ Dumonchel.)

*Bulletin maçonnique de la Grande-Loge symbolique écossaise*, 2^me année, n° 22, janvier 1882, p. 295.

Après ce cri d'impiété : *Dieu, voilà l'ennemi !* on ne pouvait, semble-t-il, aller plus loin. Il n'y avait plus qu'à rappeler la déesse Raison pour la placer de nouveau sur les autels de JÉSUS-CHRIST ; erreur ! Ils ont trouvé moyen de dépasser toutes ces impiétés, et, dans leur joie triomphante, ils se sont souvenus instinctivement de leur père. Écoutez, lecteur, écoutez en tremblant l'hymne qu'ils ont chantée, en cette même année 1882, en plein théâtre à Turin :

« Voici qu'il passe, ô peuples, voici Satan le Grand ! Il passe bienfaisant, de lieu en lieu, sur son char de feu… Salut, ô Satan, salut, révolté ! Que montent sacrés vers toi notre encens et nos vœux ! Tu as vaincu le Jéhovah des prêtres !… »

Et la foule, dit le journal auquel nous empruntons ce récit, applaudissait l'œuvre infâme de Josué Carducci.

Bergier avait raison : *le libre examen* du protestantisme devait conduire à ces impiétés. Il faut à l'homme un maître, Dieu ou Satan, et il ne saurait les servir tous deux à la fois. Ou bien il ouvre son cœur à son Créateur, ou bien il le lui ferme. S'il le lui ferme, il devient l'esclave du péché, par qui il a été vaincu ; l'esclave de celui que Jésus-Christ a nommé : *Princeps hujus mundi*, le prince de ce monde, et saint Paul : *Deus hujus sæculi*, le Dieu de ce siècle.

Nous pouvons conclure, il nous semble, que le but de la Franc-Maçonnerie est bien celui que nous avons indiqué : *la destruction du règne de* Jésus-Christ, d'une part, et, de l'autre, le *triomphe du Rationalisme.*

Ce dessein a été conçu par Fauste Socin : nous l'avons prouvé historiquement, en nous appuyant sur le témoignage d'auteurs sérieux, et, malgré les efforts que la secte a faits pour donner à son origine une antiquité reculée, le regard de l'histoire a discerné la vérité et pris soin de nous l'indiquer.

Des historiens graves, sans remonter jusqu'à Socin, ont vu en Cromwell le père de la Maçonnerie : il n'en fut que l'habile et puissant protecteur en Angleterre, l'organisateur secret et le sanguinaire disciple.

Un instant rentrée dans le silence et, sans doute, obligée de se cacher par prudence après la terrible vengeance exercée sur Cromwell par Charles II, la Maçonnerie trouve dans la personne d'Ashmole, l'illustre antiquaire, un protecteur qui la recueille et lui prodigue ses soins. Bientôt elle est assez forte pour reprendre son élan à travers le monde.

Voltaire lui fraie la route en France. Aidé puissamment par les sophistes, il propage de tous côtés l'hérésie socinienne et en pénètre tous les. esprits de son temps.

Doué d'un rare génie d'organisation, Adam Weishaupt, en Allemagne, résume les divers travaux maçonniques antérieurs à lui, auxquels il unit les systèmes des sophistes anglais et français; il en compose un tout, qu'il nomme *Illuminisme*, et dans ce travail, unissant son âme de sectaire à celle du panthéiste Spinosa, il prépare le couronnement de la Maçonnerie universelle.

Mais déjà la secte avait grandi et poussé ses adeptes à l'action. On avait vu des bras se lever et frapper cruellement la Compagnie de Jésus, avant-garde du catholicisme, en Portugal, en Espagne, à Naples aussi bien qu'en France.

De cette action combinée et de tous ces travaux qui se multipliaient chez les diverses nations sous mille formes différentes, agitant tous les esprits, dépravant les cœurs, tournant en dérision ce qu'il y avait de plus sacré, allumant, surtout dans les rangs de la plus haute société française, la soif des voluptés païennes, de toutes ces folles débauches de l'esprit et des sens, devait nécessairement résulter une tempête sociale; ce fut *la grande Révolution française*, dont l'univers entier fut ébranlé.

Elle fut pour l'Église catholique ce qu'avait été pour le CHRIST, son Époux, l'agonie du jardin des Oliviers, et même, on peut le dire, comme un nouveau Calvaire. Pie VI fut pris, enchaîné et conduit en prison, où il mourut, comme son divin Maître, au milieu des criminels.

Le CHRIST lui-même fut de nouveau jugé et condamné. On le jeta à bas de ses autels pour y mettre à sa place, quoi donc?... le rationalisme de Socin sous le nom de *Déesse Raison*, représentée par une courtisane. Ce jour-là, reconnaissons-le, la Franc-Maçonnerie doctrinale et sanguinaire, athée et saoule de crimes, triompha vraiment. La révolution de 1793 fut son fait, nous l'avons prouvé.

Puis nous avons montré que la secte n'avait pas été désarmée par les victimes innombrables tombées sous ses coups, et que, fidèle au plan de ses chefs, elle s'était reprise à conspirer contre le christianisme, sorti vivant et glorieux de sa tombe, contre l'Église, redevenue l'objet du respect et de l'amour des peuples.

Mais la vie du catholicisme, comme celle de son divin Fondateur, est une souffrance continue ; aussi avons-nous vu l'Église trouver en celui qui l'avait protégée son plus terrible ennemi ; puissant par les armes, despote par la volonté, habile à forger des chaînes à ceux qui ne pliaient pas devant son ambition sans bornes et ses boutades d'homme mal élevé, Napoléon devint pour Pie VII le cruel instrument de la Franc-Maçonnerie, jusqu'au jour où, lassée de son dompteur, elle se révolta contre lui et lui prépara, sur les champs de bataille, des trahisons et des défaites. Il comprit d'où venaient à sa fortune ces mystérieux revers ; il se souvint de l'Angleterre, mère adoptive de la Maçonnerie, et il alla se confier à elle. Son sort ne fut pas absolument celui des traîtres ; il en fut quitte pour un exil lointain à Sainte-Hélène.

Nous avons vu ensuite la secte se recueillir un moment, reprendre bientôt ses trames contre l'Église et toute autorité légitime. Nous l'avons surprise demandant à l'enseignement de corrompre de nouveau les esprits, surtout les jeunes générations, sans épargner les classes ouvrières, à qui elle résolut de jeter en pâture *la propriété*, afin de préparer une révolution nouvelle.

En effet, l'année 1848 vit tomber le roi Louis-Philippe et s'écrouler son trône. Il n'avait pas compris non plus que *celui qui sème du vent recueille des tempêtes.*

Évidemment, la révolution de 1848 n'eut pas pour caractère principal la haine religieuse qui avait caractérisé celle de 1793. On vit même, pendant le mouvement révolutionnaire, un crucifix apparaître, porté avec respect au milieu de la foule, entre les mains d'un jeune homme, et le peuple fit un triomphe à cette image sacrée. C'est que la Maçonnerie avait senti qu'elle avait intérêt à ne vouloir pas renverser les autels sitôt après 1793. Elle se réservait pour plus tard cette odieuse besogne, à laquelle elle se prépare de nos jours.

Nous l'avons dit : elle s'est souvenue de Julien l'Apostat et de La Chalotais. Elle détruit les temples spirituels d'abord, en ôtant la foi des âmes et les crucifix des écoles. Elle prépare un grand mouvement. Nous avons sous les yeux les résolutions prises le 11 juin 1879, où nous lisons ce qui suit : « Déchristianiser la France par tous les moyens, mais surtout en étranglant le catholicisme peu à peu, chaque année, par des lois nouvelles contre le clergé… arriver enfin à la fermeture des églises…. Dans huit ans, grâce à l'instruction laïque sans Dieu, on aura une génération athée. On fera alors une armée, et on la lancera sur l'Europe. On sera aidé par tous les frères et amis des pays qu'envahira cette armée… »

Ce plan est bien suivi. Les écoles sans Dieu existent,

et l'exercice du fusil y a remplacé celui du catéchisme. Il y a bien encore des écoles où l'enfant est instruit des vérités chrétiennes : patience. Les Italiens disent qu'avec du temps et de la patience on arrive à tout ; or, nous suivons pour le moment en France la méthode Ricciardi, qui nous conduira là où veut la secte, à moins que les pères de famille n'ouvrent enfin les yeux et ne s'écrient : *c'est assez !* Que Dieu leur inspire ce noble sentiment !

# CHAPITRE DEUXIÈME.

Le projet conçu et poursuivi par la Maçonnerie de détruire le Christianisme constitue précisément ce qu'on appelle : UNE HÉRÉSIE.

NOUS diviserons ce chapitre en deux paragraphes: 1º de l'Hérésie en général ; 2º de l'Hérésie socinienne ou maçonnique en particulier.

## I.

## De l'Hérésie en général.

Qu'est-ce que l'Hérésie ? — Comment peut-on la reconnaître ? — Où est sa source ? — Quel est son mobile ?

### 1. QU'EST-CE QUE L'HÉRÉSIE ?

ÉRÉSIE est un mot français qui vient du mot grec : *airesis*, et qui signifie choix, élection.

L'hérétique est celui qui préfère suivre sa propre idée, son sentiment personnel, plutôt que d'écouter l'enseignement de JÉSUS-CHRIST et de son Église, et qui s'obstine dans l'erreur.

La raison, ainsi que nous le prouverons plus loin, est impuissante à trouver par elle-même la vraie Religion ; il faut que Dieu nous en instruise, et c'est ce qu'il a toujours fait par une suite d'actes gravés dans l'histoire profane autant que dans l'histoire sacrée, comme nous le verrons en son lieu.

Il résulte de là qu'en religion, l'homme n'a pas à choisir entre son idée personnelle et l'enseignement divin : il doit écouter la parole de Dieu, croire ce que Dieu dit, sans se permettre de choisir dans cet enseignement certains dogmes et de rejeter les autres ; choisir de cette manière, ce serait précisément se rendre coupable d'hérésie.

Cela se comprend facilement, par cette raison que, dans la Religion, ce qui est la chose principale, c'est l'autorité de Dieu qui enseigne : les vérités qui composent cet enseignement ne sont que la chose secondaire. C'est pourquoi l'autorité de Dieu doit être respectée dans tout ce qu'elle nous ordonne de croire et de pratiquer, et prétendre qu'on a le droit dè faire son choix sur un ou plusieurs points fondamentaux pour s'en tenir à son opinion personnelle, c'est renverser l'autorité de Dieu tout entière. Car c'est supposer qu'il se trompe sur les points rejetés ; or, si Dieu peut se tromper en quelque chose, il peut se tromper partout, il n'est pas l'infaillible vérité : il n'est par conséquent pas Dieu.

Le vrai chrétien est donc celui qui s'attache à l'Église enseignante, et qui ajoute foi à sa parole à cause de l'autorité divine dont Jésus-Christ l'a revêtue.

D'où il suit qu'on peut être hérétique de deux manières : d'abord en refusant d'adhérer à Jésus-Christ lui-même, comme Fils de Dieu, ainsi que l'ont fait les Juifs et les païens ; puis en refusant de se soumettre à son enseignement, tel que l'Église catholique nous le communique en nous commandant d'y croire : c'est ainsi que parle saint Thomas d'Aquin.

On a donné le nom de *Sectes* et de *Sectaires* aux opinions diverses qui se sont élevées contre l'enseignement de Jésus-Christ et de l'Église et à ceux qui les ont suivies, parce que le mot *suivre*, en latin, se dit *sectari*. Les sectaires sont donc ceux qui s'attachent à leur opinion personnelle ou bien à l'opinion d'autrui. Ni Jésus-Christ ni son Église n'enseignent des opinions, mais des dogmes et des vérités qu'il faut croire. Que les philosophes se contentent d'avoir des opinions sur les questions livrées à leurs disputes, nous le comprenons facilement, sachant la faiblesse naturelle de la raison humaine ; mais que l'on ne s'avise pas de parler d'opinion quand il s'agit de religion. Dieu ne nous a pas envoyé son Fils pour disserter à la façon des philosophes : Jésus a enseigné *tanquam potestatem habens*, comme ayant une autorité suprême, devant laquelle nous nous inclinons. C'est pourquoi nous avons des croyances religieuses, des convictions religieuses, et nous laissons *les opinions religieuses* aux hérétiques et aux sectaires, avec leur faux dogme de la *liberté de conscience.*

Il y a donc un éclectisme religieux aussi bien qu'un éclectisme philosophique. Celui-ci peut avoir parfois sa raison d'être, l'autre jamais, ainsi que nous l'avons expliqué plus haut.

Toutefois, remarquons qu'il ne suffit pas, pour être hérétique, de suivre une opinion personnelle ou d'entrer dans une secte ; il faut pour cela savoir qu'on est dans une erreur condamnée par l'Église et vouloir obstinément y rester. « Sont hérétiques, dit saint Augustin, ceux qui, professant dans l'Église de Jésus-Christ des opinions dangereuses et dépravées, puis ayant été avertis de la saine et véritable doctrine, résistent opiniâtrément, gardent leurs dogmes empoisonnés et mortels, refusent d'en ôter l'erreur et persistent à les défendre. » Comme la foi est la vie du juste et que ces esprits opiniâtres la rejettent loin d'eux, il s'ensuit que ces révoltés se donnent à eux-mêmes la mort et se suicident moralement. L'Église alors intervient, examine, juge et déclare que ce chrétien a cessé de vivre de la vie de Jésus-Christ, que ce n'est plus qu'un cadavre, ou, si l'on veut, un rameau qui s'est de lui-même détaché violemment de la vigne céleste, et que déjà, comme le figuier de la colline des Olives, *aruit*, il est desséché. »

« Ceux qui défendent sans obstination, dit encore saint Augustin, d'accord avec le droit Canon, une opinion qu'ils ont embrassée, alors même qu'elle est fausse et condamnable, s'ils cherchent la vérité avec cette sollicitude que dirige la prudence, étant d'ailleurs disposés à l'embrasser quand ils l'auront trouvée, ceux-là ne doivent pas être comptés parmi les hérétiques, parce que, dans le choix qu'ils ont fait de cette opinion, ils n'ont pas prétendu contredire la doctrine de l'Église. »

« C'est ainsi, dit saint Thomas d'Aquin à ce sujet, qu'il peut y avoir eu dissentiment entre certains docteurs sur des choses qu'il est indifférent pour la foi d'entendre de telle ou telle manière, ou même sur des choses qui sont de foi, mais qui n'avaient pas encore été définies par l'Église. Mais une fois que l'Église universelle se serait prononcée sur l'objet de ce dissentiment, celui qui refuserait opiniâtrément de se soumettre à l'autorité de l'Église serait censé hérétique.

« C'est, du reste, ajoute le Docteur Angélique, dans

le Souverain-Pontife principalement que réside cette autorité. »

« Je pense, écrivait le Pape Innocent Ier, que, lorsqu'une question de foi est agitée, tous nos frères et collègues dans l'épiscopat ne doivent s'en rapporter qu'à Pierre, c'est-à-dire à celui qui a succédé à son nom et à son rang. »

Jamais docteur n'a défendu son sentiment contre cette autorité du Souverain Pontife, et saint Jérôme, écrivant au Pape Damase, lui disait :

« Telle est, Très Saint Père, la foi que nous avons puisée dans l'Église. Si dans notre exposition il se trouvait quelque chose d'inexact ou de peu sûr, nous vous prions de le corriger, vous qui avez hérité de la foi de saint Pierre en même temps que de son Siège. Mais si notre confession reçoit l'approbation de votre jugement apostolique, quiconque voudra m'accuser prouvera qu'il est ignorant, ou mal intentionné, ou qu'il n'est pas catholique ; mais il ne prouvera pas que je suis hérétique. »

Telle est l'hérésie, tel est son signalement. Mais parmi ces traits caractéristiques, il en est un qui la fait connaître au premier coup d'œil, *la nouveauté.*

Puisque l'hérésie est un divorce par lequel l'âme chrétienne se détache du CHRIST son Époux, ou bien une répudiation de son enseignement, et comme un adultère spirituel par lequel elle s'attache à un autre maître, ou enfin un transport d'orgueil qui pousse l'âme chrétienne à se placer en face de JÉSUS-CHRIST et de son Église, il est clair que l'hérésie est quelque chose de postérieur au CHRIST, aux Apôtres, à l'institution du

Tribunal sacré où Pierre s'est assis le premier, tenant entre ses mains les clefs du royaume du ciel; il est évident que l'hérésie est dans la religion chrétienne une *nouveauté*.

Bossuet, parlant du ministre protestant Jurieu, disait : « Que ce docteur, enflé de la vaine science, apprenne donc des anciens maîtres du christianisme que l'Église n'enseigne jamais des choses nouvelles, et qu'au contraire elle confond tous les hérétiques en ce que, lorsqu'ils commencent à paraître, la surprise et l'étonnement où tous les peuples sont jetés font voir que leur doctrine est nouvelle, qu'ils dégénèrent de l'antiquité et de la croyance reçue. C'est la méthode de tous les Pères ; et Vincent de Lérins, qui l'a si bien expliquée, n'a fait au fond que répéter ce que Tertullien, saint Athanase, saint Augustin et les autres avaient dit aux hérétiques de leur temps, et par des volumes entiers. Je ne veux rapporter ici que ce peu de mots de saint Athanase : « La foi de l'Église catholique est celle que JÉSUS-CHRIST a donnée, que les Apôtres ont publiée, que les Pères ont conservée ; l'Église est fondée sur cette foi, et celui qui s'en éloigne n'est pas chrétien. » Tout est compris en ces quatre mots : JÉSUS-CHRIST, les Apôtres, les Pères et l'Église catholique ; c'est la chaîne qui unit tout ; c'est le fil qui ne se rompt jamais ; c'est là enfin notre descendance, notre race, notre noblesse, si on peut parler de la sorte, et le titre inaltérable où le catholique trouve son origine : titre qui ne manque jamais aux vrais enfants et que l'étranger ne peut contrefaire. »

Et le progrès, dira-t-on, qu'en faites-vous ?

Qui ne comprend que le progrès est une marque de faiblesse dans une œuvre quelconque ? Les ouvrages de l'homme, toujours imparfaits, ont besoin d'être perfectionnés : il n'en est pas ainsi des œuvres de Dieu. Quand il eut fait d'un mot la création matérielle, Dieu vit que tout était parfait. Depuis lors le soleil n'a rien perdu de son éclat, la mer a gardé ses élans sublimes, les astres n'ont point dévié de leur route, et les divers êtres de la nature demeurent ce que le Créateur les a faits.

Si donc le Souverain Maître a pris un tel soin de la création matérielle, comment aurait-il refusé la perfection à son œuvre par excellence : la Religion ? C'est bien quand il s'est agi de son Église qu'on a vu éclater sa sagesse et son amour. Depuis sa fondation, l'Église n'a rien perdu de sa lumière, étant éclairée par l'Esprit-Saint lui-même ; rien perdu de son amour maternel, étant sans cesse vivifiée par l'Amour infini, qui est Dieu.

N'y a-t-il donc aucun progrès dans l'enseignement catholique ?

A cette question saint Vincent de Lérins, Gaulois de naissance, répondait il y a quinze siècles par les paroles suivantes : « Le progrès de la religion consiste à progresser dans la foi et non pas à la changer ; on peut y ajouter l'intelligence, la science, la sagesse ; mais toujours dans son propre genre, c'est-à-dire dans le même dogme, dans le même sens, dans le même sentiment... Les dogmes peuvent recevoir avec le temps la lumière, l'évidence, la distinction ; mais ils conservent toujours la plénitude, l'intégrité, la propriété... L'Église ne change rien, ne diminue rien, n'ajoute rien, ne perd rien de ce qui lui est propre, et ne reçoit rien de ce qui lui est étranger. »

Pourquoi et à quoi bon, ajoutera-t-on, les nouvelles décisions dogmatiques ? N'est-ce pas là aussi de la nouveauté ?

« Plusieurs choses, répond saint Augustin, étaient cachées dans les Écritures: les hérétiques, séparés de l'Église, l'ont agitée par des questions: ce qui était caché s'est découvert, et on a mieux entendu la vérité de Dieu. »

« Les décisions des Conciles, dit à son tour saint Vincent de Lérins, n'ont fait autre chose que de donner par écrit à la postérité ce que les anciens avaient cru par la seule tradition; que de renfermer en peu de mots le principe et la substance de la foi, et souvent, pour faciliter l'intelligence, d'exprimer par quelque terme nouveau, mais propre et précis, la doctrine qui n'avait jamais été nouvelle… L'Église, en disant quelquefois les choses d'une manière nouvelle, ne dit néanmoins jamais de nouvelles choses: *Ut cum dicas nove, non dicas nova.*

C'est ainsi que la Religion catholique demeure toujours attachée au Christ et à son enseignement, qui ne change pas, tandis que les sectaires suivent un novateur quelconque, dont ils portent le nom. Ils sont marqués au front du signe de la nouveauté; il suffit de connaître leur origine, postérieure à Jésus-Christ et aux Apôtres, pour leur dire avec assurance: Retirez-vous, nous ne vous écouterons pas, car vous êtes des hérétiques.

2. EXAMINONS MAINTENANT D'OU VIENNENT LES HÉRÉ-
SIES ET QUEL EST LEUR MOBILE.

SAINT Paul, dans son Épitre aux Galates, dit : « Les hérésies appartiennent aux œuvres de la chair, » non pas quant à l'acte même de l'infidélité à JÉSUS-CHRIST ou à son enseignement pris dans son objet immédiat, mais sous le rapport de la cause, qui est, ou le désir d'une chose illégitime, provoqué soit par l'orgueil soit par la cupidité, ou bien une illusion de l'imagination, principe d'erreur bien souvent lié aux organes corporels ; ainsi parle saint Thomas d'Aquin.

Cette doctrine a pour elle l'expérience de tous les siècles : toujours les hérétiques ont été des hommes esclaves de leur passions. Qui fut plus orgueilleux qu'Arius, plus vain et plus hypocrite que Nestorius, plus obstiné dans ses rêveries qu'Eutychès, plus astucieux que Pélage, prêtre plus scandaleux que Luther ? Qui fut plus cruel que Calvin, plus voluptueux qu'Henri VIII, plus cupide que les princes allemands du XVIe siècle ? etc.

Les hérésies ont donc eu pour auteur, soit un esprit orgueilleux de l'Orient, soit un apostat voluptueux de l'Occident.

Voilà la source des hérésies ; leur mobile c'est la haine.

Dans sa somme théologique, saint Thomas pose cette question : Peut-on haïr la vérité ? et il répond en disant : « On ne peut haïr la vérité en général, mais on peut haïr telle ou telle vérité particulière, comme contraire à ce que l'on aime…. C'est ainsi qu'on hait la vérité quand on voudrait que ce qui est vrai ne le fût pas; ou bien quand la vérité est dans notre propre intelligence et qu'elle nous empêche de poursuivre l'objet de nos vœux: ainsi les méchants voudraient ne pas connaitre les vérités de la foi pour pécher librement, et c'est dans ce sens qu'ils disent au Seigneur: « *Scientiam viarum tuarum nolumus;* Nous ne voulons pas de la connaissance de vos voies. »

Or, la haine, stérile de sa nature, est ennemie de Dieu et de ses œuvres. Ne pouvant détruire Dieu, qu'elle essaie cependant de faire oublier, elle travaille sans cesse à traverser le plan de Dieu, à rendre inutiles ses bienfaits infinis, à tourner en dérision sa loi; finalement, à perdre les âmes rachetées au prix du sang de Jésus-Christ.

Cette considération résume les faits et gestes de toutes les hérésies, plus cruelles que les fléaux qui désolent la terre. Aussi nos pères combattaient l'erreur religieuse et l'arrêtaient aux frontières de la patrie, au seuil de leur maison. Corrompre la foi, qui est la vie des âmes, était à leurs yeux un crime plus grand qu'altérer la monnaie, dont on use pour les besoins de la vie matérielle.

Au moyen de ces considérations sur l'hérésie en général, étudions maintenant en particulier l'hérésie socinienne ou maçonnique.

—◦—◦—◦—◦—◦—II.—◦—◦—◦—◦—◦—

## De l'Hérésie socinienne ou maçonnique.

La Franc-Maçonnerie est une hérésie. — Sa marche jusqu'à nos
jours. — Elle est marquée du signe de la nouveauté. — Elle
a pour mobile la haine de Jésus-Christ. — Faits qui prouvent
cette haine. — Quatre Obédiences divisent et composent la Maçonnerie française. — Citations instructives empruntées à la
Grande-Loge symbolique écossaise.

NOUS avons prouvé, par des documents certains, que Fauste Socin est le fondateur de
la société appelée, dès son origine, du nom
qu'elle a gardé et qu'elle porte encore aujourd'hui : *la Franc-Maçonnerie.*

Or, Fauste Socin, propagateur ardent et zélé des
doctrines de Lœlius Socin, son oncle, mérite comme
lui le nom d'hérésiarque.

L'oncle et le neveu, tous deux fils de la Réforme
protestante, adoptèrent son système du Libre-Examen,
et rejetèrent comme elle l'autorité de l'Église enseignante. En vertu de ce système, tout chrétien peut et
doit interpréter la Bible à sa façon, avec une pleine indépendance de la croyance d'autrui et de tout contrôle
quelconque.

Une fois en possession de cette liberté de dogmatiser,
dont jouissaient d'ailleurs tous les protestants, Fauste
Socin poussa la Réforme plus loin que Luther et Calvin
eux-mêmes, puisqu'il ne tarda pas à nier audacieuse-
ment la divinité de JÉSUS-CHRIST, dogme qu'ils avaient
respecté.

« Fauste Socin, dit Feller, prétendait que les Ariens
avaient trop donné à JÉSUS-CHRIST, et niait nettement

la préexistence du Verbe. Il était forcé d'avouer que l'Écriture donne le nom de Dieu à Jésus-Christ; mais il disait que ce n'était pas dans le même sens qu'au Père, et que ce terme, appliqué à Jésus-Christ, signifie seulement que *le Père*, seul Dieu par essence, lui a donné une puissance souveraine sur toutes les créatures, et l'a rendu par là digne d'être adoré des anges et des hommes. Ceux qui ont lu ses écrits, savent quelle violence il a été contraint de faire à l'Écriture pour l'ajuster à ses erreurs, et détruire un mystère sur lequel reposent tous les dogmes des chrétiens, et dont la connaissance, bien loin de vexer l'esprit par l'impossibilité de l'expliquer par des idées humaines, devient une source de lumière en nous instruisant plus particulièrement de l'essence et des propriétés de la nature divine. « Si en Dieu, dit un théologien de ce siècle, il n'y avait qu'une personne, peut-être disputerait-on davantage, et les esprits contentieux s'accommoderaient moins de ce dogme que de celui de la Trinité. Les Juifs, qui ne reconnaissent pas la Trinité, ne peuvent expliquer un grand nombre de passages de l'Ancien Testament, sur lesquels ils se tourmentent beaucoup. Philon dit que Dieu seul peut comprendre le sens de cette espèce de consultation qu'on lit dans la Genèse : *Faciamus hominem ad imaginem et similitudinem nostram :* Faisons l'homme à notre image et ressemblance ; des auteurs ont observé que l'ignorance de ce mystère a produit plusieurs contestations et un grand nombre d'erreurs parmi les philosophes de l'antiquité. Ces raisonneurs ne pouvaient se figurer que Dieu, de toute éternité, ait pu être heureux sans rien produire, et sans chercher une diversion à sa solitude et à son prétendu ennui. Cette idée était ridicule sans doute, mais la connaissance de la Trinité les en aurait guéris; Aristote n'aurait point placé la complaisance de Dieu dans l'éternité du monde, ni Démocrite dans des courses continuelles après les atômes, ni Héraclite dans les différents plans de la création, ni Pythagore dans une multitude infinie d'amours transformés en une unité simple, ni Hermogène dans l'éternité d'une matière préexistante, ni les Talmudistes dans la production et l'anéantissement successifs de plusieurs mondes. Toutes ces imaginations s'évanouissent par les leçons de la foi, qui nous apprend que le Fils fait de toute éternité l'objet des complaisances du Père, que le Saint-Esprit est le lien qui les unit et en même temps une personne subsistante ; que, malgré l'unité de la nature, la multiplicité des personnes forme en Dieu une espèce de société essentielle, indivisible, ineffable, aussi intime que lui-même. De là l'attachement que Platon a marqué pour ce dogme sublime, dont il paraît néanmoins n'avoir pas eu des idées fort précises (1). »

« Socin, continue Feller, anéantit la Rédemption de Jésus-Christ et réduit ce qu'il a fait pour sauver les hommes à leur avoir enseigné la vérité, à leur avoir donné de grands exemples de vertu, et avoir scellé sa doctrine par sa mort. Le péché originel, la grâce, la prédestination passent chez cet impie pour des chimères. Il regarde tous les Sacrements comme de simples cérémonies sans aucune efficacité. Il prend le parti d'ôter à Dieu les attributs qui paraissent choquer la raison

_________________

1. Feller, *Op. et loc. cit.*

humaine, et il forme un assemblage d'opinions qui lui semblent plus raisonnables, sans se mettre en peine si quelqu'un a pensé comme lui depuis l'établissement du Christianisme ([1]). »

Puisque 'le mot *hérésie* signifie *choix*, parce que l'hérétique est celui qui préfère suivre son idée personnelle, ou l'idée d'un novateur quelconque, plutôt que d'écouter la parole de JÉSUS-CHRIST enseignée par l'Église, nous avons bien le droit de dire que Fauste Socin, auteur de la Franc-Maçonnerie, est vraiment hérésiarque.

Si l'on consulte le catéchisme de Socin, connu sous le nom de *catéchisme de Racow*, rédigé par le fondateur et les principaux chefs de la secte, on voit, dit le savant théologien Berger, qu'il ont enseigné :

1º Que l'Écriture Sainte est la seule et unique règle de notre croyance ; que, pour en avoir le vrai sens, il faut consulter les lumières de la raison. Or, la première de ces deux propositions est la maxime fondamentale du protestanisme.

2º Conséquemment à leur principe, les Sociniens ont rejeté de leur profession de foi tous les mystères, tous les dogmes qui leur ont paru incompréhensibles, non seulement la Sainte Trinité, la Divinité de JÉSUS-CHRIST, l'Incarnation, la satisfaction de ce divin Sauveur, la communication du péché originel, les effets des Sacrements, l'opération de la grâce, la justification, mais tous les attributs de la Divinité que notre faible raison ne peut concevoir, comme l'éternité, l'infinité, la toute-puissance, et tous ceux qu'il est difficile de concilier ensem-

---

1. Feller, *Op. et loc. cit.*

ble, comme l'immensité avec la spiritualité, la liberté avec l'immutabilité, la justice avec la miséricorde.

3º Ils n'admettent pas la création prise en rigueur, parce qu'ils ne conçoivent pas, disent-ils, que Dieu puisse donner l'existence à des substances par le seul vouloir... Quelques-uns ont poussé l'impiété jusqu'à nier la Providence et rejeter la notion du pur esprit.

4º Ils ne sont pas mieux d'accord sur la nature de JÉSUS-CHRIST; quoiqu'ils consentent à l'appeler le Verbe divin, le Fils de Dieu, Dieu manifesté en chair, comme s'expriment les écrivains sacrés, ils ne prennent pas ces titres dans le même sens que les autres chrétiens, et ils se réunissent tous pour nier que le Fils soit coéternel, égal et consubstantiel au Père.

5º Comme les protestants, ils n'admettent que deux Sacrements, le Baptême et la Cène, et ils ne leur attribuent pas d'autre vertu que d'exciter la foi.

6º Les Sociniens nient la possibilité d'une résurrection générale et l'éternité des peines de l'enfer; ils croient que les âmes des méchants seront anéanties, mais que celles des justes jouiront d'un bonheur éternel [1].

« Il nous paraît inutile, dirons-nous avec Bergier, de pousser plus loin le détail des erreurs sociniennes... Comme il n'y a parmi ces sectaires aucune règle de foi qui les gène, on ne trouverait peut-être pas deux Sociniens parfaitement d'accord dans leur croyance... C'est assez pour démontrer que le *Socinianisme* n'est dans le fond qu'un déisme mitigé ou pallié... Aussi voyons-nous, par les écrits des déistes modernes, qu'ils ont pris

---

1. Bergier, *Dictionnaire de Théologie*, Lille, 1844 ; t. IV, p. 359.

chez les *Sociniens* la plus grande partie de leurs objections contre les dogmes révélés. »

« Mais nous avons fait voir ailleurs, ajoute le même auteur, que le déisme lui-même est un système inconséquent dans lequel un raisonneur ne saurait demeurer ferme ; que, de conséquence en conséquence, il se trouve bientôt entraîné à l'athéisme, au matérialisme, enfin au pyrrhonisme absolu, c'est-à-dire à la négation de toute vérité religieuse, dernier terme de l'incrédulité. Rappelons de nouveau que l'abbé Lefranc, supérieur des Eudistes de Caen, tombé sous la hache des assassins à Paris, le 2 septembre 1792, auteur de l'ouvrage : *Le Voile levé pour les curieux*, a écrit de son côté ce qui suit : « Lœlius Socin laissa, dans Fauste Socin, son neveu, un défenseur habile de ses opinions, et c'est à ses talents, à sa science, à son activité infatigable et à la protection des princes qu'il sut mettre dans son parti, que la Franc-Maçonnerie doit son origine, ses premiers établissements et la collection des principes qui sont la base de sa doctrine.

« Fauste Socin trouva beaucoup d'oppositions à vaincre pour faire adopter sa doctrine parmi les sectaires de l'Allemagne ; mais son caractère souple, son éloquence, ses ressources, et surtout le but qu'il manifestait de déclarer la guerre à l'Église romaine et de la détruire, lui attirèrent beaucoup de partisans. Ses succès furent si rapides que, quoique Luther et Calvin eussent attaqué l'Église romaine avec la violence la plus outrée, Socin les surpassa de beaucoup. On a mis pour épitaphe sur son tombeau, à Luclavie, ces deux vers :

Tota licet Babylon destruxit tecta Lutherus,
Muros Calvinus, sed fundamenta Socinus ;

qui signifient que, si Luther avait détruit le toit de l'Église catholique, désignée sous le nom de Babylone, si Calvin en avait renversé les murs, Socin pouvait se glorifier d'en avoir arraché jusqu'aux fondements (¹). »

Celui qui ne reconnaîtrait pas là le père des Francs-Maçons ne serait pas physionomiste. Quoi qu'il en soit, l'Église catholique, si bien détruite par Fauste Socin, est encore debout, puisque les Francs-Maçons d'aujourd'hui sont obligés de continuer l'œuvre de leur fondateur en essayant de la renverser. Ils disparaîtront eux-mêmes, et le CHRIST restera avec son œuvre immortelle. Ajoutons à ces témoignages celui de Feller :

Dans son *Dictionnaire historique*, article *Ochin*, il dit : « Ochin assista à la fameuse conférence des déistes ou athées assemblés à Vicence en 1546, où l'on convint des moyens de détruire la religion de JÉSUS-CHRIST, en formant une société qui, par des succès progressifs, amena à la fin du XVIII° siècle une apostasie presque générale. (Voyez les ouvrages intitulés : *Le Voile levé et la Conjuration contre l'Église catholique*, et *le Journal histor. et littér.*, 1ᵉʳ Juin 1792, p. 171.) Lorsque la République de Venise, informée de cette conjuration, fit saisir Jules Trévisan et François de Rugo, qui furent étouffés, Ochin se sauva avec les autres ; — Lœlius Socin, oncle de Fauste Socin, en était. — La Société ainsi dispersée n'en devint que plus dange-reuse, et c'est elle que l'on connaît aujourd'hui sous le nom de Francs-Maçons, comme le prouve l'auteur des ouvrages que nous venons de citer (²). »

---

1. Lefranc, *Le Voile levé pour les curieux;* nous avons déjà cité ce passage.
2. Feller, *Dictionnaire historique*, Lyon, 1823, Rolland.

Il convient maintenant que nous retracions rapidement ici la marche suivie par l'hérésie maçonnique
depuis la dernière partie du XVIe siècle jusqu'à nos
jours.

Fauste Socin parut en Pologne en 1579. « Il y trouva
les esprits divisés en autant de sectes qu'il y avait de
docteurs, écrit encore Bergier : toutes ces prétendues
églises n'étaient réunies qu'en un seul point, savoir :
l'aversion contre le dogme de la Divinité de Jésus-
Christ. A force de disputes, d'écrits, de ménagements,
de souplesse, Socin vint à bout de les rapprocher et de
les amener à peu près à la même opinion, du moins à
l'extérieur ; il devint ainsi le principal chef de ce troupeau qui a retenu son nom : *Les Sociniens*. Socin mourut
en 1604. »

Eh bien, dirons-nous à tous les Sociniens modernes,
unis pour détruire le christianisme, vous portez au front
le signe de l'hérésie : *la nouveauté*, puisque votre père
s'appelait Fauste Socin et qu'il vivait au XVIe siècle. Le
Christ Jésus était avant vous. Quand vous êtes venus,
il y avait quinze siècles qu'il avait envoyé ses apôtres
au monde et fondé son Église. Les martyrs, par millions, avaient signé de leur sang leur foi en sa divinité ;
les docteurs l'avaient prouvée et mise en lumière dans
leurs écrits immortels ; les missionnaires avaient con-
verti et civilisé l'Europe au nom et par la vertu de
Jésus-Christ ; les croisés étaient allés guerroyer pour
reconquérir son sépulcre ; nos pères lui avaient élevé
des cathédrales majestueuses pour ombrager *son Corps
sacré* dans l'Eucharistie. Vous êtes venus, essayant
d'effacer tout ce grand passé, et vous avez dit à ces

quinze siècles de lumière : Vous n'êtes que ténèbres et superstition ! c'est nous qui avons la vérité !

Qui parlait ainsi ? Fauste Socin ! En qui sa parole a-t-elle trouvé de l'écho ? Nous le savons aussi. Non, vous n'êtes pas de taille à renverser Christianisme, Catholicisme, le CHRIST et son Église. Vous aurez le sort de l'erreur qui se dresse un jour contre la vérité et qui tombe le lendemain ; la vérité du Seigneur demeure éternellement : *Veritas Domini manet in æternum.*

Remarquons que les Sociniens n'ont pas même le mérite de l'invention dans leur nouveauté, puisque les Averroïstes, au moyen âge, avaient déjà essayé d'arracher du front de JÉSUS-CHRIST sa couronne divine. Le Concile de Nicée avait condamné Arius pour la même erreur. Les scribes et les pharisiens avaient nié, de leur temps, la Divinité de JÉSUS-CHRIST, et notre adorable Sauveur a été crucifié pour avoir enseigné et prouvé aux hommes que, vraiment, il est le Fils de Dieu fait homme.

JÉSUS est donc en possession du monde depuis 1883 ans ; nous datons de lui, amis ou ennemis.

Nous ne voulons pas nous attarder à prouver que l'hérésie socinienne a pris sa source dans l'orgueil et la volupté ; qu'elle doit une grande partie de ses triomphes aux princes, toujours avides des biens de l'Église, toujours jaloux de son influence dans le monde. Il suffit de dire que le Socinianisme appartient, par sa naissance et son système du *Libre-Examen*, à Luther, prêtre apostat, et aux membres de l'académie de Vicence, dont le plus illustre sans doute était un religieux, qui apostasia pour n'avoir pas obtenu un chapeau de cardinal, qu'il convoitait ardemment ; qui se maria avec une fille de Lucques, qu'il avait séduite, et finit par mourir de la peste en Moravie, à l'âge de 77 ans, également haï des catholiques et des protestants : nous avons nommé Bernardin Ochin.

Rappelons-nous pour juger leurs fils, le principe posé en tête de cet ouvrage : *la doctrine est l'âme des sociétés.*

Celle des Sociniens est païenne, puisqu'elle rejette JÉSUS-CHRIST avec son enseignement et ses sacrements. Donc les Sociniens ont vécu et vivent en païens : tant vaut la doctrine, tant vaut l'homme, tant vaut la société.

Quel est leur mobile ?

La haine de la vérité chrétienne, la haine de JÉSUS-CHRIST personnellement.

Haïr JÉSUS-CHRIST !

Qui nous donnera l'intelligence de cet horrible mystère ?

Si nous interrogeons la terre, la raison est impuissante à nous répondre. Car JÉSUS-CHRIST est l'homme parfait. Pilate, qui le livra aux Juifs, cria à la foule ameutée :« Je ne trouve en lui rien à condamner.»

Doux et humble de cœur, JÉSUS voulut donner au monde l'exemple du travail en gagnant dans un atelier, à la sueur de son front, le pain de sa Mère. Il aima les hommes, devenus ses frères par son Incarnation. Compatissant aux malheureux, miséricordieux aux pécheurs, d'une tendresse infinie pour les petits et les humbles, terrible aux scandaleux, il parlait comme jamais homme n'a parlé. Les foules, suspendues à ses lèvres, buvaient sa doctrine. Il jetait dans les âmes les plus simples des lumières qui leur arrachaient des cris d'admiration : ses ennemis se taisaient devant lui, réduits au silence par l'autorité de sa parole et l'éclat de ses vertus. Sublime devant ses juges, calme sous les soufflets, résigné sous les verges, joyeux au chemin du Calvaire, où il lui tardait d'être immolé pour l'humanité, divin dans les bras de la croix et de la mort, il expira en aimant et en sauvant les hommes coupables : pourquoi donc le haïr?

Sa doctrine élève l'humanité à des hauteurs ineffables ; elle nous montre le sein de Dieu comme point de départ de l'homme vers la vie terrestre, et aussi comme le lieu de son éternel repos. Elle nous ouvre des horizons d'un bonheur sans limites, de gloire sans fin, tout ce que rêvait l'âme humaine, avide de vérité et de pur amour. Pour acquérir un tel royaume avec ses biens infinis, le Christ demande qu'on obéisse à sa loi : est-ce pour cela qu'il faut le haïr ?

Il a établi sur la terre une Église, divine comme lui par l'Esprit qui la guide ; elle arrache le genre humain au paganisme, à ses voluptés avilissantes, au doute cruel ; elle attire sur son cœur, comme la meilleure des mères, l'enfant et le vieillard, le pécheur comme le juste, le pauvre avant le riche ; elle panse de sa main toutes les plaies, pardonne tous les crimes, enchante la douleur elle-même ; elle fait aimer le martyre et soupirer après la mort. Et parce que la beauté sans tache de cette mère est parfois assombrie par les fautes de quelques-uns de ses enfants, on la persécute elle-même, on demande sa mort, on oublie ses bienfaits. Dites-le-nous, vous qui la maudissez : les fautes de l'humanité doivent-elles faire haïr le Christ et son Épouse ?

Sans Jésus-Christ, demain nous retomberons au

paganisme, aux ténèbres, aux saturnales, aux mains brutales du plus fort. Qu'il s'en aille seulement, avec ses serviteurs, pendant un jour ; que ses temples soient fermés et que notre pauvre France soit sans autels et sans Dieu : alors les plus incrédules eux-mêmes sentiront que nous sommes un troupeau sans pasteur, une famille sans chef, un peuple voué au désespoir et à la ruine.

D'où viens-tu donc, ô haine mystérieuse, puisque ta source ne se trouve ni au ciel ni sur la terre ? Ah ! tu viens de celui qui fut homicide dès le commencement : *Homicida erat ab initio :* de Satan. Ne pouvant atteindre Dieu, qui l'a foudroyé et jeté aux enfers pour le punir de son orgueil, il s'attaque à l'homme, essayant de le tourner à son tour contre Dieu. Et l'homme, naturellement malade d'indépendance, se laisse égarer par tous ceux qui lui promettent un bonheur auquel on ne peut arriver *sans Dieu ni Maître.* Alors le pauvre égaré, avec tous ses compagnons d'orgueil, maudit la Religion qui le rappelle à la vérité ; la vérité, c'est que nous ne sommes que des créatures et que nous devons obéir à Dieu.

Bossuet mourait juste un siècle après, l'an 1704, et déjà cette hérésie, qui nie la divinité de JÉSUS-CHRIST, avait jeté la mort dans le sein de la Pologne, pénétré en Allemagne, en Hollande, et s'était établie en Angleterre comme dans une forteresse d'où, en se cachant, elle s'élança sur la France.

Remarquons bien qu'en faisant l'histoire des Sociniens, nous traçons du même coup celle des Francs-Maçons : Sociniens ou Maçons, c'est tout un.

« Les Sociniens, dit Bossuet, inondent toute la

Réforme, qui n'a point de barrière à leur opposer ; et l'indifférence des religions s'y établit immédiatement par ce moyen. » Bossuet aurait pu ajouter : sous le couvert d'un dogme socinien ou maçonnique : *la liberté de conscience.*

« Pour en être persuadé, continue Bossuet, il ne faut qu'entendre M. Jurieu et écouter les raisons qui l'obligent à entreprendre ce parti. C'est premièrement le nombre infini de ceux dont il est formé. Car il y range les Tolérants, peuple immense de la Réforme, qu'il appelle Indifférents parce qu'ils vont à la tolérance universelle des religions sous la conduite d'Épiscopius et de Socin.

« On sait assez sur ce point la pente de l'Angleterre et de la Hollande. Mais nous apprenons de M. Jurieu que nos prétendus Réformés n'étaient pas exempts d'un si grand mal. Ils n'osaient le faire paraître dans un royaume où les catholiques les éclairaient de trop près pour leur permettre de donner un libre essor à leurs sentiments. Mais enfin, dit M. Jurieu, le rideau a été tiré, l'on a vu le fond de l'iniquité ; et ces Messieurs se sont presque entièrement découverts depuis que la persécution les a dispersés en des lieux où ils ont cru pouvoir s'ouvrir avec liberté[1]. » Voilà un aveu sincère, qui fait bien voir à la France ce qu'elle cachait dans son sein pendant qu'elle y portait tant de ministres ; nous en soupçonnions quelque chose, et M. D'Huisseau, ministre de Saumur, célèbre dans la Réforme pour en avoir recueilli la discipline, publia, il y a quinze ou vingt ans, une *Réunion du Christianisme* sur

---

1. Bossuet, *Sixième Avertissement sur les Lettres de M. Jurieu.*

le pied de la tolérance universelle, sans en exclure aucun hérétique, pas même les Sociniens... Ce n'était donc plus contre l'Église romaine seulement, c'était contre le christianisme en général que la Réforme s'armait secrètement... Voilà donc manifestement *cette cabale toute* socinienne — ou toute maçonnique — qui ne tendait pas à moins qu'à ruiner le christianisme.

Le Socinianisme avait donc passé d'Angleterre en France ; mais il n'y avait pas fait grand progrès. Toutefois le moment allait venir, qui marquerait la libre et triomphante entrée de cette hérésie satanique dans notre malheureux pays, qu'elle devait couvrir de ruines morales, de ruines matérielles, de sang et de désespoir.

En effet, Voltaire avait dix ans quand mourut Bossuet, en 1704. Parvenu à l'âge d'homme, il fut exilé en Angleterre, où il passa les années 1726, 27 et 28 dans la société des *Toland* et des *Chubb*, Sociniens ardents — lisez toujours *maçons* — qui faisaient métier de tourner en dérision le CHRIST et sa religion, dit l'historien Paillet de Warcy.

Ainsi le rire de Voltaire n'est que le rire des Toland, des Chubb et compagnie, continué en France, pays si disposé à prendre pareille contagion.

De retour en France, Voltaire se mit à exécuter sa promesse aux sophistes anglais de détruire l'Infâme, c'est-à-dire la foi en JÉSUS-CHRIST. La Révolution universelle de 1793, préparée par lui et ses amis depuis 1728, fut le fruit de ses travaux. Mort en 1778, il ne put jouir de ce spectacle.

Depuis lors, l'hérésie socinienne n'a pas disparu de

la France. La bourgeoisie de 1830 avait été formée par elle ; aussi avait-elle désappris le chemin de l'église : il était rare, alors, de voir un homme à la messe ; on blasphémait hardiment le saint Nom de Dieu ; même ce Nom auguste, prononcé devant les représentants du pays, souleva un jour parmi eux une tempête : ils étaient Maçons, comme aujourd'hui.

En 1848, l'hérésie socinienne, furieuse d'avoir vu le Crucifix porté en triomphe par un généreux et vaillant jeune homme, suivi de la foule, s'empressa d'égarer la démocratie couronnée, qu'elle ne tarda pas à lancer contre le vicaire du CHRIST.

La liberté d'enseignement, octroyée en 1850, permit aux vrais instituteurs de la jeunesse de semer à pleines mains, dans l'âme des jeunes gens, les principes chrétiens. Nous recueillons en ce moment encore les fruits de ce noble labeur. Mais Socin a reparu ; ses fils lui ont rendu un regain de puissance ; il arrache les crucifix des murailles ; la foi chrétienne, il essaie de la bannir des cœurs ; pour remplacer les temples du Seigneur, il élève des temples à la science.

Vu toutes ces choses, nous concluons que la Franc-Maçonnerie a été hérétique dès son origine, anti-chrétienne, jusqu'au fond des entrailles, dans la personne de son auteur, dont elle n'entend pas dégénérer, si on en juge par ses discours et ses actes.

Telle ne nous est point apparue la Franc-Maçonnerie, diront quelques personnes. Nous pensions que c'était simplement une société dont les membres se réunissent pour s'amuser, et que dans les loges on ne parlait ni de religion ni de politique.

C'est là une grave erreur, et nous allons le prouver, pièces en main.

Avant tout, il est utile de dire qu'en ce moment la Maçonnerie française se compose de quatre *Puissances*, appelées *Obédiences* : le Grand-Orient, le Suprême-Conseil, le Rite de Misraïm et la Grande-Loge Symbolique Écossaise.

Cette dernière a été fondée en avril 1880, par les douze loges qui se sont séparées de la puissance, trop autoritaire à leur gré, du Suprême-Conseil. A peine âgée de trois ans, cette Benjamine devient loup terrible. Déjà elle a essayé d'attirer à sa suite les trois aînées, en leur persuadant qu'il serait bon d'unifier la Maçonnerie française en fondant les quatre puissances en une seule. Le Grand-Orient avait prêté à cette ouverture une oreille bienveillante ; la question avait été étudiée de part et d'autre, et une réunion *ad hoc* s'était tenue en septembre 1882 pour en délibérer. L'assemblée repoussa le projet, tant il est vrai que partout il y a des intérêts personnels qui empêchent l'unité.

Mais citons notre auteur. « La Grande-Loge symbolique n'a point à regretter d'avoir donné la première sa signature au projet de convention. Par cet acte, elle a prouvé qu'elle était fidèle à son origine et a mis en pratique sa devise: « Bien penser, bien dire, bien faire.» Elle a de plus manifesté loyalement son désir de voir réaliser l'unification de la Maçonnerie. Le Suprême-Conseil et le Rite de Misraïm ont refusé de participer à cette œuvre; le Grand-Orient a cru devoir s'arrêter à mi-chemin. Seule des quatre puissances maçonniques françaises, la Grande-Loge a été jusqu'au bout dans la voie des réformes qui s'imposent à notre temps.

« Par la force des choses, notre jeune confédération reste seule chargée momentanément de la glorieuse mais difficile tâche de réunir dans une action commune tous les Maçons de la France désireux de substituer à la division stérile des Obédiences l'union féconde des Loges bleues de tous les rites dans une vaste et puissante confédération nationale.

« Le moment est donc venu de redoubler tous d'énergie dans notre action maçonnique. Nous comptons, très cher Vénérable, sur votre dévouement et sur celui de tous les membres de votre R∴ Atelier, pour nous aider à maintenir la Grande-Loge à la hauteur des devoirs que les circonstances lui imposent.

Agréez, etc.

La commission exécutive… »

Suivent les noms.

*Extrait d'une circulaire. — Bulletin maçonnique de la Grande-Loge symbolique écossaise*, 3ᵉ année, nᵒ 31, octobre 1882, p. 193.

Vu la position avancée de cette dernière puissance maçonnique, c'est dans son Bulletin que nous puiserons nos preuves.

Nous affirmons donc que la Franc-Maçonnerie nourrit contre Jésus-Christ et l'Église catholique une haine profonde ; qu'elle parle en conséquence dans ses loges avec une impiété qui ne connaît point de mesure. A l'appui de cette affirmation voici quelques pièces. Nous les citerons, en tout ou en partie, sans commentaires :

le lecteur jugera ; nous soulignerons seulement quelques passages.

*Discours du F∴ P. Goumain-Cornille.*
*TT∴ CC∴ FF∴*

« La Grande-Loge symbolique écossaise est définitivement fondée.

« Depuis la décision ministérielle du 12 février dernier (1880), elle jouit en France des mêmes immunités que le Grand-Orient et le Suprême-Conseil. Elle a son temple et son administration. Elle a même son journal, qui paraîtra pour la première fois le mois prochain, avril, sous le nom de *Bulletin maçonnique......* La Grande-Loge veut amener à elle tous ceux qui ont regretté de ne pas trouver dans la Franc-Maçonnerie ce qu'ils y avaient cherché, tous les Maçons qui se sont éloignés des temples parce qu'ils y avaient éprouvé des désillusions en n'y rencontrant pas l'idéal rêvé. Elle veut surtout grouper tous les esprits amis de la libre-pensée, qui flottent indécis dans le monde profane sans avoir de centre de ralliement. Les libres-penseurs, plus nombreux en France que dans tout autre pays, y vivent trop isolés ; la Franc-Maçonnerie doit chercher à les associer, à les unir dans une action commune, afin de leur assurer l'indépendance morale dont ils ont besoin pour lutter efficacement *contre les préjugés envahissants des opinions contraires.* »

*De l'utilité et du rôle de la Franc-Maçonnerie dans le monde, et spécialement en France.*

Premier article.

« La Franc-Maçonnerie, après s'être glorieusement

manifestée aux grandes époques de notre histoire nationale, en 1789, 1793, 1830 et 1848, est retombée depuis le coup d'État de décembre dans un état de torpeur d'où elle commence à peine à sortir. Elle est encore aujourd'hui une force qui s'ignore, mais de toutes parts se révèlent des symptômes précurseurs d'un réveil viril.

« Ce n'est pas seulement en France que les Franc-Maçons se groupent, s'organisent, pour porter haut et ferme le drapeau de la libre-pensée. En Espagne, en Italie, en Grèce, en Belgique, en Autriche, en Égypte, dans les Républiques de l'Amérique du Sud, partout où la lutte est engagée entre *l'esprit d'autorité, triste legs du passé, et l'esprit de liberté*, auquel appartient l'avenir...... Écoutons la voix de notre F∴ Madier de Montjau, qui dernièrement à Valence, dans un magnifique discours, prononçait ces paroles bonnes à méditer : « La Question cléricale est ouverte, mais non pas résolue. Les citoyens doivent lutter, lutter partout et notamment autour d'eux. Ne sont-ils pas entourés, serrés, enveloppés *par les mailles de ce filet sans fin ?* N'ont-ils pas à lutter, dans leur intérieur, contre l'esprit du confesseur, et à défendre continuellement les idées qui leur sont chères auprès de leurs femmes, de leurs enfants, imbus et dominés par l'esprit du catholicisme ?

« Travaillez à affranchir de ce joug tous ceux qui vous sont chers, afin d'être unis pour cette guerre que Michelet a si bien dépeinte (1). » etc.

---

1. *Bulletin maçonnique*, Mai 1880, p. 54.

### 3. La Franc-Maçonnerie et l'Église.

LA Franc-Maçonnerie « a la haine vigoureuse des institutions fondées sur l'asservissement de la raison humaine, toujours prête à combattre le bon combat, toujours armée pour lutter contre les adversaires de la libre-pensée enrégimentés sous la bannière du *cléricalisme*.

« Les papes ont toujours redouté cette association, universelle comme le catholicisme, qui nie l'autorité de l'Église et se dresse en face d'elle comme *une puissance destinée à la détruire* (1). »

### 4. De l'utilité et du role de la Franc-Maçonnerie dans le monde et spécialement en France.

« LA Franc-Maçonnerie ne connaît pas sa puissance, elle ignore encore l'étendue des forces dont elle dispose. Dans ses quinze mille ateliers répandus sur la terre, elle possède plus d'un million de membres qui sont l'élite de l'humanité… Malheureusement les efforts des groupes maçonniques sont isolés. Chose étrange, cette association universelle n'a point encore de centre d'impulsion. D'un pays à l'autre, les Francs-Maçons ignorent les grandes œuvres accomplies par leurs Frères des Orients les plus voisins. Tous travaillent au même but, tous poursuivent d'une ardeur égale la recherche de la vérité et *la destruction des préjugés* qui barrent la route du progrès, mais les succès partiels obtenus dans cette grande cause sur les divers points de la terre n'ont pas d'écho au-delà des lieux qui les ont vus naître,

---

1. *Bulletin maçonnique*, juin 1880, p. 106.

et notre association commune ne recueille ni le profit ni l'exemple que renferment de telles victoires ([1]). »

Nous pourrions suivre ainsi, pas à pas, la Grande-Loge symbolique et montrer, par ses propres discours et ses actes, la haine de la Franc-Maçonnerie contre le catholicisme; mais il n'est pas besoin de multiplier nos citations.

Seulement, pour prouver que la Grande-Loge symbolique n'a pas changé d'esprit ni d'allure, nous citerons un extrait du *Bulletin*, juin 1883, p. 80.

« Le F∴ Cuénot, Vén∴ tit∴, prend alors possession du 1er maillet et donne la parole au F∴ Galopin.

« Le F∴ Galopin s'adresse aux dames et leur dit qu'il a choisi comme sujet de sa causerie : « La prise de la Bastille cléricale, » afin de leur faire comprendre que leur concours est très précieux pour résoudre la question de la séparation de l'Église et de l'État.

« Il faut que la femme nous appartienne entièrement et par l'esprit et par le cœur.

> Plus de baptême,
> Plus de communion,
> Plus de confession,
> Plus de mariage religieux,
> Plus d'eau bénite à l'heure de la mort.

« Voilà, dit le F∴ Galopin, les bastilles à prendre.

« *Plus de baptême.* Car vous n'avez pas le droit de lier votre enfant. Vous ne pouvez pas lui imposer telle ou telle religion, attendu que vous ne savez pas si plus tard il ne désapprouvera pas votre conduite.

« C'est surtout au sujet du baptême que l'intelligence

---

1. *Bulletin maçonnique*, Juillet 1880, p. 150.

de la femme a besoin d'être éclairée, car c'est le point
de départ.

« Actuellement combien voit-on de personnes faire
baptiser leurs enfants, non parce qu'elles croient aux
momeries des prêtres, mais uniquement parce que cela
s'est toujours fait et qu'elles-mêmes l'ont été ?

« *Plus de communion.* L'homme qui n'a pas été baptisé ne peut avaler son Créateur. Il est donc parfaitement tranquille; car le prêtre, ne voyant pas en lui un
être susceptible de financer à son profit, ne s'en occupe
pas. — Il se contente de le couvrir de son mépris, ne
pouvant faire mieux, la Très Sainte Inquisition étant
tout à fait démodée, et ces MM. ne pouvant aujour-
d'hui faire jouer le principal rôle dans leurs auto-da-fé
par des athées, mais seulement par de simples manuels
condamnés par la sainte Congrégation de l'Index qu'ils
se font remettre par des enfants ou par des parents
trop faibles.

« Mais l'enfant qui a été baptisé doit être dispensé
d'aller s'agenouiller devant la Sainte Table, attendu
qu'il est parfaitement avéré que ce qui touche le plus
M. le curé ce jour-là, ce n'est pas le plaisir de faire
des chrétiens accomplis, mais bien la perspective des
kilogrammes de cire qu'il récoltera à l'aide des cierges
apportés par les enfants.

« *Plus de confession.* Car, sous prétexte de préparer
vos enfants à recevoir dignement la sainte communion,
le prêtre leur posera des questions qu'ils ne comprendront pas tout d'abord, mais qu'ils comprendront plus
tard et dont ils rougiront.

« Ne les envoyez pas là, surtout vos filles.

« Au confessionnal, lieu où le prêtre secrète le venin qu'il répand à profusion sur les gens de cœur qui ont le courage de penser et de ne pas consentir à grossir la sainte caisse, rien ne doit être omis, surtout pour les jeunes filles. La moindre faute doit être, non pas avouée, mais racontée dans les moindres détails.

« Il doit en être ainsi, d'après le curé, parce qu'à l'aide de questions adroitement posées (et il s'y entend), il arrive sans peine à connaitre la force de caractère des pénitentes.

« Lorsqu'il a trouvé une proie facile, comptez sur lui.

« Donc pas de confession.

« *Plus de mariages religieux.* Cette bastille sera très difficile à prendre, dit le F∴ Galopin, car les dames tiennent à être mariées à l'Église. Ce n'est pas la bénédiction du prêtre, dont le prix est discuté comme celui des denrées, qui l'engage à aller écouter un sermon sur la manière de se comporter envers son mari et d'élever ses enfants, mais le plaisir qu'elle éprouve de faire voir sa toilette.

Pour se faire voir, il faut payer ;<br>
Pour voir, il faut encore payer.

« Le plus intelligent de tous, c'est encore le curé : il empoche. Comme il n'a aucuns frais, ne payant ni patente ni loyer, pas même les frais de mise en scène, il en résulte pour lui un bénéfice net et certain.

« *Plus d'eau bénite le jour de la mort.* Cette bastille est la plus importante, car c'est elle qui rapporte le plus. Aussi le clergé l'a-t-il fortifiée en conséquence.

« Comme moyen de défense, il se sert de la peur des flammes éternelles.

« Il montre sans cesse en perspective ou une vie de délices ou un chauffage qui n'a rien de bien attrayant, tellement il sait en assombrir le tableau.

« S'il agit ainsi, c'est que plus tard ses jésuitiques paroles porteront leurs fruits.— Aussi quand quelqu'un meurt, pousse-t-il les parents (s'ils sont croyants ou si, sans être croyants, ils sont indécis) à faire tout leur possible pour procurer au défunt les délices du paradis, dût-il avoir saint Labre pour camarade de lit. Vous restez honnête toute votre vie, et vous ne vous faites pas enterrer avec accompagnement d'eau bénite : Enfer !

« Mais si au contraire, vous êtes conduit à votre dernière demeure par un prêtre: En paradis ! eussiez-vous été le plus grand coquin du monde !

« Il n'est pas rare de voir des gens ne jamais mettre les pieds à l'église pendant le cours de leur vie, et qui, au moment de quitter cette terre, ont recours à la religion. »

Ainsi parla le F∴ Galopin. Mais ce n'est pas tout, écoutons la conclusion.

« *Préjugés à combattre énergiquement.*

« Pour les vaincre, il faut remonter à la source et ne donner aucune instruction religieuse à l'enfant, car il en reste presque toujours quelques traces lorsqu'il devient un homme, et quoique ne pratiquant pas. »

Le F∴ Galopin termine en rappelant qu'un concile a décrété que la femme n'avait pas d'âme, et que cette possession ne lui a été reconnue que lorsque le clergé a pu se servir d'elle pour grossir sa caisse à l'aide de prélèvements clandestins opérés dans celle des maris.

« *Il faut que le conseil municipal et les députés nous aident à enlever le budget des cultes.*

« Il ne faut pas chasser les prêtres, car nous en ferions des martyrs.

« Plus d'argent, plus de pot-au-feu, et le tour est joué ! » *Une triple salve d'applaudissements accueille cette péroraison,* et le Vénérable, en remerciant le F∴ Galopin, fait connaître à l'assemblée que, pour combattre les doctrines du R. P. Loyson, le F∴ Galopin a fait en Suisse, et pendant la même année, 162 conférences dans lesquelles il défaisait le soir ce que son adversaire avait eu tant de mal à essayer de faire le matin.

C'est ainsi que la Franc-Maçonnerie ne parle ni de religion ni de politique dans ses loges ; c'est ainsi que les Maçons ne se réunissent que pour s'amuser ; c'est ainsi que les loges, sous prétexte de liberté de conscience, respectent toutes les croyances.

Nous le demandons, comment un catholique qui se respecte, en respectant sa propre croyance, peut-il aller se fourvoyer dans ces antres où l'on égorge la foi, où l'on bafoue l'Église, les papes, les évêques, les prêtres, les sacrements, avec le cynisme qu'on vient de voir ? Comment des mères, des épouses, des jeunes filles, des chrétiennes osent-elles, si elles n'ont pas apostasié, aller écouter ces hommes qui font métier de mentir, de calomnier, de donner aux autres leurs propres sentiments, et de montrer le prêtre affamé d'argent quand, par la grâce de Dieu, la plupart n'aspirent qu'à sauver les âmes ?

Voyez-vous encore cette cruauté : « Ne donner aucune instruction religieuse à l'enfant, car, il en reste presque toujours quelques traces lorsqu'il devient un homme, et quoique ne pratiquant pas. »

Comme ils ont peur que l'enfant connaisse, aime et serve son Dieu! Comme ils veulent le plonger dans la nuit!

Mais si l'enfant ne connaît rien en religion jusqu'à quinze et vingt ans, de quelle manière pourra-t-il orienter sa vie? Comment pourra-t-il faire choix d'une religion ou les repousser toutes s'il n'en connaît aucune?

Disons que ces hommes n'ont au cœur qu'un sentiment : la haine de Dieu. Comme Satan, ils sont homicides.

Concluons enfin que la Franc-Maçonnerie est vraiment une hérésie et qu'elle mérite, à ce titre, toutes les condamnations dont elle a été l'objet de la part de l'Église.

# CHAPITRE TROISIÈME.

## Quel jugement faut-il porter sur la Maçonnerie considérée comme hérésie ?

La Maçonnerie, considérée comme hérésie, est ennemie de la liberté religieuse, — contraire aux bonnes mœurs, — antifrançaise.

I. — La Franc-Maçonnerie hérétique est ennemie de la liberté religieuse.

NOUS savons bien que les Francs-Maçons parlent beaucoup de liberté religieuse, et nous avons sous les yeux divers diplômes d'affiliation aux diverses Obédiences de la France maçonnique où on lit, en tête, ces mots : *Liberté de conscience.* Mais il ne suffit pas, pour être brave, de parler de courage, il faut le prouver par des actes. De même, celui qui est vraiment l'ami de la liberté le montre dans sa conduite.

*Liberté de conscience :* voyons donc si cette enseigne placée à la façade du temple maçonnique est vraie ou menteuse.

Disons d'abord que placer sur le pied de l'égalité, le judaïsme et le christianisme, le catholicisme et le protestantisme, le mahométisme et toutes les hérésies quelconques, ce n'est pas dire, ni prouver, qu'on respecte toutes les religions, mais affirmer plutôt qu'on les méprise toutes, puisqu'elles s'excluent l'une par l'autre. Je puis être l'ami des hommes qui sont dans l'erreur et user de bienveillance envers les Juifs, les Mahométans, les Protestants et les Francs-Maçons ; toutefois, je ne saurais, sans être déraisonnable et impie, aimer en même temps le judaïsme qui crucifie JÉSUS-CHRIST, et le christianisme qui l'adore comme Dieu; le catholicisme qui vénère le magistère infaillible de l'Église enseignante, et le protestantisme qui le répudie avec horreur, en nous jetant à la face le nom de *Papistes* comme une injure.

Eh bien, c'est cependant ce que Socin a fait.

Il admet dans le temple qu'il a construit toutes les doctrines indistinctement ; il les jette pêle-mêle toutes ensemble, mais à une condition : c'est qu'elles cèderont toutes le pas à la religion naturelle, autrement dite le Rationalisme ; agir de la sorte, ce n'est pas respecter ces diverses religions, mais plutôt les mépriser toutes ; ce n'est pas de la tolérance, mais de l'indifférence à sa plus haute expression.

Cromwell s'est conduit de la même manière ; mais l'explication de son système rationaliste est plus nette, ainsi qu'on a pu le voir plus haut, à l'article consacré à ce grand conspirateur.

En ce qui concerne Weishaupt, il a déclaré dans ses écrits originaux, rapportés ci-dessus, que le christianisme et toutes les autres religions «ont les mêmes fictions pour origine ; qu'elles sont également toutes fondées sur le mensonge, l'erreur, la chimère et l'imposture : *voilà notre secret*, » ajoute-t-il.

C'est bien ainsi que les Maçons modernes l'entendent et qu'ils s'en expliquent, en paroles et en actes. Que signifie donc, en style maçonnique, cette expression : *Liberté de conscience ?*

Ce n'est pas nous qui ferons la réponse à cette question, c'est Weishaupt lui-même qui a répondu, lui dont l'Illuminisme a prévalu, on s'en souvient, au convent universel de Wilhemsbad. Voici ce qu'il disait : «Nous avons eu bien des préjugés à vaincre chez vous avant de vous persuader que cette prétendue religion du Christ n'était que l'ouvrage des prêtres, de l'imposture et de la tyrannie. » Telle est l'hospitalité offerte dans les loges aux diverses croyances. On les appelle par mille promesses et en faisant résonner, du balcon de la porte, le grand mot de *Liberté;* on les accueille avec grâce, on les fait entrer, puis on ferme la porte sur elles, et alors commence le labeur maçonnique, qui consiste à *vaincre savamment les préjugés*, dit Weishaupt ; c'est-à-dire que l'on fait mourir à petit feu les croyances religieuses, quelles qu'elles soient, quand on ne peut pas les égorger d'un seul coup. C'est là ce qu'on entend chez ces messieurs par *liberté de conscience.*

Rien n'est despote et tyrannique, au point de vue religieux, comme la Maçonnerie. Non seulement elle prétend être la vérité et avoir tous les droits de la vérité, mais elle ne laisse aucune liberté à ce qu'elle appelle l'erreur, c'est-à-dire au catholicisme ; elle le charge de chaînes, en attendant qu'elle l'étouffe ou l'égorge. Ces hommes, qui font une guerre à outrance au *Syllabus*, le dépassent d'une façon cruelle. Le Saint Siège condamne doctrinalement l'erreur, afin d'éclairer les esprits ; mais le *Syllabus* demeure à l'état de phare, pour éclairer ceux qui veulent de sa lumière, et les Francs-Maçons sont libres d'agir comme ils l'entendent, tandis que les processions catholiques sont supprimées, l'enseignement catholique détruit pièce à pièce, le Christ ôté de nos écoles, le catéchisme répudié et Dieu supprimé. Pourquoi ? Par ce motif que la Maçonnerie française, en 1877, donnant une suite officielle au convent de Wilhemsbad, a supprimé de ses statuts l'existence de Dieu et de l'immortalité de l'âme. La Franc-Maçonnerie est rationaliste et athée ; par conséquent, elle entend que tout le monde le soit. Elle proscrit l'exercice de tout culte religieux, elle ne veut pas qu'on fasse acte public d'une religion quelconque, parce que la conscience des Francs-Maçons en serait blessée.

Comprenons donc, dès lors, ce que veut dire chez eux cette expression *Liberté de conscience*. Il s'agit de leur liberté à eux, de leur conscience à eux. Ils s'éprennent pour la secte maçonnique d'un tel amour, d'un tel orgueil, que le genre humain disparaît à leurs yeux. Nous, catholiques, nous n'avons plus aucun droit, si ce n'est celui de recevoir la loi de ces maîtres impitoyables et de nous estimer heureux qu'on nous laisse vivre pour le moment. Si un enfant catholique, dans l'intérieur de sa classe, murmure tout bas sa prière, il faut qu'il se taise: *la conscience maçonnique en est blessée*... Le *Pater noster* lui donne des crispations... La vue du Christ l'importune... Bientôt la soutane du prêtre sera un crime... nos chants sacrés des cris de sédition... Catholiques, et vous aussi, enfants, taisez-vous donc, au nom de la liberté de *la conscience maçonnique;* taisez-vous, et si Dieu est votre père, ne le nommez plus, même tout bas : la Maçonnerie le veut ainsi !

De sorte que les Francs-Maçons forment le peuple choisi, et nous, qui ne le sommes pas, nous sommes les

Gentils. Ils constituent la race sainte, et nous sommes les *profanes :* c'est le nom qu'en loge ils nous donnent; ils sont les *citoyens romains*—d'autrefois—et nous les *barbares*. Ils disent : Je suis Franc-Maçon, comme saint Paul disait : *Civis romanus sum :* Je suis citoyen romain, La liberté à laquelle nous avons droit est celle qu'ils veulent bien nous octroyer ; heureux, encore une fois, devons-nous nous estimer de pouvoir vivre sans que l'on nous inquiète davantage.

Cela n'est pas nouveau. Chez les Manichéens, il n'y avait de liberté que pour les Manichéens; ils ne faisaient l'aumône, nous dit saint Augustin, qu'aux Manichéens ; le reste formait le vulgaire méprisable. Tels sont, dans leur pays, les musulmans pour les chiens de chrétiens : d'un orgueil sans bornes et d'une insolence qui serait révoltante si elle n'était pas risible. Nous, nous sommes des *cléricaux*, et, on nous l'a dit : *le cléricalisme, voilà l'ennemi !* Cette épithète vaut les autres.

Ces appréciations sont fondées en raison. Nous suivons depuis longtemps les travaux des loges, nous lisons leurs ouvrages et leurs bulletins mensuels : nous sommes sûr de ce que nous disons.

*Liberté de conscience !* Ces deux mots sont-ils faits l'un pour l'autre ? Et les unir, n'est-ce pas faire un mariage forcé ? Je voudrais bien entendre un Franc-Maçon nous expliquer ce que l'on entend en Maçonnerie par liberté de conscience. Si ces Messieurs n'avaient pas fait le serment de se taire, sous les peines les plus graves, nous les prierions de vouloir nous renseigner,

A prendre les mots comme ils sonnent, la *con-science* est le jugement pratique de la raison nous disant qu'une chose peut être faite, ou doit être faite, parce qu'elle est bonne ou ordonnée, ou bien qu'on doit l'omettre, ne pas la faire, parce qu'elle est mauvaise.

Saint Basile nomme la conscience « un tribunal basé sur les lumières naturelles ».

C'est un esprit d'enseignement et de correction donné à l'âme, dont elle est comme la loi intérieure.

Écoutons quelques mots de saint Thomas d'Aquin sur ce chapitre de la conscience, et tirons de ses paroles les conclusions voulues par notre sujet.

« La conscience est dite témoigner, lier, stimuler, ou bien encore accuser, déchirer et reprendre. Or, toutes ces choses sont une conséquence de l'application que nous faisons à nos propres actes d'une connaissance ou science de notre esprit. Cette application se fait de trois manières : d'abord quand nous reconnaissons que nous avons fait ou omis quelque chose, d'après cette parole de l'Ecclésiaste : « Votre conscience sait que vous avez souvent dit des malédictions contre les autres ; » et c'est ainsi que la conscience est dite témoigner.

« En second lieu, quand nous jugeons suivant notre conscience qu'une chose doit ou ne doit pas être faite : et c'est ainsi que la conscience nous sert de frein ou d'aiguillon.

« Enfin cette application a lieu d'une troisième manière, quand nous jugeons qu'une chose faite a été bien ou mal faite ; et c'est ainsi que la conscience excuse, accuse ou déchire. »

La conscience remplit donc en nous, d'après saint Thomas d'Aquin, la triple mission de témoigner, de juger et d'appliquer la sanction, et, à ces divers titres, elle agit d'après des principes de vérité et de justice qui sont en elle comme une participation des principes qui sont en Dieu lui-même. Qui ne voit, dès lors, que la conscience ne saurait être libre ?

En effet, comme témoin, est-ce que notre conscience peut nous dire que nous n'avons pas commis telle ou telle action mauvaise lorsqu'elle sait parfaitement que nous en sommes coupables ? Allez donc essayer de persuader à un pécheur, quel qu'il soit, qu'il est innocent; au fond de l'âme il se dira à lui-même : les hommes peuvent ignorer mon crime; moi, je ne saurais l'ignorer. Que cet homme cherche lui-même à se faire illusion, sa conscience, comme une branche vigoureuse un moment courbée, se relèvera bientôt avec une force nouvelle et lui dira : J'ai tout vu, tout entendu, tout retenu; je dépose et je déposerai toujours contre toi, car je suis esclave de la vérité incorruptible.

Croyez-vous que comme juge la conscience soit plus libre ? Non, évidemment. La conscience n'étant pas autre que la raison jugeant dans un cas particulier et prononçant qu'un acte est bon ou mauvais à ses yeux, la conscience alors dit nécessairement ce qu'elle voit : la vérité. Est-ce qu'un homme, en plein midi, est libre de voir ou de ne pas voir qu'il fait jour? Il a beau fermer les yeux, il n'est pas libre de dire qu'il fait nuit quand il sait qu'il fait jour. S'il le dit, il sait bien qu'il ment à la vérité. Aussi la conscience n'est pas libre de dire qu'elle voit autre chose que ce qu'elle voit.

Enfin, la conscience ne saurait non plus ne pas nous accuser quand nous avons mal agi, ne pas nous déchirer par le remords, qu'elle enfonce en nous comme un glaive, et qu'elle n'arrachera de notre cœur que quand nous aurons expié ce crime, cette faute, devant Dieu, qui pardonne toujours au pécheur contrit et repentant dans le tribunal de miséricorde qu'il a établi sur la terre par le ministère de son Église, quand on peut y recourir.

La conscience n'est donc libre ni comme témoin, ni comme juge, ni comme exécutrice de la sentence : par conséquent cette expression : *liberté de conscience*, en soi est défectueuse.

Si cette locution veut dire *liberté de croyance*, alors elle est plus intelligible, car, la liberté étant *la faculté de choisir entre le bien et le mal :* « facultas eligendi inter bonum et malum, » chacun, en vertu de cette faculté, croit ou ne croit pas à l'enseignement qu'il reçoit.

Mais encore ici nous pouvons demander où est le respect de la Franc-Maçonnerie pour les croyances religieuses d'autrui. Si ce respect existait, les Maçons ne traiteraient pas les catholiques comme ils le font quand ils ont le pouvoir en main, et les Souverains-Pontifes n'auraient pas à élever la voix si souvent pour se plaindre de leurs écrits et de leurs actes.

La secte maçonnique, nous l'avons dit, et chacun peut s'en convaincre aujourd'hui, est d'une intolérance inouïe pour toute religion positive, surtout pour le catholicisme. Elle l'attaque dans les loges, — où, dit-elle, on ne parle ni de religion ni de politique, — avec une violence inspirée par la haine sectaire, et aussi par la mauvaise foi, quand ce n'est pas de l'ignorance.

Les citations que nous avons faites plus haut suffisent d'ailleurs à prouver jusqu'à l'évidence la haine de la secte contre toute vérité révélée, et partant son aversion pour la liberté religieuse.

### 2. La Maçonnerie est contraire aux bonnes mœurs.

SI la Maçonnerie est ennemie de la vraie liberté, elle n'est guère amie des bonnes mœurs. On peut lui appliquer les paroles que Luther lui-même disait de la Réforme protestante, puisque Socin en a été l'enfant terrible. Ne l'oublions pas : les disciples de Socin ont gravé sur la tombe de leur maître ceci : « Luther a découvert le toit de l'Église catholique, Calvin en a renversé les murs, et Socin en a arraché les fondements. »

« A peine avions-nous commencé à prêcher notre Évangile, dit Luther, qu'il y eut dans le pays un bouleversement épouvantable ; on vit des schismes et des sectes, et partout la ruine de l'honnêteté, de la morale et de l'ordre ; la licence et tous les vices et les turpitudes dépassèrent toutes les bornes bien plus qu'elles ne l'avaient fait sous le règne du papisme ; le peuple, jadis retenu dans le devoir, ne connaît plus de loi et vit comme un cheval débridé, sans pudeur ni frein, se laissant emporter au gré de ses désirs matériels. Depuis que nous prêchons, le monde devient plus triste, plus impie, plus dévergondé ; les démons se déchaînent par légions sur les hommes, qui, à la pure lumière de l'Évangile, se montrent avides, impudiques, détestables, enfin pires qu'ils n'ont été sous la papauté; depuis le plus grand jusqu'au plus petit, on ne voit partout qu'avarice, désordres honteux, passions abominables. Moi-même, je suis plus négligent que je ne l'ai été sous le papisme, et moins que jamais je me plie à la discipline et aux pratiques de zèle que je devrais observer. Si Dieu ne m'avait pas caché l'avenir, je n'eusse jamais osé propager une doctrine d'où doivent sortir tant de calamités, tant de scandales. » — Édition de Walch, v. 114.

Cette confession de Luther, faite dans un moment où la vérité parlait à son âme, est remarquable. C'est l'erreur prise sur le fait; c'est l'erreur avec ses conséquences immédiates et déplorables retombant sur la tête et le cœur du père de la prétendue Réforme pour le punir de son orgueil, de son imprudence et de ses faiblesses coupables.

L'abbé Lefranc, déjà cité, va nous dire ce que la Maçonnerie a fait de la France, et ce qu'était, par suite de sa doctrine, le Français à la fin du XVIIIe siècle.

L'Europe est étonnée du changement qui s'est opéré dans nos mœurs. Autrefois, on ne reprochait à un Français que sa gaîté, sa légèreté, sa frivolité; aujourd'hui qu'il est devenu cruel, barbare, sanguinaire, on l'a en horreur, et on le craint comme on ferait d'une bête féroce. Qui l'a rendu farouche, soupçonneux, toujours prêt à attenter à la vie de ses semblables et à se repaître de l'image de la mort? Le dirai-je, et m'en croira-t-on? C'est la Franc-Maçonnerie... Oui, je ne crains pas de l'avancer, c'est la Franc-Maçonnerie qui a appris aux Français à envisager la mort de sang-froid, à manier le poignard avec intrépidité, à manger la chair des morts, à boire dans leurs crânes et à surpasser les peuples sauvages en barbarie et en cruauté.

« Sous le prestige de la liberté et de l'égalité, elle a su éteindre le sentiment de la religion dans le cœur des Français, leur rendre odieux leurs princes, leurs magistrats, leurs pasteurs les plus fidèles, nourrir un esprit de division dans les familles les plus unies, inspirer l'horreur et le carnage pour faire réussir ses projets insensés. C'est à l'ombre de l'inviolable secret qu'elle fait jurer aux initiés à ses mystères, qu'elle a donné des leçons de meurtre, d'assassinat, d'incendie et de cruauté. Elle a encouragé aux forfaits les plus inouïs par l'assurance de l'impunité, par le nombre des bras armés pour la défense de ceux qui suivraient ses maximes; et elle a réussi à les soustraire à la sévérité des lois, quelques excès qu'ils se soient permis. De quoi n'est pas capable, en effet, une société ambitieuse guidée par le fanatisme, qui a des correspondances dans toute l'Europe, qui a lié à cette cause une infinité d'individus qui ont juré de marcher à son secours, quoi qu'il doive leur coûter, qui paraît faite pour réunir les hérétiques de toutes les sectes, et qui les voit déjà préparés à s'émouvoir au premier signal?

« Le serment qu'on exige du récipiendaire a quelque chose d'atroce. Le voici : « Après que mes yeux auront été privés de lumière par le fer rouge. je consens, si je révèle jamais le secret qui m'aura été confié, que mon corps devienne la proie des vautours, que ma mémoire soit en exécration aux enfants de la veuve par toute la terre. Ainsi soit-il. » Cette veuve est la sociéié socinienne.

« On dira peut-être que la Franc-Maçonnerie n'a pas adopté tous ces excès. Je réponds qu'il n'en est aucun dont elle ne soit capable et qu'on ne puisse justement lui imputer d'après ses principes constitutionnels. Elle veut et prétend admettre dans son sein toutes les sectes: donc celles qui sont modérées se trouveront à côté de celles qui sont farouches, extrêmes dans leurs principes; donc, de son propre aveu, elle se trouvera formée de sectes contradictoires, qui auront des principes opposés, qui pourront approuver et enseigner ce que d'autres trouveront répréhensible et insoutenable; donc les principes des Francs-Maçons tendent à former un corps monstrueux, capable de tous les excès dans lesquels l'erreur et le fanatisme peuvent faire tomber l'homme faible et aveuglé par les préjugés et les fausses opinions; et, n'y eût-il dans les loges maçonnes que le mélange de luthériens et de protestants, de chrétiens et de déistes, de juifs et de mahométans, qui peuvent tous être reçus en loge, n'en serait-ce pas assez pour éloigner un bon catholique de s'y faire recevoir ([1])? »

Eckert, Maçon protestant, a écrit ce qui suit:

« L'histoire doit nier que la Franc-Maçonnerie ait rendu le peuple plus moral. Il est vrai, ajoute-t-il, qu'en 1770, époque de son introduction en Allemagne par l'Angleterre, le peuple avait moins de connaissances scientifiques; mais, en revanche, il se distinguait par la probité et les bonnes mœurs; il aimait son domicile, avait pitié du pauvre, était loyal, content de ce que la Pro-

---

1. L'abbé Lefranc, *Le Voile levé pour les curieux*, p. 41.

vidence lui avait donné en partage; en un mot, il vivait selon les commandements de Dieu, auquel il croyait et qu'il adorait saintement. Et aujourd'hui, il est plein d'une outrecuidante présomption, il a soif de jouissances interdites; il est sans foi à Dieu, à ses saints commandements, à la récompense du bon et à la punition du méchant; il regarde comme lui étant permis tout ce qui lui paraît avantageux, tout ce qui excite sa convoitise. »

On ne pouvait pas exprimer la vérité plus exactement, ni indiquer d'une façon plus claire la source du mal.

Qui ne sait le déluge de livres mauvais, de journaux orduriers, de gravures obscènes dont nous sommes inondés à l'époque actuelle ? Il a fallu inventer un mot dont la racine, qui signifie *prostitution*, exprime bien la chose: la *pornographie*, pour peindre d'un trait nos images et nos mœurs. A qui faut-il attribuer ce honteux désordre? Nubius, chef de la Haute-Vente à répondu: « Le meilleur poignard pour frapper l'Église au cœur, c'est la corruption. » Son conseil a été entendu et suivi parmi nous. C'est donc à la Maçonnerie qu'est dû ce mouvement de décadence morale dans les diverses publications de notre époque, d'où il passe dans les mœurs privées et publiques, par ce motif que la parole est une semence qui produit fatalement des fruits selon sa nature bonne ou mauvaise. La Maçonnerie est donc contraire aux bonnes mœurs. Le mal qu'elle a fait, sous ce rapport et beaucoup d'autres, est incalculable, insondable, profond comme l'abîme. Depuis trois siècles, elle égare l'humanité et la jette en pâture à toutes les débauches de l'esprit et du cœur; c'est par elle surtout que la Réforme a produit ses fruits les plus mauvais. Et cela se comprend; nous tenons à redire cette vérité, principe de toute morale: c'est parce que Socin a quitté Jésus-Christ, sans qui l'homme est incapable de faire un seul acte de vertu surnaturelle. Luther et Calvin n'avaient point poussé jusque-là la négation. Si, un jour, l'histoire porte son flambeau dans les loges maçonniques, et qu'elle prenne à tâche d'en scruter les principes et les actes, d'en peser l'influence sur la vie intellectuelle et morale des individus et des nations, ce sera pour elle et pour le monde une effroyable révélation. Elle dira que, depuis le milieu du seizième siècle jusqu'à nos jours, le monde est corrompu, corps et âme, par l'hérésie socinienne, qui n'est autre que la secte maçonnique. Il sera alors évident que les papes seuls ont vu clair quand ils condamnaient la Maçonnerie, mais que tous les autres ont été et sont demeurés aveugles. L'Église nous eût sauvés de ce fléau.

### 3. La Franc-Maçonnerie est anti-française.

ELLE est anti-française parce qu'elle est anti-chrétienne et anti-catholique.

En effet, ce qui a fait, dans le passé, la grandeur et la gloire de la France, c'est son attachement à Jésus-Christ et à son Église.

La nation française, des écrivains et des orateurs illustres l'ont dit admirablement, a été appelée à défendre le christianisme. Cette vocation s'est révélée lorsque Clovis, entendant le récit des souffrances et de la mort de notre divin Sauveur, s'est écrié: « Ah! si j'avais été là avec mes Francs! » Aussi la France a été baptisée par le Saint Siège et nommée: *La nation très chrétienne*. Ce titre, qui a été, à ses propres yeux et aux yeux des autres peuples, plein de gloire et digne d'envie, serait-il devenu pour notre pays une flétrissure?

La France a noblement servi la cause du CHRIST et de son Église à travers les siècles. Les noms de nos rois très chrétiens l'attestent, et, malgré les ombres qui voilent l'histoire de la royauté française, on a pu graver sur leur bannière ces mots: *Le Christ aime les Francs...* et le CHRIST, aimé des Francs, a fait d'eux un grand peuple.

De leur côté, les Pontifes de Rome, sans excepter Pie IX et Léon XIII, ont toujours pris plaisir à reconnaître que la France avait bien mérité de l'Église par son dévouement à la grande cause chrétienne.

Notre nation, amie du Saint Siège et de son indépendance spirituelle et temporelle, a contribué singulièrement aussi à répandre la vérité catholique dans le monde, par ses missionnaires d'abord, puis par ses conquêtes. Car autrefois nous savions coloniser, par ce motif qu'étant franchement catholiques, nous savions donner Dieu et la vérité aux peuples conquis; et ces peuples nous aimaient. Le Canada et l'île Maurice, entre autres, sont demeurés français de cœur et catholiques malgré les efforts que l'on a faits pour éteindre en eux la foi et l'amour de la mère-patrie.

Il est impossible de parcourir le monde sans rencontrer des souvenirs glorieux pour la nation très chré-

tienne et sans se convaincre qu'elle a reçu la noble mission de défendre le CHRIST. Cette mission, elle l'a toujours remplie quand elle a eu des chefs dignes d'elle.
Naguère encore, elle ne craignait pas de porter ses
armes jusque dans l'extrême Orient pour y protéger
ses missionnaires; en Europe, elle replaçait Pie IX sur
son trône impérissable; en Orient, elle se fait un honneur d'exercer sur les catholiques sont protectorat séculaire; enfin en Tunisie, elle fait appel au catholicisme
pour asseoir son influence.

Faut-il que, désormais, la France répudie ce passé
au lieu de s'en glorifier?

Si donc elle a le droit d'en être fière, pourquoi la
Maçonnerie travaille-t-elle à la déchristianiser? Si la
secte maçonnique réalisait ses plans, bien vite nous aurions cessé d'être catholiques; partant, la source de
notre grandeur serait tarie. C'est pourquoi nous disons
que la Franc-Maçonnerie est anti-française.

Quelle serait, d'après elle, notre mission à l'avenir?

Évidemment, ce serait de propager dans le monde
l'athéisme et les mœurs païennes. La Franc-Maçonnerie, au dernier siècle, a détruit la hiérarchie catholique et renversé les autels et les églises du vrai Dieu
pour y introniser le rationalisme, comme nous l'avons
encore prouvé. Eh bien, une pareille mission est impie. Si notre malheureuse patrie venait à s'en charger,
bientôt on pourrait dire que la France, tombée dans la
boue et le sang, aurait vécu.

La Franc-Maçonnerie est encore anti-française parce
qu'elle travaille à priver les enfants du peuple de l'éducation catholique.

Plus d'une fois nous avons offert à nos lecteurs cette considération, qu'il est utile de rappeler ici en quelques mots.

Nous disons donc que l'enfant du peuple, grâce aux instituteurs catholiques qu'il rencontrait jusqu'à présent, soit congréganistes, soit laïques dévoués, recevait une éducation qui ne le cédait pas à celle des enfants de la classe riche. Dès l'âge de sept ans, l'enfant du peuple apprenait le catéchisme, qui est un admirable résumé de la religion ; le prêtre l'appelait pour l'instruire et le confesser, c'est-à-dire pour lui montrer le bien à faire et le mal à éviter ; peu à peu l'enfant se réformait, et, afin de mériter le bonheur de faire sa première communion, il travaillait à se corriger de ses défauts. Qui ne sait combien ces quatre ou cinq années employées à cette formation spirituelle avaient, sur la plupart des jeunes gens et des jeunes filles, une profonde influence ? On a dit qu' « à dix ans l'homme est formé ». Grâce à la religion, l'enfant du peuple avait reçu le bienfait d'une formation que les leçons du prêtre continuaient jusqu'à l'âge de quatorze et quinze ans ; de sorte que, parvenu à cette époque de son existence, cet enfant était préparé à toutes les carrières, parce qu'il avait été bien élevé.

En effet, si l'on cherche d'où viennent une foule de personnes occupant maintenant des positions élevées dans le clergé, dans la magistrature, dans l'armée de terre et de mer, dans les divers emplois de l'administration civile, du commerce, de l'industrie, on se convaincra que ces personnes sortent en majeure partie des rangs du peuple. Que de célébrités dans la science ou dans les arts doivent leur position à un prêtre qui les a distinguées, aidées et poussées dans leur carrière! Le séminaire leur a été ouvert, et de là ils se sont élancés dans leur voie.

En France, un jeune homme, une jeune fille, élevés comme nous venons de le dire, sont donc aptes à suivre leur vocation, quelle qu'elle soit, par ce motif que le sentiment religieux a été developpé chez eux, et le sentiment religieux base de toute vraie éducation, de toute formation sérieuse quand il existe dans une âme, lui permet de s'élever à tout, pourvu que l'instruction vienne compléter ce premier travail.

Nous sommes persuadé que cette observation frappera tout esprit droit qui voudra l'approfondir, et qu'on verra, dans cette éducation donnée parmi nous à l'enfant du peuple, surtout par les congrégations religieuses enseignantes, une source de grandeur pour notre nation, et, par contre, une cause certaine de décadence pour elle dans les écoles sans Dieu. Jusqu'ici les sectaires avaient épargné la femme dans leur œuvre de destruction, et généralement la jeune fille, en France, était élevée chrétiennement. De sorte que la mère de famille au foyer domestique, l'institutrice laïque dans son école, les religieuses dans leurs couvents, veillaient à imprimer au cœur de la femme le sentiment délicat de la pudeur, sa vraie couronne et le plus grand bien de son sexe ; ajoutons : vraie gloire de la France et son dernier espoir.

La Maçonnerie anti-chrétienne et anti-sociale s'acharne aujourd'hui contre la femme française : jeune fille, épouse, mère et religieuse enseignante. Et ils se disent *patriotes !* Non, ce ne sont que des traîtres à la patrie !

Après avoir vu que le but de la Franç-Maçonnerie, ou son secret, était de détruire le règne de Jésus-Christ sur la terre, et constaté qu'elle a poursuivi ce projet hérétique jusqu'à nos jours, comment pourrait-on douter de ses sentiments intimes à l'endroit de son amour pour la liberté religieuse ? Est-ce qu'une société rompt violemment avec Jésus-Christ et son Église pour aller ensuite les respecter ? Le respect suppose au moins un commencement d'amour ; mais l'amour et la haine n'habitent pas et ne sauraient habiter dans un même cœur, touchant le même objet. Aussi quand les Francs-Maçons nous parlaient de leur respect pour la liberté religieuse, ils mentaient à la vérité. Les faits que nous avons rapportés le prouvent jusqu'à l'évidence. Donc, dans leur bouche, ces mots : *Liberté de conscience*, sont deux fois un mensonge.

Quant aux mœurs de la Franc-Maçonnerie, nous en avions l'appréciation au moyen de cette règle : *Tant vaut la doctrine, tant vaut la morale, tant valent les mœurs.*

En effet, par là même que Socin et ses fils de tous les temps ont rejeté Jésus-Christ comme vrai Dieu, l'Église catholique avec son magistère infaillible et le secours de ses sacrements, choses divines absolument nécessaires à l'homme pour connaître la vérité et pratiquer la vertu, il fallait conclure que les mœurs de la Maçonnerie auraient toujours été en décadence. Le cri de détresse poussé par Luther nous donne raison ; l'histoire des trois siècles maçonniques que nous venons de parcourir nous le démontre, hélas ! parfaitement aussi. Sans JÉSUS-CHRIST, son Église et les Sacrements, une société est incapable d'avoir de bonnes mœurs. C'est le christianisme qui a fait fleurir dans le monde païen la vérité et la vertu ; ôtez JÉSUS-CHRIST du milieu des peuples, et bientôt vous les verrez choir de nouveau dans la nuit de l'erreur et la fange de tous les vices. Il suffit d'avoir des yeux pour en être convaincu, alors même que MM. les Maçons essaient de se cacher. Mais non, ils ne se cachent pas, plus autant du moins. Voici qu'ils commencent à avoir l'audace de leur opinion, et qu'ils plantent, partout où ils commandent, *le drapeau de leur morale indépendante*. Le mot est juste, adéquate est la définition.

Bossuet distingue quelque part trois libertés : celle des enfants de Dieu, qui est la seule vraie ; celle des révoltés, puis celle de l'animal. Qui ne sait que la liberté des révoltés arrive trop souvent à être celle de l'animal ! Or, la liberté de la Maçonnerie en fait de morale n'est pas la liberté chrétienne.

Nous avons dû présenter ici ces considérations et juger la Maçonnerie hérétique sans attendre la fin de ces études, par ce motif que nous allons considérer la secte au point de vue panthéiste dans la seconde partie de cet ouvrage.

La Maçonnerie hérétique admettait encore l'existence de Dieu et l'immortalité de l'âme : la Maçonnerie panthéiste rejette ces deux vérités, qui sont cependant des vérités de raison. Il est possible que la haine des sectaires leur ait fait penser que c'étaient là des vérités de foi, et qu'ils les nient pour n'avoir rien de commun avec la Révélation divine. Ils se trompent. Les philosophes, par leur seule raison, peuvent arriver à croire à l'existence de Dieu et à l'immortalité de l'âme.

Quoi qu'il en soit, un homme qui croit que Dieu existe et que son âme est immortelle trouve encore dans sa croyance une certaine règle pour ses mœurs. Il sait qu'il y a pour son âme une vie d'outre-tombe et il s'y prépare ; du moins il sent qu'il doit s'y préparer afin de paraître comme il faut devant le Dieu auquel il croit. Tandis qu'en niant l'existence d'un Dieu personnel, rémunérateur du bien et vengeur du mal, le panthéiste n'a plus absolument rien qui le retienne dans l'ordre et la vertu : c'est ce que nous allons voir. Aussi aurons-nous à juger la Maçonnerie panthéiste comme nous avons jugé la Maçonnerie hérétique. Celle-ci est quasi une sainte auprès de celle-là. C'est ce qui explique, disons-le tout de suite, comment la Maçonnerie anglaise et américaine diffère de la Maçonnerie française. Les Maçons français sont panthéistes depuis 1879, et les anglais sont demeurés Sociniens ou hérétiques. Ils admettent encore l'existence de Dieu et l'immortalité de l'âme, en principe du moins.

# Le Secret de la Franc-Maçonnerie.

**Deuxième Partie.** — De la Maçonnerie devenue panthéiste.

NOUS prouverons dans cette seconde partie, que la Franc-Maçonnerie, d'hérétique qu'elle était, est devenue panthéiste ; puis nous dirons ce qu'il faut penser du panthéisme maçonnique ; enfin nous montrerons que cette seconde chute de la société socinienne est due à la même cause que la première : l'abandon du magistère infaillible de l'Eglise catholique au profit du Rationalisme.

# CHAPITRE PREMIER.

## De la Maçonnerie devenue panthéiste.

I.

La Franc-Maçonnerie naissante a eu des liaisons intimes avec le panthéisme. — La Maçonnerie anglaise s'était un peu imprégnée de panthéisme. — La Maçonnerie universelle est devenue panthéiste, OFFICIELLEMENT, en 1781, au convent de Wilhemsbad.

### I. Liaisons de la Maçonnerie naissante avec le Panthéisme.

L est utile de rappeler ici ce qu'écrivait l'abbé Lefranc. « Vicence, dit-il, fut le berceau de la Maçonnerie en 1546. Ce fut dans la société des athées et des déistes, qui s'y étaient assemblés pour conférer ensemble sur les matières de la religion, qui divisaient l'Allemagne en un grand nombre de sectes et de partis, que furent jetés les fondements de la Maçonnerie. C'est dans cette académie célèbre que l'on regarda les difficultés qui concernaient les mystères de la Religion chrétienne comme des points de doctrine qui appartiennent à la philosophie des Grecs et non à la foi ([1]). »

Or, parmi ces athées et ces déistes, se trouvaient Lœlius Socin, Bernardin Ochin, Jules Trévisan, François de Rugo, Peruta, Gentilis et d'autres, tous plus ou moins partisans du panthéisme d'Averroès.

---

1. Lefranc, *Le Voile levé pour les curieux*, loc. cit.

« Lœlius Socin, écrit l'abbé Lefranc, laissa dans Fauste Socin, son neveu, un défenseur habile de ses opinions, et c'est à ses talents, à sa science, à son activité infatigable et à la protection des princes qu'il sut mettre dans son parti, que la Franc-Maçonnerie doit son origine, ses premiers établissements et la collection des principes qui sont la base de sa doctrine ([1]). »

César Cantu dit, en parlant de Fauste Socin : « Il fut un véritable hérésiarque, un hérésiarque bien caractérisé, puisque, en proclamant les droits de la raison, il n'a respecté aucune limite. Luther et les autres avaient sécularisé la religion, lui sécularisa Dieu ; s'il n'osa bannir ouvertement le supra-sensible, il nia tous les dogmes, il conduisit à l'incrédulité et fut le père du Rationalisme, qui est l'hérésie de notre temps ([2]). »

« Nous avons fait voir, dit Bergier, que le déisme lui-même est un système inconséquent dans lequel un raisonneur ne peut pas demeurer ferme ; que de conséquence en conséquence il se trouve bientôt entraîné à l'athéisme, au matérialisme, enfin au pyrrhonisme absolu, dernier terme de l'incrédulité ([3]). »

Parlant de Bernardin Telesio de Cosenja, qui vivait à cette époque — 1609 à 1688 — César Cantu a dit : « Ses œuvres furent prohibées par Clément VIII, et ce ne fut pas sans raison, puisqu'il enseignait *quod animal universum ab unica animæ substantia gubernetur :* que l'animal universel, ou la nature, était gouverné par l'unique substance de l'âme universelle. En

---

1. Lefranc, *Le Voile levé pour les curieux*, p. 19 et 111.
2. César Cantu, *Les Hérétiques d'Italie*, t. III, p. 399.
3. Bergier, *Dictionnaire de Théologie*, art. *Socin.*

effet, toutes les théories de cette époque aboutissaient au panthéisme. »

Marsile Ficin disait : « *Deus fieri nititur :* Dieu s'efforce de devenir. »

« On n'était plus au temps, dit César Cantu, où l'on se faisait des questions générales sur Aristote, sur Averroès et sur Alexandre d'Aphrodisie ; mais tout était concentré autour d'un petit nombre de points capitaux, tels que ceux-ci : l'immortalité est une belle invention des législateurs ; le premier homme est sorti des causes naturelles ; les miracles sont des illusions ou des impostures ; les prières, l'invocation des saints n'ont aucune efficacité...

« Michel Mercato, disciple chéri de Ficin, ne réussissait pas à bannir de sa pensée ses doutes sur l'immortalité de l'âme. Un beau matin il est réveillé par le piétinement d'un cheval et par une voix qui l'appelle par son nom. Il se met à la fenêtre, et le cavalier lui crie : « Mercato, c'est vrai ! » Il était convenu avec Ficin que celui des deux qui mourrait le premier donnerait des nouvelles d'outre-tombe ; et c'était précisément au moment même où Ficin venait d'expirer (¹). »

Cette erreur du panthéisme avait été renouvelée des Grecs, au douzième siècle, par Averroès, philosophe arabe né à Cordoue, qui avait traduit les œuvres d'Aristote, mais à sa façon. L'Averroïsme avait captivé les esprits : il est si doux à l'orgueil humain d'être dieu ! Aussi saint Thomas d'Aquin vit le danger et se prit à lutter, en quelque sorte corps à corps, avec l'Averroïsme, et il le terrassa, au jugement de ses contem-

---

1. César Cantu, *Les Hérétiques d'Italie*, t. I, p. 349.

porains, puisque, dans la célèbre fresque du couvent des Dominicains de Sainte-Catherine à Pise, ce grand docteur fut représenté foulant aux pieds Averroès.

Seulement l'Arabe se releva quand disparut le génie de la dialectique. Alors le panthéisme d'Averroès devint l'erreur à la mode. La mode, fille de l'opinion, aussi légère que sa mère, a toujours été la reine du monde frivole. Au XIVᵉ siècle, au XVᵉ et même au XVIᵉsiècle, il était de bon ton d'être averroïste, c'est-à-dire frondeur à l'endroit de la religion, comme au XVIIIᵉ siècle on était fier de se dire philosophe ou incrédule.

Fauste Socin fut donc  entraîné à  la négation de la Divinité de Jésus-Christ par ces deux courants: le Panthéisme d'Averroès et la Réforme de Luther. Comme protestant, Socin rejetait  le  magistère infaillible de l'Église, phare absolument nécessaire à l'homme qui est un être enseigné ; et comme panthéiste, il se détachait de Jésus-Christ pour retourner au rationalisme païen des  anciens  philosophes.  Ce fut alors qu'il fonda la Franc-Maçonnerie, ainsi que nous l'avons prouvé dans la première partie de notre travail.

Son but était de rebâtir le temple de la nature avec les apprentis, les compagnons et les  maîtres maçons, qui s'appelaient alors : Frères-Unis, Frères-Polonais, Frères-Moraves, Free-Murer, Freys-Maçons, Free-Maçons. Socin ouvrait les portes de son temple maçonnique à toutes les croyances  et à toutes les négations indistinctement ; mais en offrant l'hospitalité à toutes les religions, son dessein  était  de  les détruire toutes dans l'esprit des adeptes, pour y faire régner la seule religion naturelle, entendue à sa manière.

### 2. LA MAÇONNERIE ANGLAISE S'ALLIE AU PANTHÉISME.

AU XVIIe siècle, Cromwell donna asile, en Angleterre, aux Sociniens ou Francs-Maçons chassés de la Pologne à cause des excès qu'ils commirent dans ce royaume. Dans son ouvrage *Les Francs-Maçons écrasés*, l'abbé Larudan, vers 1747, prouve que Cromwell, ainsi que Fauste Socin, voulait rebâtir *le Temple de la Nature*. Pour ce terrible ennemi des rois « ce temple, dans son premier lustre, est la figure de l'homme au sortir du néant. Cette religion, ces cérémonies qui s'y exerçaient ne sont autre chose que cette loi commune et gravée dans tous les cœurs, qui trouve son principe dans les idées d'équité et de charité auxquelles les hommes sont obligés entre eux ([1]).»

Remarquons ces mots *: L'homme au sortir du néant.* C'est bien là l'expression des panthéistes, et le jour devait venir où Hégel, philosophe allemand, essaierait de faire la conciliation entre l'être et le néant.

Dans l'ouvrage magistral du P. Deschamps, revu par M. Claudio Janet, nous lisons ce qui suit : « Mais c'est par l'Angleterre et l'Allemagne du nord qu'au commencement du XVIIIe siècle s'organisa d'une façon active le propagation de la Maçonnerie. C'est à cette époque qu'elle commença à jouer un rôle décisif dans la marche des grands événements de l'histoire moderne.

« Bolingbrocke, Colins, Tindal, Wolston, David

---

1. Larudan, *Les Francs-Maçons écrasés.*

Hume, étaient les principaux membres d'une société dont Toland était l'âme. Ce dernier a précisément laissé, sous le titre de *Panthéistum*, un livre où est exposée la tenue des réunions de ce qu'il appelle des *sociétés socratiques*... Les discours que l'auteur met dans la bouche du roi du festin et de l'assistance sont empreints du *panthéisme le plus avoué, et célèbrent la mort comme la réunion de la personnalité dans le Grand Tout* (¹). »

3. La Maçonnerie universelle devient panthéiste officiellement au XVIII<sup>e</sup> siècle, avec Weishaupt.

AU XVIII<sup>e</sup> siècle, le bavarois Adam Weishaupt rendit la Maçonnerie *officiellement* panthéiste. Je dis *officiellement*, parce qu'il fallut enseigner la nouvelle doctrine aux adeptes de la Maçonnerie illuminée, fort en retard en incrédulité comparativement aux illuminés allemands.

Weishaupt avait adopté le panthéisme de Spinosa comme base de l'Illuminisme dont il est l'auteur. On sait que Spinosa, juif portugais mort en 1677 en Hollande, après voir embrassé et abandonné le christianisme, se fit l'adorateur fervent du dieu Nature.

Que l'illuminisme de Weishaupt fut panthéiste, il suffit, pour s'en convaincre, de lire ses écrits connus sous le titre de : *Écrits originaux de la secte des Illuminés*. L'abbé Barruel, qui en a traduit en français une partie, nous a rendu le service très grand de mettre en

---

1. N. Deschamps, *Les Sociétés secrètes*, I, p. 336.

pleine lumière les secrets de ces sectaires, ennemis de l'humanité autant que de la Divinité.

A propos des deux grades maçonniques du mage et de l'Homme-Roi, nous lisons dans les *Mémoires du Jacobinisme* ce qui suit : « Le premier, qui est celui de *Mage*, appelé aussi le *Philosophe*, contient les principes fondamentaux du *Spinosisme*. Ici tout est matériel ; Dieu et le monde ne sont qu'une même chose ; toutes les religions sont *inconsistantes*, chimériques, et l'invention d'hommes ambitieux.»

« Divers principes, ajoute notre auteur, déjà insinués, introduits dans les grades antérieurs par Philon et Spartacus, pouvaient en quelque sorte faire soupçonner que c'était là le terme auquel ils conduisaient. Assurément rien n'était mieux fondé qu'un pareil soupçon. Cette nature si souvent unie à Dieu, représentée active comme Dieu, poursuivant avec la même immensité de force, avec la même sagesse que Dieu, les plans qu'elle a tracés, et cent autres expressions de cette espèce dans la bouche du Hiérophante, indiquaient assez clairement que le dieu de Weishaupt, tout comme celui de Spinosa ou de Lucrèce, n'était pas autre chose que la matière de l'univers, ou le dieu des athées. Car le sieur d'Alembert a beau dire que le Spinosisme est précisément le système le plus opposé à l'athéisme (voyez l'*Éloge de Montesquieu*), et Spinosa, comme d'Alembert, aurait beau dire qu'au lieu d'être athée, au lieu de nier Dieu, *il fait tout Dieu :* la sottise et l'impudence de cette excuse n'en sont pas moins extrêmes. Dire qu'il n'y a pas d'autre Dieu que le monde, c'est évidemment nier le seul Être qui puisse être justement appelé Dieu ; c'est se jouer des hommes et leur dire que l'on retient la chose parce qu'on n'ose pas ôter le nom, alors même que l'on fait usage du nom de Dieu pour détruire l'idée de la Divinité ([1]). » L'Illuminisme de Weishaupt était donc panthéiste, et le moment arrivait où l'Illuminisme allait s'imposer à la Maçonnerie, comme une greffe à un arbre, lequel cesse, une fois greffé, de porter ses propres fruits.

Dès les premiers jours de son illuminisme, Weishaupt avait conçu tout le parti qu'il tirerait pour ses complots de la multitude des Francs-Maçons répandus en Europe, s'il pouvait jamais s'insinuer dans leur alliance.

« Que je vous dise une nouvelle, écrivait-il à son adepte Ajax dès l'année 1777 ; avant le carnaval prochain je pars pour Munich et me fais recevoir Franc-Maçon. Que cela ne vous effraye pas : *notre affaire n'en va pas moins son train ; mais à cette démarche nous apprenons à connaître un lien ou un secret nouveau et nous en devenons plus forts que les autres* ([2]). »

Il reçut en effet les premiers grades maçonniques à la Loge appelée de Saint-Théodore. Il ne vit jusque-là que les jeux d'une innocente fraternité ; mais il vit dans ces jeux l'*égalité* et la *liberté* faire les délices des Frères ; il soupçonna des mystères ultérieurs. On lui disait en vain que toute discussion religieuse ou politique était bannie des Loges, et que tout véritable Franc-Maçon était essentiellement fidèle à son Prince et au Christianisme : il le disait lui-même à ses Novices et à ses

---

1. Barruel, *Mémoires pour l'histoire du Jacobinisme.* Londres, 1795.
2. *Écrits originaux*, t. I, lettre 6 à Ajax.

Minervains, et il savait ce que devenaient dans son Illuminisme toutes ces assurances. Il crut aisément qu'il en serait de même chez les Francs-Maçons. Bientôt l'intime Zwack lui fournit le moyen de pénétrer dans leurs derniers secrets sans être obligé d'en subir les épreuves. Cet adepte avait eu à Augsbourg une entrevue avec un abbé appelé Marotti. — Dans cette entrevue, *Marotti lui avait donné les hauts Grades, et ceux même des Loges Écossaises ; il lui en avait expliqué tous les mystères, absolument fondés, disait-il, sur la Religion et l'histoire de l'Église.* Caton-Zwack nous apprend combien l'explication devait être propice aux complots de son impiété, quand il dit avec quel soin et quel empressement il se fit un devoir d'annoncer sa découverte à Spartacus-Weishaupt (¹).

Sur la simple nouvelle et avant de savoir les détails de cette entrevue, Weishaupt, qui avait fait aussi ses recherches, répondit à l'adepte confident : « Je doute que vous sachiez réellement le véritable objet de la Franc-Maçonnerie ; mais j'ai moi-même acquis sur cet objet des connaissances dont je veux faire usage dans mon plan, et que *je réserve pour nos Grades plus avancés.* » Lett. du 2 décembre 1778. — Caton remit bientôt à son maître les détails de cette explication, et alors Weishaupt lui écrivit: « L'importante découverte que vous avez faite à Nicomédie (Augsbourg), dans votre entrevue avec l'abbé Marotti, *me réjouit extrêmement. Profitez de cette circonstance et tirez-en tout le parti que vous pourrez* (²). »

---

1. *Écrits originaux*, t. I.
2. Barruel, *Op. cit.*

« Assuré désormais de sa découverte, Weishaupt commença à presser l'établissement d'une loge maçonnique pour ses élèves de Munich, où il professait le droit. Il ordonna dès lors à tous ses Aréopagites de se faire recevoir Francs-Maçons. Il prit toutes ses dispositions pour avoir le même avantage à Eichstadt et dans toutes ses colonies. Il avait les secrets des Francs-Maçons et les Francs-Maçons n'avaient pas les siens ; les Rose-Croix virent avec chagrin s'élever une nouvelle société secrète qui ne peuplait ses loges qu'aux dépens des leurs, et qui commençait à les discréditer, en se vantant d'avoir seule les vrais secrets de l'Ordre. Quelque impies que fussent ceux de ces Rose-Croix, et quoique leur système conduisît au même terme quant à la nullité du christianisme, la route qu'ils prenaient pour y conduire était tout opposée à celle de Weishaupt. Il méprisait toutes les sottises de leur alchimie ; il détestait surtout leur théosophie. Il se jouait de ce double principe, de ces esprits bons, de ces esprits mauvais, de ces démons dont tant de Rose-Croix avaient besoin pour leur science de la magie, de la cabale et de la faculté d'Abrac ; en un mot, malgré tout l'avantage que Weishaupt tirait dans ses mystères des symboles et des explications maçonniques, il n'en livrait pas moins à un souverain mépris tout ce qui était purement sottise, rêverie cabalistique chez les Rose-Croix. Il prenait chez eux tout ce qui conduit à l'impiété et se jouait de leur ineptie. C'était la lutte de l'impiété tombée, d'un côté, dans l'absurde athéisme, et, de l'autre, dans l'absurde superstition. De là ces discussions, ces jalousies, ces concurrences dont on a vu les

traces dans les progrès de l'Illuminisme dépeints par
Caton-Zwack. Il était difficile de dire lequel des deux
partis l'emporterait dans cette lutte ; Weishaupt ima-
ginait mille moyens de triompher ; mais il n'était pas
encore décidé sur l'usage qu'il ferait de sa victoire.
« D'abord, écrivait-il à Zwack, j'aurais voulu faire venir
de *Londres une constitution pour nos Frères ;* et ce
serait encore mon avis si l'on pouvait s'assurer du
chapitre (maçonnique) de Munich. Il faudra essayer —
je ne puis écrire rien de fixe là-dessus, jusqu'à ce que
je voie la tournure que prendront nos affaires. Peut-
être m'en tiendrai-je à réformer ; peut-être ferai-je pour
nous un nouveau système maçonnique ; peut-être encore me résoudrai-je à imposer la Franc-Maçonnerie
dans notre Ordre, pour ne faire des deux qu'un même
corps. Le temps décidera (¹). »

« Pour le fixer dans ces incertitudes, il fallait à Weishaupt un homme qui donnât moins de temps à peser
les difficultés, qui les tranchât plus aisément. Le démon
même des révolutions et de l'impiété lui envoya un
baron hanovrien nommé *Knigge.* A ce nom, les honnêtes Francs-Maçons allemands reconnaissent celui
qui empesta jusqu'aux jeux fraternels de leurs premières Loges et qui vint consommer la dépravation de
leurs impies Rose-Croix. Dans leur indignation, tous
ces frères honnêtes pardonneraient presque à Weishaupt pour faire retomber sur Knigge seul toute
leur haine et tout l'opprobre de leur société, devenue le
vaste séminaire de l'Illuminisme ; la vérité des faits est
que, dans cette vaste intrusion, Philon-Knigge ne fut

---

1. *Lett.,* Mars 1780.

que le digne instrument de Weishaupt-Spartacus. Ce que l'un exécuta, l'autre l'avait conçu depuis long-temps ; et sans les profondes combinaisons de Sparta-cus, très vraisemblablement toute l'activité de Philon serait restée sans succès. Dans leur funeste ensemble, ces deux hommes avaient précisément ce qu'il fallait, l'un pour donner des lois à la plus désastreuse des sectes, l'autre pour propager ses mystères et donner à ses complots des légions d'adeptes ([1]). »

On était à l'année 1780. Tandis que l'Allemagne tramait dans l'ombre, ainsi que nous venons de le voir, la Franc-Maçonnerie était loin de se reposer en France. Là aussi il y avait une secte d'illuminés, dont le chef était un nommé Saint-Martin, qui habitait Lyon. Il est l'auteur de l'ouvrage : *Des erreurs et de la vérité, par un philosophe inconnu.* Louis Blanc signale l'influence prépondérante de cette société secrète, en France et en Europe, au moment où la Révolution de 1793 allait éclater. « Au nom d'un spi-ritualisme pieux, écrit-il dans son *Histoire de la Révo-lution,* le philosophe inconnu s'élevait contre la folie des cultes humains. Par les sentiers de l'allégorie, il conduisait au sein du royaume mystérieux que, dans leur état primitif (état de purs esprits), les hommes avaient habité. »

Il suffit de ces indications pour comprendre que l'Illuminisme français était manichéen et non pan-théiste; mais il le deviendra. Avec Manès, Saint-Martin admettait deux principes : *le Bon et le Mauvais.* Le Bon avait fait l'homme spirituel, le Mauvais y ajouta

---

1. Barruel, *Mémoires pour l'histoire du Jacobinisme.*

un corps. « A l'origine, dit Saint-Martin, *l'homme n'était pas sujet à cet assemblage.* »

Ce fut alors, au sein de cette agitation maçonnique de la France et de l'Allemagne, que, d'un commun accord entre les Francs-Maçons de tous les pays, fut décidé, indiqué et tenu un grand convent ou assemblée maçonnique à Wilhemsbad, dans le Hanau, en 1781, sous la protection et les auspices de son Altesse le Prince Ferdinand, duc de Brunswick.

« Ce n'était pas une société insignifiante, écrit Barruel, que celle dont les députés accouraient de toutes les parties du monde à Wilhemsbad. Bien des Francs-Maçons de cette époque croyaient pouvoir porter à trois millions le nombre de leurs initiés ; ceux de la *Loge de la Candeur* établie à Paris, dans leur *Encyclique* du 31 mai 1782, se flattaient d'en trouver un million en France seulement.

« De toutes les parties de l'Europe, du fond même de l'Amérique, de l'Afrique, de l'Asie, quel étrange intérêt appelle dans un coin de l'Allemagne les agents, les élus de tant d'hommes, tous unis par le serment d'un secret inviolable sur la nature de leur association et sur l'objet de leurs mystères ? Que vont-ils méditer et combiner entre eux pour ou contre les nations ? »

Le but de ce convent, nous le connaissons maintenant ; il s'agissait de mettre plus d'activité dans les travaux maçonniques, plus d'ensemble dans la marche, plus d'unité dans les idées, afin d'arriver plus sûrement et plus vite au but commun ; une révolution universelle. Nous savons aussi quelle fut la décision capitale de cette grande réunion : ce fut l'acceptation par la

Franc-Maçonnerie universelle de la doctrine de l'Illuminisme allemand, à laquelle l'Illuminisme français parvint à mêler quelques-unes de ses idées et de ses vues ; d'où sortit un système féroce, expression de l'âme de Spartacus-Weishaupt et de Philon-Knigge, son digne émule et l'avocat éloquent de l'Illuminisme allemand.

« En Allemagne, un événement ménagé par la Providence comme un dernier avertissement aux monarchies, faillit interrompre les progrès de la secte. La jalousie fit éclater une rupture violente entre Weishaupt et Knigge. En outre, l'Électeur de Bavière, inquiet des menées souterraines de ce qu'il croyait la Franc-Maçonnerie proprement dite, ordonna la fermeture de toutes les loges. Les Illuminés, se croyant déjà assez forts pour résister à l'édit de l'Électeur, refusèrent d'y obtempérer. Le hasard fit découvrir la secte, dont on ne soupçonnait pas même l'existence. Un ministre protestant, nommé Larize, fut frappé de la foudre en juillet 1785. On trouva sur lui des instructions par lesquelles il constait qu'il était chargé, en qualité d'Illuminé, de voyager en Silésie, de visiter les loges et de s'enquérir entre autres de leur opinion sur la persécution des Francs-Maçons en Bavière.

« Mis sur la trace, le gouvernement procéda à une nouvelle enquête sévère. Les abbés Cosandey et Remier, le conseiller aulique Utschneider et l'académicien Grünberger, qui s'étaient retirés de l'Ordre dès qu'ils en avaient connu toute l'horreur, firent une déposition juridique. Le 11 octobre 1786, la justice fit une visite domiciliaire dans la maison de Zwack à Landshut, ainsi que dans le château de Sanderdor, appartenant à l'adepte baron de Bassus. On y découvrit tous les papiers et toutes les archives des conjurés, que la Cour de Bavière fit imprimer sous le titre d'*Écrits originaux de l'ordre et de la secte des Illuminés*. Envoyés aux monarques d'Europe, ils ne firent aucune sensation. Les conjurés principaux furent protégés par les princes.

« Mirabeau sut apprécier toutes les ressources nouvelles que le génie de Weishaupt avait su tirer, pour une révolution, de l'organisation de la Maçonnerie. De retour en France après son voyage à Berlin, où l'avaient envoyé les ministres de Louis XVI pour traiter d'affaires politiques, il commença par introduire lui-même les nouveaux mystères dans la loge des *Phi-lalèthes*, dont il était déjà un des principaux membres... Ce fut alors que l'aréopage de Weishaupt décida que la France serait *illuminée* et que c'est par elle que commencerait la grande œuvre. Le successeur avoué de Weishaupt, Bode, conseiller intime de Weymar, surnommé Aurélius dans la secte, fut lui-même député à Paris, pour cette grande opération, avec Guillaume baron de Busche, capitaine hanovrien au service de la Hollande, autre élève de Knigge et surnommé Bayard parmi les sectaires. Ce fut dans la loge des *Amis réunis* que Mirabeau et Bonneville introduisirent les députés allemands et que se débattirent les conditions ou le mode de fusion. Les négociations durèrent plus longtemps qu'on ne s'y attendait et se terminèrent par la résolution d'introduire les mystères bavarois de Weishaupt sans rien changer à l'ancienne forme des loges, de les *illuminer* sans leur faire connaître le nom même de la secte qui leur apportait ce mystère, et de ne prendre enfin, dans le code Weishaupt, que les moyens convenables aux circonstances pour hâter la révolution. »

On sait que la Révolution française, commencée en 1789, fut le fait de la Maçonnerie illuminée; et de plus, il faudrait être aveugle pour ne pas voir le triomphe du rationalisme socinien et du panthéisme maçonnique dans le renversement des autels où le CHRIST fut remplacé par une courtisane éhontée, acclamée sous le nom de Déesse Raison, bien digne, en vérité, de représenter le Dieu Nature de Spinosa et de Weishaupt.

On peut dire que la Maçonnerie illuminée put, en 1793, entonner son chant de victoire sur les débris fumants et ensanglantés de la France catholique. Alors la patrie fut sans Dieu, sans roi, sans autel. Seul le dieu Nature pouvait être invoqué publiquement ; seul il avait ses temples, son culte, ses fêtes et ses ministres; seul il faisait la loi, créait les décades, débaptisait les années et les mois, prétendant commencer une ère nouvelle, celle de la République une, indivisible et immortelle.

Mais comme tous les êtres créés sont sujets à la mort, la République mourut, et le dieu Nature aussi. « *La fête de la Raison*, célébrée à Notre-Dame en novembre 1793, avait été une manifestation solennelle *d'athéisme* faite par les Hébertistes. Après les avoir envoyés à l'échafaud, Robespierre voulut célébrer son triomphe par la fête de l'Être suprême, le 1er mai 1794, et l'on sait quelle part les haines des Hébertistes survivants eurent à la journée du 9 Thermidor. »

L'auteur de l'ouvrage intitulé : *Les sociétés secrètes*,

ajoute : « Quoi qu'il en soit, dès que la dictature de Robespierre fut finie, la Maçonnerie reprit son activité ; guidée par un de ses anciens adeptes, Lareveillère-Lepaux, c'est elle qui organisa la *Théophilanthropie* (1). »

Ce système avait la prétention de remplacer par ses cérémonies le culte catholique, et correspondait à la fois aux fêtes de l'Être suprême et à ce qu'on appelle aujourd'hui les tenues de Maçonnerie blanche.

« Quand la secte avait cru avoir réalisé définitivement la *liberté* et *l'égalité*, telles que les entendait Weishaupt, dans *l'anarchie* absolue, les voiles de la Maçonnerie avaient été rejetés comme un symbolisme inutile, la loge n'avait plus eu besoin d'être *couverte* et on l'avait remplacée par le *Club*. »

Dieu, qui permet aux hommes d'abuser de la liberté qu'il a donnée à chacun de nous pour opérer le bien, sait aussi prendre son heure quand il lui plaît, et prouver que, si l'humanité s'agite, il la mène à ses desseins et à son but. C'est pourquoi un fils de la Révolution fut chargé de rouvrir les églises et de rendre à la France catholique son Dieu et ses autels. Napoléon Ier parut ; on sait ce qu'il a fait : trop de bien, a-t-on dit, pour en dire du mal, trop de mal pour en dire du bien. L'empire fut remplacé par la monarchie, Charles X par Louis-Philippe, et la France, durant ces changements, put jouir d'un calme relatif.

Que faisait alors le panthéisme maçonnique ?

Cultivé savamment en Allemagne, il y prenait de plus en plus les allures d'un système philosophique à la mode.

---

1. *Monde Maçonnique*, 1879, p. 224.

Vers la fin du XVIIIe siècle, Kant combattit le scepticisme du philosophe anglais Hume, ainsi que les affirmations quelquefois exagérées des philosophes dogmatiques. S'abandonnant à l'orgueil de sa race, il traitait d'illusion tout ce que le genre humain avait perpétuellement affirmé. Il soumettait tout à la critique de la raison, et osait dire que *la liberté est la fin dernière de l'homme.*

Kant eut des élèves qui, au XIXe siècle, tirèrent les conséquences de son orgueilleux système dans le sens du panthéisme. En vue de la liberté sans limites préconisée par son maître, Fichte se résumait lui-même dans cette phrase impie : « Toute conception religieuse qui *personnifie* Dieu, je l'ai en horreur et je la considère comme indigne d'un être raisonnable. »

Ainsi, voilà que Dieu n'est plus un être personnel, qui a conscience de lui et se détermine librement, mais une chose inconsciente soumise à des lois fatales. C'est là le dieu de Fichte. C'est commode pour les passions d'avoir à faire au dieu de Fichte, en vérité.

Schelling, un autre élève de Kant, mort en 1834, est, comme le maître, adorateur de la liberté, et comme Fichte adorateur du Moi. L'homme, quel qu'il soit, est toujours enclin à se mettre à la place de Dieu sur l'autel et à s'adorer, surtout l'homme philosophe. L'Allemagne, sous ce rapport, a fait école. Eh bien, Schelling déclare donc que le Moi est le principe de la connaissance philosophique, et un savant auteur a résumé le système de Schelling en disant : « Partir de la connaissance du Moi, et en déduire *à priori* un système de phénomènes reproduisant exactement le monde, les âmes et

Dieu, tel était le problème que Schelling s'était chargé de résoudre: inutile de prouver qu'il ne l'a pas résolu.»

Disons un mot d'Hégel, autre philosophe allemand, mort du choléra en 1831. Pour lui, *l'absolu* a cessé d'être le sujet et l'objet, la connaissance et l'existence ; comme pour Schelling, *l'absolu est immanent* dans le monde, c'est la raison, vivante et active, qui se réalise éternellement et constitue, en se réalisant, la nature, puis l'esprit, quand elle arrive à avoir conscience de soi. L'adoration d'un Dieu-Homme est la plus haute expression du sentiment religieux pour Hégel ; mais il est bien entendu que c'est l'homme s'adorant lui-même.

Je demande pardon au lecteur de l'avoir fait passer à travers les nuages du panthéisme allemand : cela était nécessaire pour l'intelligence du sujet

N'y trouvons-nous pas en effet l'explication de ces étranges affirmations ?

« Le génie de Fourrier, dit M. Victor Considérant, dominant le temps et l'espace, a conquis et livré à l'homme la constitution analogique des choses, la loi cosmogonique de l'unité du monde, l'idée de *l'unité universelle et adéquate à la raison ;* et les manifestations supérieures de cette idée ont constitué dans tous les temps ces manifestations supérieures de l'intelligence humaine. *La solidarité de toutes les vies individuelles successives et hiérarchiquement associées constitue la vie universelle, l'Être vivant absolu.* L'étude de l'unité universelle pour l'homme se divise en trois branches: *unité de l'homme avec lui-même, unité de l'homme avec Dieu, unité de l'homme avec l'univers.* »

« D'où il suit, dit le P. Deschamps, que dans l'homme

le corps et l'âme ne font qu'une seule substance ; — que l'homme et Dieu ne font qu'un même être, qu'une seule substance ; — que l'homme, Dieu et l'univers ne font qu'un seul et même tout, l'Être vivant et absolu.

« C'est toujours, avec quelques variantes dans la position, la même formule de M. Cousin : *Dieu, nature, humanité, infini et fini tout ensemble, triple infini, indivisibilité et totalité*, etc. Inclinez-vous, Maçons et Philosophes universitaires, prosternez-vous devant le Dieu que vous révèle *la raison souveraine : « Deus ! ecce Deus !* Dieu ! voilà le Dieu ! »

Le Saint-Simonisme ne professe pas d'autre doctrine que le Fourriérisme ; les disciples d'Owen, en Angleterre, non plus : ils disaient que *le « véritable Satan, c'est la religion, le mariage, et la propriété »*.

Le F∴ Ragon, dans son cours approuvé par le Grand-Orient, dit formellement que, grâce à la Maçonnerie, les belles conceptions sociales des St-Simon, des Owen, des Fourrier, deviendront un jour des réalités. Ce n'est qu'une affaire de temps et d'argumentation.»

On ignore généralement que, depuis longtemps, dans les loges maçonniques, on prend soin de faire enseigner ces doctrines erronées aux adeptes. Par ce moyen, le panthéisme se vulgarise dans le monde maçonnique, et par lui dans la société des profanes. L'erreur gagne de plus en plus en Allemagne, en France, en Italie, en Espagne, en Portugal, en Belgique, dans le nord et le midi, à l'est et à l'ouest ; partout elle produit des fruits selon sa nature. Aussi a-t-on jugé, depuis quelques années, en France, que le moment était venu pour la Maçonnerie française de se déclarer pratiquement panthéiste.

------ II. ------

La Maçonnerie française s'est faite panthéiste, PRATIQUE-
MENT, en 1870. — Nécrologie.

4. La Maçonnerie française est désormais panthéiste ouvertement et pratiquement.

A Maçonnerie française a effacé de ses statuts l'article concernant l'existence de Dieu
et l'immortalité de l'âme.

Cet article était conçu : « L'Ordre des
Francs-Maçons a pour objet la bienfaisance, l'étude de
la morale et la pratique de toutes les vertus.

« Il a pour base *l'existence de Dieu, l'immortalité
de l'âme et l'amour de l'humanité.* »

Les Maçons pouvaient, il est vrai, donner telle signi-
fication qu'ils voulaient au mot Dieu et à cette expression : l'immortalité de l'âme ; mais dans les mots et
pour les profanes, l'article en lui-même était en désaccord avec le panthéisme ; c'est pourquoi il fut effacé et
remplacé par cette déclaration-ci : « La Franc-Maçonnerie a pour principes la liberté absolue de conscience
et la solidarité humaine. Elle n'exclut personne pour
ses croyances. » Cette résolution fut prise le 14 septembre 1877, dans un grand convent réuni à Paris, par
les délégués de la Maçonnerie française, et après avoir
pris l'avis de toutes les loges soumises à l'obédience du
Grand-Orient.

Disons que cette mesure a soulevé de nombreuses
protestations et que, depuis cette époque, les loges maçonniques d'Angleterre et des États-Unis ont rompu
leurs relations avec le Grand-Orient de France et les

loges de son obédience. Au contraire, l'Allemagne, l'Italie, l'Espagne, la Hongrie, la Belgique, etc., ont adhéré à la décision précitée, si déjà elles ne l'avaient prise d'elles-mêmes.

Ceci explique, disons-le en passant, comment nos Francs-Maçons, tout puissants au pouvoir, ont demandé qu'on ne prêtât plus de serment. Pourquoi prendre Dieu et son CHRIST à témoin de sa parole, puisque, pour les panthéistes, il n'y a pas d'autre Dieu que la nature ?

Les Maçons anglais, au contraire, ayant gardé dans leurs statuts l'existence de Dieu et l'immortalité de l'âme, ont voulu maintenir aussi le serment. Bradlaugh en sait quelque chose.

Il est donc prouvé que la Maçonnerie a toujours été, au fond, panthéiste jusqu'à Adam Weishaupt ; qu'elle a marché rapidement dans cette voie depuis qu'elle a été illuminée au convent de Wilhemsbad.

Abondance de preuves ne saurait nuire; c'est pourquoi nous allons recourir de nouveau au Bulletin maçonnique de la Grande-Loge symbolique écossaise pour prouver jusqu'à l'évidence, que la Maçonnerie française est aujourd'hui panthéiste d'une façon pratique.

## Nécrologie ([1]).

UNE bien douloureuse cérémonie réunissait le dimanche 5 novembre (1882) les membres de la L∴ l'*Indépendance*, convoqués à l'effet de rendre les derniers devoirs au fils du F∴ Secrét∴ de l'Atelier, le Lowt∴ Delhotal, âgé de onze ans. Ce qui ajoutait encore à la tristesse répandue sur tous les visages,

---

1. *Bulletin maçonnique*, Décembre 1882, n° 33.

c'est que le même jour, la Grande-Loge symbolique donnait sa fête annuelle, et personne n'ignorait que, d'après les conventions arrêtées, quelques semaines avant, entre les FF∴ Delhotal et Cuénot, Vén∴ de l'Atelier, chacun de ces FF∴ devait conduire le fils de l'autre à la G∴ L∴ pour le présenter à l'adoption maçon∴

« Au moment même où le Lowt∴ Delhotal aurait dû prendre le chemin de St-Mandé, on le conduisait à sa dernière demeure.

« Les obsèques civiles, fixées à 9 heures du matin, réunissaient à la maison mortuaire une foule nombreuse et sympathique.

« Un grand nombre de Francs-Maçons se joignent au convoi, précédés de la L∴ l'*Indépendance* au complet, ayant à sa tête le F∴ Cuénot et le F∴ Poucerot, députés à la G∴ L∴

« On remarque dans l'assistance des députations des écoles auxquelles a appartenu le Lowt∴ Delhotal. L'école dirigée par la citoyenne Hardouin, institutrice libre, porte de superbes couronnes de fleurs naturelles auxquelles sont rattachées des faveurs tricolores que des enfants tiennent en main à l'instar des cordons de poële.

« A l'arrivée au cimetière, après la descente du cercueil, la citoyenne Hardouin, dans un discours plein de tendresse et de cœur, retrace la douceur de caractère, la délicatesse des sentiments du pauvre petit défunt, et, au nom de ses jeunes compagnes, lui adresse le dernier salut.

. . . . . . . . . . . . . . . . . . . .

« Le F∴ Massen prend ensuite la parole en ces termes :

« Il y a quelques semaines, les parents désolés qui viennent pleurer sur cette fosse ouverte accompagnaient à sa dernière demeure le cadavre de mon pauvre enfant.

« C'est à moi que revient aujourd'hui le douloureux devoir de tenter, près d'un ami cruellement éprouvé, une consolation que je n'ai pu trouver encore pour moi-même, de confondre avec les siennes mes larmes de père, et de m'unir à lui dans la fraternité de la douleur.

« J'aimais cet enfant — j'ai été son maître — il m'appelait son ami — et je l'étais devenu chaque jour davantage, à voir la joie qu'il éprouvait à un éloge mérité, le chagrin que lui causait un reproche dont il sentait la justesse. Ce n'était chez lui ni satisfaction de vanité ni blessure d'amour-propre : les enfants dont le cœur n'a pas été faussé par l'éducation, par l'entourage, ou par nos sottes conventions sociales, sentent qui les aime, et le montrent sans effort à toute heure dans leur ingénuité.

« Tel était Maurice : heureux de la joie — chagrin de la peine qu'il avait causée — le plus souvent sans le vouloir, à son père et à son ami. Tous ceux qui l'ont approché l'aimaient : bien mieux que mes paroles, ces couronnes, ces fleurs, les regrets, les larmes de ceux qui m'entourent, en apportent le témoignage.

« Mais, le tribut payé à la nature, il faut faire un retour sur soi-même, et tirer de ces lamentables catastrophes qui nous écrasent un enseignement humain.

« Aux âmes faibles, qui cherchent dans l'idéal d'un monde imaginaire des consolations factices propres à engourdir pour un temps leur douleur, les religions jettent volontiers, comme une eau bénite banale, cette désolante maxime : « *Souviens-toi que tu es poussière.* »

« Eh! qu'importe que je devienne poussière si cette poussière est féconde — si les débris de ce qui fut mon être peuvent constituer une humanité plus heureuse, plus virile et plus grande ?

« Aux hommes trempés par les luttes incessantes de la vie, par les déceptions, par les angoisses dont elle est semée, par les morsures profondes qui font palpiter leurs chairs sous la dent féroce de l'implacable destin ;

« A ceux qui ne cherchent point dans les rêves chimériques d'un ciel vide, que peuplent pour un instant les vaines illusions de la douleur, des ressources extrêmes contre le désespoir, il faut répéter cette parole fortifiante :

« *Souviens-toi que tu es un homme !* »

« C'est autour de toi, c'est au milieu de la grande nature, où tout se renouvelle et se transforme sans cesse, qu'il est salutaire de retremper tes forces pour des luttes nouvelles.

« Le Dieu qu'on te fait chercher là-haut dans les espaces infinis où tu ne le trouveras jamais, c'est en toi-même qu'il existe : tant vaut l'homme, tant vaudra le Dieu.

« Tu souffres ! Mais la vie c'est la souffrance : qui ne sait souffrir ne sait pas aimer.

« Comme au vase brisé d'où s'évaporent dans l'air les parfums pénétrants qu'il a contenus, il faut de la plaie béante de ton cœur verser sur tes frères en souffrance les trésors d'affection et de dévouement que tu réservais à un seul.

« La suprême joie, c'est le sacrifice. Le souverain

bonheur, c'est de se donner : c'est pourquoi la douleur est plus poignante alors que le cœur ne sait plus où s'épandre.

« Quand un de ces pauvres petits êtres vient à nous quitter, la famille s'empresse de distribuer aux enfants qui l'ont connu les objets qui ont appartenu au cher mort. Nous n'avons en effet nul besoin de ces pieuses reliques pour garder vivante l'image aimée, pour provoquer dans nos âmes l'immortalité du souvenir. Nos tendresses ne sont pas mortes avec l'absent; mille fibres secrètes nous rattachent encore à lui par de mystérieuses vibrations. Les fleurs que nous venons effeuiller sur cette tombe, nous les répandrons encore sur les déshérités, sur les sacrifiés — nous nous attacherons d'un lien plus ferme à tous les petits — à tous ceux qui gémissent meurtris sous le poids des fatalités physiques ou des iniquités sociales.

« Cette terre va recouvrir ton corps, elle en absorbera les éléments pour s'en refaire une parure verte aux premiers rayons du soleil printanier. Comme elle reverdiront nos espérances flétries, si nous savons goûter cette âpre et sublime jouissance des forts, de faire mûrir sur le champ voisin l'épi coupé chez nous dans sa fleur.

« Oh ! nos enfants morts ! Oh ! la moitié de nos âmes violemment arrachée ! Nul ne sondera jamais les profondeurs de cet indéfinissable amour paternel qui vous protégeait comme une cuirasse — qui vous caressait comme un duvet. C'est nous qui sommes les victimes. Vous entrez dans l'éternel repos — nous, dans l'incessante torture.

« Il faut nous prendre avec elle corps à corps et la

terrasser ; on n'est homme qu'à ce prix. Sur cette terre, sacrée par la douleur, faisons le serment de pousser de tout notre effort les petits de votre âge dans les voies que nous eussions été si fiers de vous voir suivre. Dans leurs intelligences et dans leurs cœurs, semons à pleine volée la vérité, la justice, la solidarité humaine. En eux nous vous verrons revivre, et nous conserverons votre chère mémoire en devenant les pères de ceux qui n'en ont plus.

« Mon pauvre cher petit, mes yeux se troublent, ma voix s'éteint. Emporte ces dernières paroles. Ton père et ton âme ne les oublieront pas.

« Adieu, Maurice, adieu ! »

« Enfin le Vén∴ de la L∴ l'*Indépendance* s'avance et prononce ces dernières paroles :

Mes F∴,

« Nos cœurs de maî∴ et de pères se sentent douloureusement serrés devant cette tombe d'enfant.

« C'est que là gisent les consolations, les espérances, les suprêmes joies de cette malheureuse famille amie plongée aujourd'hui dans la plus amère douleur.

« C'est que là va se cacher désormais à nos yeux ce pauvre enfant naguère si joyeux et si enjoué, et dont la mort, hélas ! a pour jamais glacé les lèvres et le sourire… Gémissons !

« Et pourtant, la nature l'avait doué. — Au physique, elle l'avait fait grand, beau et fort ; au moral, il était respectueux et aimant pour ses bons parents, dévoué et tolérant pour ses camarades, compatissant et bon pour les malheureux déshérités qu'il rencontrait sur la route.

« Par l'éducation saine et morale qu'il recevait au milieu des siens, par les exemples virils qu'il avait constamment sous les yeux, il promettait pour l'avenir.

« L'épi nous donnait les plus belles espérances ; l'implacable faulx de la destinée l'a impitoyablement coupé dans sa racine... Gémissons !

« Aujourd'hui, de tout ce qu'il a été plus rien ne reste. — L'enfant, en franchissant la dernière fois le seuil paternel, a laissé le deuil et le désespoir au foyer, comme il a laissé le deuil et le désespoir dans le cœur de tous ceux qui l'ont connu et aimé...

« C'est à nous maintenant, F∴ Maç∴, qu'il appartient de prodiguer à nos malheureux amis les sympathies et les consolations. Et elles devront être d'autant plus vives que le malheur a été immense. — L'enfant s'en est allé emportant avec lui tout l'amour : à nous, FF∴, d'apporter notre amitié tout entière à ceux qui ont été si cruellement éprouvés.

« Ah ! pleurez, pauvre mère ; pleurez, infortunés amis ! Jamais, croyez-le bien, nous ne viendrons à vous avec des paroles d'oubli : l'oubli est égoïste ; mais nous vous apporterons l'affection et l'espérance... Gémissons, espérons !!!

« Maurice, cher enfant, comme dernier adieu, reçois ces fleurs d'immortelles. — Elles sont pour nous l'emblème des éternels regrets que tu emportes et des éternels souvenirs que tu laisses parmi ceux qui te connaissaient et te chérissaient.

« Adieu, trois fois adieu !!! »

L'article nécrologique qu'on vient de lire a prouvé jusqu'à l'évidence que le panthéisme est enseigné dans les loges maçonniques et professé hautement jusque sur le bord de la tombe, en face des parents et des amis condamnés à un désespoir sans remède. Pour le F∴ Maçon, en général, le seul Dieu est la Nature ; le dieu Nature : il n'y en a pas d'autre.

« Souviens-toi que tu es homme !

« C'est autour de toi, c'est au milieu de la grande Nature, où tout se renouvelle, se transforme sans cesse, qu'il est salutaire de retremper tes forces pour des luttes nouvelles. Le Dieu qu'on te fait chercher là-haut, dans des espaces infinis où tu ne le découvriras jamais, c'est en toi même qu'il existe : Tant vaut l'homme, tant vaudra le Dieu !!! »

L'homme et Dieu ne font qu'un... Le ciel est vide... De tout ce qui a été plus rien ne reste.. L'âme elle-même est morte et anéantie... L'enfant en partant ne laisse au foyer que le deuil et un désespoir sans consolation... Voilà le panthéisme, le cruel panthéisme, quoique orné de littérature et de fleurs. C'est vraiment et deux fois une scène de deuil. Je reparlerai plus loin des deux discours et de leur doctrine ; pour le moment, je veux moi-même déposer sur la tombe de ce jeune enfant de onze ans mes regrets et ma prière pour lui et ses malheureux parents : mes regrets, en songeant qu'il aurait pu, catholique, recevoir sur son lit de mort le Dieu de la Première Communion ; et ma prière, car j'ai l'espoir que le Père qui est au ciel aura mis dans cette jeune âme, qu'il arrachait aux dangers de la vie sans foi religieuse, les lumières et les sentiments qui montrent et assurent l'immortalité bienheureuse d'outre-tombe. Oui, ô Maurice, sois dans le repos ! Et comme le repos, c'est la joie que l'on goûte dans la possession de ce que l'on a désiré ; toi, tu aimais la vérité et le bien avec une âme ardente, tu aspirais à les posséder : je l'espère, Dieu aura eu pitié de toi en t'accordant l'objet de tes nobles désirs, en se donnant lui-même à toi !

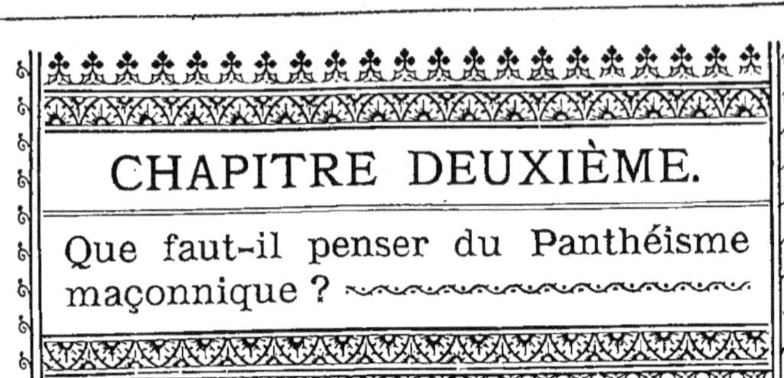

# CHAPITRE DEUXIÈME.

## Que faut-il penser du Panthéisme maçonnique ?



Le Panthéisme maçonnique est un système philosophiquement faux, — inconséquent avec lui-même, — satanique, — contre nature, — subversif de toute religion, de tout gouvernement, de toute propriété.

### 1. LE PANTHÉISME MAÇONNIQUE EST PHILOSOPHIQUEMENT FAUX.

N a vu comment Adam Weishaupt a donné à son Illuminisme le panthéisme spinosiste pour base doctrinale, et comment aussi l'Illuminisme allemand a été greffé sur la Franc-Maçonnerie au convent fameux de Wilhemsbad, où était représentée la Maçonnerie universelle.

Or, le système philosophique de Spinosa est philosophiquement faux.

Bénédict Spinosa, Juif portugais mort en Hollande en 1677, à l'âge de 44 ans, s'était fait chrétien. Il ne tarda pas à quitter le Calvinisme, qu'il avait embrassé, et à pousser jusqu'au bout les hardiesses de Descartes. Il finit par verser en plein panthéisme.

Spinosa professe qu'il n'y a qu'une seule substance, douée de deux attributs : la pensée et l'étendue, dont les esprits et les corps ne sont que les modes variés.

Ici, il devient nécessaire au lecteur de traverser un

tunnel plein de ténèbres philosophiques ; mais il peut se dire en y entrant : *Post tenebras spero lucem*, après la nuit j'espère la lumière.

« Il ne peut y avoir, dit Spinosa, plusieurs substances de même attribut ou de différents attributs ; dans le premier cas, elles ne seraient point différentes, et c'est ce que je prétends ; dans le second, ce seraient, ou des attributs essentiels, ou des attributs accidentels : si elles avaient des attributs essentiellement différents, ce ne seraient plus des substances ; si ces attributs n'étaient qu'accidentellement différents, ils n'empêcheraient point que la substance ne fût une et indivisible. »

Voilà la base du Spinosisme. Il me semble que si, pour être bon Franc-Maçon, il faut savoir ce catéchisme, la chose est difficile à la plupart.

« On aperçoit d'abord, dit à ce sujet le savant Bergier, que ce raisonneur joue sur l'équivoque du mot *même* et du mot *différent*, et que son système n'a point d'autre fondement. Nous soutenons qu'il y a plusieurs substances dont les unes diffèrent essentiellement, les autres accidentellement. Deux hommes sont deux substances de même attribut, ils ont même nature et même essence, ce sont deux individus de même espèce, mais ils ne sont pas le *même*, quant au nombre, ils sont différents, c'est-à-dire distingués. Spinosa confond l'identité de nature, ou d'espèce, qui n'est qu'une ressemblance, avec l'identité individuelle, qui est l'unité ; ensuite il confond la distinction des individus avec la différence des espèces : pitoyable logique ! Au contraire, un homme et une pierre sont deux substances de différents attributs, dont la nature, l'essence, l'espèce ne sont point les mêmes ou ne se ressemblent point. Cela n'empêche pas qu'un homme et une pierre n'aient l'attribut commun de substance : tous deux subsistent à part et séparés de tout autre être ; ils n'ont besoin ni l'un ni l'autre d'un suppôt ; ce ne sont ni des accidents ni des modes ; s'ils ne sont pas des substances ils ne sont rien. »

« Le comte de Boulainvillers, ajoute Bergier, après avoir fait tous ses efforts pour expliquer ce système ténébreux et inintelligible, a été forcé de convenir que le système ordinaire, qui représente Dieu comme un Être infini, distingué, première cause de tous les êtres, a de grands avantages et sauve de grands inconvénients. Il tranche les difficultés de l'infini, qui paraît divisible et divisé dans le Spinosisme ; il rend raison de la nature des êtres ; ceux-ci sont tels que Dieu les a faits, non par nécessité, mais par une volonté libre ; il donne un objet intéressant à la religion en nous persuadant que Dieu nous tient compte de nos hommages ; il explique l'ordre du monde en l'attribuant à une cause intelligente qui sait ce qu'elle fait ; il fournit une règle de morale, qui est la loi divine, appuyée sur des peines, des récompenses ; il nous fait concevoir qu'il peut y avoir des miracles, puisque Dieu est supérieur à toutes les lois et à toutes les forces de la nature, qu'il a librement établies. Le Spinosisme au contraire ne peut nous satisfaire sur aucun de ces chefs, et ce sont autant de preuves qui l'anéantissent. »

Qu'on nous permette d'ajouter quelques lignes du célèbre philosophe San-Severino sur le système de Spinosa.

« Tout l'édifice du Spinosisme reposant sur la notion ambiguë de la substance, il nous suffira d'expliquer cette notion pour le voir crouler de fond en comble.

1º Spinosa déduit que Dieu est la substance unique de ce que, après avoir dit que la substance est *Id quod in se est et per se concipitur*, —*ce qui existe par soi*, ou *en soi, et se conçoit par soi*, il prend ces mots : *exister par soi*, dans un sens qui exclut, non seulement l'inhérence dans un autre sujet, mais encore toute cause efficiente, distincte de la substance ; d'où il conclut que l'unique substance divine peut şeule exister. Or, ce raisonnement est faux, parce que, dans la définition de la substance, ces mots : *exister par soi*, ou *en soi*, ne signifient pas que la substance doit être telle qu'elle ne reçoive point son être d'un autre, mais ils signifient simplement qu'elle n'a pas son *être* dans un autre comme dans son sujet. C'est pourquoi saint Thomas observe très justement que la substance peut être définie : *Une chose qui ne tient point son être d'un autre*, si, par ces mots : *d'un autre*, on entend la cause *formelle*, attendu que la cause formelle est intrinsèque à chaque chose ; mais que cette définition serait fausse si cette expression : *d'un autre*, désignait la cause *efficiente*, parce que les créatures *reçoivent leur être* de Dieu.

2º Ajoutons que la démonstration dont se sert Spinosa pour établir que la substance divine seule existe repose sur une pétition de principe. En effet, comme la définition de la substance, telle que la donne Spinosa, ne peut convenir qu'à Dieu, on voit clairement que le philosophe hollandais a commencé par définir la substance de telle sorte qu'elle signifiât effectivement l'*être* de Dieu, et que, de la notion de la substance contenue dans sa définition, il a déduit ensuite que Dieu seul était une substance...

3° Cette proposition : *il ne peut exister deux ou plusieurs substances d'une même nature ou d'un même attribut*, de laquelle Spinosa déduit qu'il n'existe que la seule substance divine, est ambiguë et doit être ainsi *distinguée :* il ne peut exister plusieurs substances d'une même nature, ou d'un même attribut *numérique, je l'accorde ;* il ne peut exister deux ou plusieurs substances d'une même nature, ou d'un même attribut *spécifique*, je le nie. Rien n'empêche, dit saint Thomas, que ce qui est divisible sous un certain rapport soit indivisible sous un autre rapport ; par exemple, ce qui est divisible sous le rapport du nombre est indivisible suivant l'espèce, d'où il arrive que quelque chose peut être *un* sous certain rapport et *multiple* sous un autre. Ainsi l'humanité, qui est *numériquement* distincte dans Socrate et dans Platon, est *une* dans ces deux philosophes si on la considère suivant sa raison propre ou suivant son essence. C'est pourquoi « plusieurs individus, qui sont *un* par le genre ou par l'espèce, sont *simplement* multiples, et sont *un secundum quid*, ou sous certain rapport. La distinction que nous indiquons ici entre l'identité spécifique et l'identité numérique ne peut être niée par Spinosa lui-même, comme l'observe Bayle ; car, d'après lui, l'homme est une certaine espèce de modification, et Socrate est un individu qui fait partie de cette espèce. Par où l'on voit suffisamment que deux ou un plus grand nombre de substances peuvent avoir quelque chose de commun entre elles, et partant que la raison invoquée par Spinosa, savoir qu'une substance ne peut être la cause d'une autre, est absolument nulle. »

Les contradictions abondent dans le système de Spinosa, et par conséquent dans le système doctrinal de la Franc-Maçonnerie, puisque c'est le même.

« L'*être* en général, la *substance* en général, dit Bergier, n'existent point ; il n'y a dans la réalité que des individus et des natures *individuelles*. Tout *être*, toute *substance*, toute *nature*, est ou corps ou esprit, et l'un ne peut être l'autre. Mais Spinosa pervertit toutes ces notions, il prétend qu'il n'y a qu'une seule *substance*, de laquelle la pensée et l'étendue, l'esprit et le corps sont des *modifications* ; que tous les êtres particuliers sont des modifications de l'être en général.

« Il suffit de consulter le sentiment intérieur, qui est le souverain degré de l'évidence, pour être convaincu de l'absurdité de ce langage. Je sens que je suis moi et non un autre, une substance séparée de toute autre, un individu réel et non une modification ; que mes pensées, mes volontés, mes sensations, mes affections, sont à moi et non à un autre, et que celles d'un autre ne sont pas les miennes. Qu'un autre soit un être, une substance, une nature aussi bien que moi, cette ressemblance n'est qu'une idée abstraite, une manière de nous considérer l'un l'autre, mais qui n'établit point d'*identité* ou une unité réelle entre nous (¹). »

Un des historiens les plus savants et les plus originaux de notre époque, Rohrbacher, qui s'accommodait

---

1. Bergier, *Dict. théol.*, art. *Spinosa*.

fort peu des choses nébuleuses, va nous dire avec la crudité de son langage, mais clairement, ce qu'il faut penser de Spinosa et de son système.

« En 1670, Spinosa publia son traité *Théologico-politique*, dont voici les deux idées principales : chacun a le droit de penser, de parler, de raisonner librement et à sa manière sur la religion, sans excepter la Bible ni la mission de Moïse ; d'un autre côté, c'est au Souverain temporel, au Magistrat, de décider quelle religion les sujets ou administrés doivent suivre. Oui, le Juif Spinosa va jusqu'à dire que la religion naturelle ou révélée n'est obligatoire qu'autant qu'il plaît aux Souverains, et que ce n'est effectivement que par eux que Dieu règne sur la terre, c'est-à-dire qu'il désunit d'abord tous les hommes par l'anarchie intellectuelle afin de les asservir au seul empire de la force. Aussi Bayle lui-même appelle-t-il son *traité* un livre pernicieux et détestable, où il fit glisser toutes les semences de l'athéisme, qui se voit à découvert dans ses *œuvres posthumes*. »

Cette théorie du Dieu-État posait en contradiction avec le dogme maçonnique ou socinien de la *liberté de conscience*, et cependant MM. les Francs-Maçons ont adopté l'un et l'autre en pratique. Qui ne voit, de nos jours, le Spinosisme triomphant, imposant ses idées en religion, ou plutôt ses négations, ses manuels et l'omnipotence de l'État ? Cette apothéose de l'athéisme politique est d'ailleurs du goût de ceux qui gouvernent, jaloux en général, de l'indépendance de l'Église catholique et opposés à l'exercice libre de ses droits divins. Aussi Spinosa reçut-il des invitations de la part des princes de son temps, même du prince de Condé. Aujourd'hui,

Spinosa verrait que ses leçons n'ont point été oubliées : sûrement il serait ministre de l'Instruction publique.

En ce qui concerne son système philosophique, voici ce qu'en dit le protestant Bayle :

« C'est la plus monstrueuse hypothèse qui se puisse imaginer, la plus absurde et la plus diamétralement opposée aux notions les plus distinctes de l'esprit humain. Il suppose qu'il n'y a qu'une substance dans la nature des choses, et que cette substance unique est douée d'une infinité d'attributs, entre autres de l'étendue et de la pensée. En suite de quoi il assure que tous les corps qui se trouvent dans l'univers sont des modifications de cette substance en tant qu'étendue, et que les âmes des hommes sont des modifications de cette substance en tant que pensée ; de sorte que Dieu, l'être nécessaire et infiniment parfait, est bien la cause de toutes les choses qui existent, *mais il ne diffère point d'elles*. Il n'y a qu'un être et qu'une nature, et cette nature produit en elle-même et par une action immanente tout ce qu'on appelle créatures. Il est tout ensemble agent et patient, cause efficiente et sujet; il ne produit rien qui ne soit sa propre modification. Voilà une hypothèse qui surpasse l'entassement de toutes les extravagances qui se puissent dire. Ce que les poètes païens ont osé chanter de plus infâme contre Jupiter et contre Vénus n'approche point de l'idée horrible que Spinosa nous donne de Dieu ; car au moins les poètes n'attribuaient point aux dieux tous les crimes qui se commettent, toutes les infirmités du monde; mais, selon Spinosa, il n'y a pas d'autre agent ni d'autre patient que Dieu, par rapport à tout ce qu'on nomme mal de peine et mal de coulpe, mal physique et mal moral ([1]). »

En six paragraphes d'une grande vigueur, Bayle réfute les absurdités du panthéisme de Spinosa. Il fait voir, 1° que selon le Juif portugais devenu hollandais Dieu et l'étendue sont la même chose, et que son dieu peut se mesurer par toises et par pouces; 2° que ce dieu étant la même chose que la matière, il est divisible et muable à l'infini, bien plus que le Protée des poètes : 3° que ce dieu étant ce qui pense dans tous les hommes, il s'ensuit que ce Dieu sait et ignore, veut et ne veut pas, aime et hait les mêmes choses, qu'il affirme tout ensemble le oui et le non; de sorte que tous les sentiments sont, non dans les diverses têtes, mais dans une seule ; 4° mais, conclut Bayle, si c'est physiquement parlant une absurdité prodigieuse qu'un sujet simple et unique soit modifié en même temps par les pensées de tous les hommes, c'est une abomination exécrable quand on considère ceci du côté de la morale. Quoi donc, l'Être infini, l'Être nécessaire, l'Être souverainement parfait ne sera point ferme, constant et immuable? Que dis-je, immuable ? Il ne sera point un instant le même; ses pensées se succéderont les unes aux autres sans fin et sans cesse; la même bigarrure de passions et de sentiments ne se verra pas deux fois. Cela est dur à digérer, mais voici bien pis. Cette mobilité continuelle gardera beaucoup d'uniformité, en ce sens que toujours, pour une bonne pensée, l'Être infini en aura mille sottes, extravagantes, impures, abominables.

Il produira en lui-même toutes les folies, toutes les rêveries, toutes les saletés, toutes les iniquités du genre

---

1. Bayle, *Dictionnaire*, art. *Spinosa*.

humain ; il en sera, non seulement la cause efficiente, mais aussi le sujet passif, le *subjectum inhæsionis;* il se joindra avec elles par l'union la plus intime qui se puisse concevoir ; car c'est une union pénétrative, ou plutôt c'est une vraie *identité*, puisque le mode n'est point distinct réellement de la substance modifiée. Plusieurs grands philosophes, ne pouvant comprendre qu'il soit compatible avec l'être souverainement parfait de souffrir que l'homme soit si méchant et si malheureux, ont supposé deux principes, l'un bon et l'autre mauvais, et voici un philosophe qui trouve convenable que Dieu soit lui-même l'agent et le patient de tous les crimes et de toutes les misères de l'homme! Que les hommes se haïssent les uns les autres, qu'ils s'entre-assassinent au coin d'un bois, qu'ils s'assemblent en corps d'armée pour s'entre-tuer, que les vainqueurs mangent quelquefois les vaincus, cela se comprend, parce qu'on suppose qu'ils sont distincts les uns des autres, et que le tien et le mien produisent en eux des passions contraires ; mais que, les hommes n'étant que la modification du même être, Dieu seul agissant, Dieu se modifiant en Turc, en Hongrois, il y ait des guerres et des batailles, c'est ce qui surpasse tous les monstres et tous les dérèglements chimériques des plus folles têtes qu'on ait jamais enfermées dans les petites maisons. Ainsi, dans le système de Spinosa, ceux qui disent: *Les Allemands ont tué dix mille Turcs*, parlent mal et faussement, à moins qu'ils n'entendent : *Dieu modifié en Allemands a tué Dieu modifié en dix mille Turcs ;* et ainsi toutes les phrases par lesquelles on exprime ce que font les hommes les uns contre les autres n'ont point d'autre sens véritable que celui-ci : *Dieu se hait lui-même, il se demande des grâces à lui-même, et il se les refuse ; il se persécute, il se tue, il se mange, il se calomnie, il s'envoie sur l'échafaud,* etc. Cela serait moins inconcevable si Spinosa s'était représenté Dieu comme un assemblage de plusieurs parties distinctes ; mais il l'a réduit à la plus parfaite simplicité, à l'unité de substance, à l'indivisibilité. Il débite donc les plus infâmes et les plus furieuses extravagances qui se puissent concevoir, et infiniment plus ridicules que celles des poètes touchant les dieux du paganisme. Je m'étonne, ou qu'il ne s'en soit pas encore aperçu, ou que, les ayant envisagées, il se soit opiniâtré dans son principe. Un bon esprit aimerait mieux défricher la terre avec ses dents et ses ongles que de cultiver une hypothèse aussi choquante et aussi absurde que celle-là ([1]). »

Tel est le panthéisme maçonnique.

Considéré en lui-même, il n'a aucune valeur philosophique, puisqu'il ne repose que sur une fausse définition de la substance.

Envisagé au point de vue de ses auteurs, il peut prononcer deux noms : Spinosa et Adam Weishaupt. « Le premier, dit Feller, était un homme petit, jaunâtre ; il avait quelque chose de noir dans sa physionomie et portait sur son visage un caractère de réprobation. Ces traits sinistres n'ont rien d'étonnant dans un homme qui a érigé le premier l'athéisme en système, et en un système si déraisonnable et si absurde que Bayle lui-même n'a trouvé dans le Spinosisme que des contradictions et des hypothèses absolument insoutenables...

---

1. Bayle, *Dictionnaire.*

Le but principal de Spinosa, qui de Juif s'était fait un
moment calviniste, — a été de détruire toutes les religions en introduisant l'athéisme. Il soutient hardiment
que Dieu n'est pas un être intelligent, heureux et infiniment parfait; mais que ce n'est autre chose que cette
vertu de la nature qui est répandue dans toutes les
créatures... A la fin de la première partie de son traité de morale, il nie, d'après Lucrèce, « que les yeux
soient faits pour voir, les oreilles pour entendre, les dents
pour mâcher, l'estomac pour digérer; » il traite de préjugé de l'enfance le sentiment contraire... Spinosa avait
un tel désir d'immortaliser son nom qu'il eût sacrifié
volontiers à cette gloire la vie présente, eût-il fallu être
mis en pièces par un peuple mutiné : autre vanité ridicule dans un athée. C'est ce fanatisme plus ou moins
vif de vanité, d'ostentation, de singularité, qui anime
presque tous les ennemis de la religion, et fait le grand
mobile de ceux qu'on appelle aujourd'hui *philosophes*...
Vieux avant le temps, Spinosa fut attaqué d'une maladie dont il mourut en 1677, âgé de 45 ans. »

Voilà l'aïeul des Francs-Maçons et leur docteur. Il
avait quitté le Judaïsme pour avoir reçu un coup de
couteau d'un Juif en sortant de la comédie ; puis il
rompait avec le Calvinisme pour raisonner et dérai-
sonner à son aise ; finalement on le vit choir aux abîmes qui s'ouvrent toujours sous les pas de l'orgueil-
leuse raison quand elle combat la Révélation divine
au lieu de s'éclairer de ses lumières et de se fortifier de
son infaillible appui.

Adam Weishaupt, le vrai père de la Maçonnerie
moderne, n'était pas moins orgueilleux que Spinosa.

Procédant à la façon allemande, il commença par dévorer les ouvrages qui traitaient de Maçonnerie. Il étudia les auteurs anglais et français, et se composa un système à lui, qu'il décora du nom d'*Illuminisme*. Ce fut ce système, fondé sur le Spinosisme comme doctrine, qui fut adopté à Wilhemsbad, ainsi que nous l'avons dit, et qui a prévalu dans la Maçonnerie. A l'heure présente, il est florissant dans toutes les loges du continent européen.

Certes les Francs-Maçons n'ont pas lieu d'être fiers de leur auteur. En effet, voici comment l'a dépeint un écrivain qui l'avait étudié à fond : « Ce fut sous ces auspices que, vers l'année 1748, naquit en Bavière un impie appelé Adam Weishaupt, plus connu dans les annales de sa secte sous le nom de *Spartacus*. Phénomène odieux dans la nature, athée sans remords, hypocrite profond, sans aucun de ces talents supérieurs qui donnent à la vérité des défenseurs célèbres, mais avec tous ces vices et toute cette ardeur qui donnent à l'impiété et à l'anarchie de grands conspirateurs, ce désastreux sophiste ne sera connu dans l'histoire que comme le démon, par le mal qu'il a fait et par celui qu'il projetait de faire. Son enfance est obscure et sa jeunesse ignorée. Dans sa vie domestique, un seul trait échappe aux ténèbres dont il s'environne, et ce trait est celui de la dépravation, de la scélératesse consommée. Incestueux sophiste, c'est la veuve de son frère qu'il a séduite ; père atroce, c'est pour l'infanticide qu'il sollicite le fer et le poison ; exécrable hypocrite, il presse, il conjure et l'art et l'amitié d'étouffer l'innocente victime, l'enfant dont la naissance trahirait les mœurs du père. Le scandale qu'il redoute n'est pas celui du crime, c'est celui qui, rendant sa dépravation publique, le priverait de son autorité sur des élèves qu'il conduit aux forfaits sous le masque de la vertu. Pour juger de son crime, il suffit de l'entendre en expliquer lui-même tout l'objet dans ses lettres secrètes ([1]). »

J'ai dit que les Francs-Maçons ne doivent pas être fiers de Weishaupt, et vraiment ils l'ont peu acclamé. Pourquoi ? A-t-il manqué de génie ? Non, évidemment, puisque Louis Blanc a dit que le père de l'Illuminisme allemand est le plus fameux de tous les conspirateurs. Sa haine contre JÉSUS-CHRIST a-t-elle manqué d'ardeur ou de cynisme ? Non plus, car si Voltaire a essayé de détruire le christianisme en lançant contre lui ses phalanges d'écrivains impies, Weishaupt a organisé, dans le même but, une société universelle, la Maçonnerie illuminée, dont l'impiété pervertirait le monde entier, si Dieu lui-même ne l'arrêtait. Malgré cela, Weishaupt a été jeté à l'oubli, et il y demeurera par ce motif, nous l'avons dit, qu'il s'est repenti de ses crimes et s'est fait catholique, au point de mendier pour pouvoir construire une église à JÉSUS-CHRIST.

Si Littré ne s'était pas fait baptiser avant de mourir, son nom eût été grand dans la Maçonnerie, car il en propageait les erreurs ; mais il est probable qu'on le laissera aussi dans l'oubli et que sa mémoire, comme celle de Weishaupt, sera, ainsi qu'ils s'expriment, *mise en sommeil*.

Bien autre est le christianisme !

---

[1]. Le lecteur qui voudra voir ces lettres nauséabondes, les trouvera dans l'*Abrégé des mémoires du Jacobinisme*, par Barruel, tome II, p. 3.

Considéré comme doctrine, il défie les attaques de la raison, qu'il surpasse de toute la distance qu'il y a entre le fini et l'infini, sans jamais la blesser cependant; tant il est vrai que les vérités de foi ne sont que le couronnement des vérités de raison.

Envisagé dans son origine, le christianisme est, non seulement une doctrine, mais encore un fait, qui plonge ses racines jusque dans les entrailles de l'humanité. En effet, dit saint Jean dans son Apocalypse, *Agnus occisus est ab origine mundi :* l'Agneau a été immolé dès l'origine du monde, quand le Verbe Éternel s'est offert à son Père, en lui promettant de se faire homme afin de pouvoir, en souffrant, sauver l'humanité coupable.

Cet Agneau divin, les sacrifices sanglants du peuple juif et de tous les peuples païens l'ont figuré pendant quatre mille ans jusqu'au jour où Jean-Baptiste s'est écrié : *Ecce Agnus Dei qui tollit peccata mundi :* Voici l'Agneau de Dieu qui porte les péchés du monde; jusqu'au jour où il a été immolé au Calvaire, sous les yeux de sa Mère, qui s'unissait à son sacrifice, et à la vue de l'univers entier, qui a pu le contempler entre le ciel et la terre, sur sa croix désormais glorieuse.

Depuis cette heure solennelle, l'Agneau divin est offert en tous lieux et à tout moment pour le salut du monde; à chaque instant le prêtre à l'autel l'élève entre ses mains en disant : *Ecce Agnus Dei :* Voici l'Agneau de Dieu. Jusqu'à la fin du monde la doctrine chrétienne sera annoncée dans tout l'univers pour y propager la vraie lumière, dont l'Illuminisme maçonnique n'est que l'envers, et le sacrifice de la Messe ne cessera qu'avec le monde.

Quelle grandeur donc d'une part, et de l'autre quelle abjection! Le panthéisme mis en face du christianisme, c'est le singe devant Dieu. Oserons-nous comparer Spinosa et Weishaupt à JÉSUS-CHRIST? Non, nous croirions blasphémer. Passons donc outre, et montrons que le panthéisme maçonnique est inconséquent.

### 2. LE PANTHÉISME MAÇONNIQUE EST INCONSÉQUENT AVEC LUI-MÊME.

LES Francs-Maçons n'ont pas, comme on dit, la force de leurs opinions ; ils sont illogiques, inconséquents ; disons le mot propre : ils ne sont pas de bonne foi.

En effet, ils affirment, sans le prouver, que le Dieu des chrétiens n'existe pas, que le ciel est vide et que seul l'homme est Dieu,

D'après eux et avec leur docteur Spinosa, il ne faut admettre que le dieu Nature, en qui il n'y a qu'une substance, se modifiant de toutes les façons que nous voyons, soit dans les corps, soit dans les esprits, soit dans la pierre, la plante, l'animal, l'homme... J'allais dire l'ange, mais j'oubliais que le ciel est vide, et qu'au-dessus de l'homme il n'y a plus rien : ni Dieu, ni anges, ni démons.

Admettons, ce qui est inadmissible toutefois, que ce système soit vrai, comme ont l'air de le croire MM. les Francs-Maçons, puisqu'ils le disent ; et raisonnons en conséquence.

Puisqu'il n'y a qu'une seule substance qui est dieu, et que tous les êtres, esprits ou corps, ne sont que des modifications de cette unique substance, dieu lui-même par conséquent, sous un aspect ou sous un autre, il faut conclure que tous les hommes, pour le moins, sont frères, et que toutes les âmes sont sœurs. En raisonnant rigoureusement, il faudrait dire qu'il n'y a qu'une seule âme : celle du dieu nature, l'âme universelle, et que l'âme de Judas est la même que l'âme de saint Vincent de Paul, quoique celui-ci semât l'argent que l'autre entassait par avarice.

Soit ! tous les hommes sont faits par le dieu Nature, ou, si l'on veut, par mère Nature. Dans cette hypothèse, ce que Dieu fait est bien fait, et nul ne peut trouver mauvais que son frère ne lui ressemble pas, au physique pas plus qu'au moral. Je suis ce que la Nature m'a fait, je pense comme elle m'inspire de penser, je vais où elle me pousse et je fais ce que l'âme universelle me fait faire. La haine d'un homme contre un autre homme est donc une monstruosité, et c'est sans doute pour cela que les Maçons se traitent de Frères.

D'après ce système, évidemment c'est le dieu Nature qui a fait les chrétiens et les catholiques comme les Francs-Maçons, la doctrine du christianisme comme celle de Socin ; pourquoi donc les Maçons n'aiment-ils pas les *cléricaux* et les poursuivent-ils en disant : *Voilà l'ennemi !* Suis-je coupable, moi, si le dieu Nature m'a fait ce que je suis ? Si j'ai le malheur d'être disgracié de la Nature jusqu'à être, selon vous, dans l'erreur, je ne puis m'expliquer comment cela peut se faire, puisque après tout, je suis dieu comme vous; et puisque « *tant vaut l'homme, tant vaudra le dieu,* » je ne sais pourquoi vous vous estimez plus grand dieu que moi;

j'ignore surtout pourquoi vous me haïssez, parce que je suis un *dieu clérical*. Le dieu clérical est-il un dieu inférieur, je vous prie, dites-le-moi ? Quand même vous seriez, Messieurs les Maçons, des dieux supérieurs, serait-ce une raison de me haïr ? Les dieux antiques, dont parle Homère, luttaient ensemble et se blessaient parfois : est-ce une raison pour les dieux spinosistes d'imiter leur exemple ?

Mais, Messieurs les Maçons, portons la question sur son vrai terrain, et parlons sincèrement : dites-nous pourquoi vous haïssez JÉSUS-CHRIST, jusqu'à bannir, si vous le pouviez, son image de tous les yeux, son souvenir de toutes les mémoires, son nom de toutes les bouches, son amour de tous les cœurs ?

Est-ce que JÉSUS-CHRIST n'est pas au moins un homme ? Et puisqu'il est homme, il est donc comme vous un fils du dieu Nature. Pourquoi le persécutez-vous en lui-même et dans les chrétiens ?

C'est vrai, JÉSUS-CHRIST a sa physionomie à part, son caractère, sa doctrine, sa vie et sa mort marqués d'un cachet spécial ; JÉSUS-CHRIST émerge du milieu de l'humanité comme une personnalité mystérieuse, devant laquelle les génies se sont arrêtés pleins d'admiration, devant qui les puissants se sont inclinés avec respect ; et d'après vous, il est tel que le dieu Nature l'a fait : vous ne devez donc pas nourrir contre lui, dans vos cœurs, ces sentimens hostiles qu'expriment si souvent vos paroles et vos actes. Judas, fils de Jacob, disait à ses frères en parlant de Joseph : « Que nous servira d'avoir tué notre frère et d'avoir caché sa mort ? Il vaut mieux le vendre à ces Ismaélites et ne point souiller nos mains de son sang, car il est notre frère et notre chair : *Caro nostra est.* » Est-ce que JÉSUS-CHRIST n'est pas aussi notre frère, notre chair, le fils de Marie notre sœur ?

Né il y a 1883 ans, il a été assez puissant pour imposer à l'humanité l'heure de sa naissance comme le point de départ de la mesure du temps et des années. Malgré vos répugnances, Messieurs les Maçons, vous êtes encore forcés de dater vos actes et vos écrits publics de ce fait mystérieux dont fut témoin la crèche de Bethléem : la naissance de JÉSUS.

JÉSUS a voulu que l'humbe Vierge sa Mère vît à ses pieds les femmes les plus illustres de la terre, les impératrices et les reines, et que son père nourricier, Joseph le charpentier, fût connu, aimé et honoré dans le monde entier.

JÉSUS a jeté au vent des plaines et des collines sa parole, qui tombait de ses lèvres sans études, sans travail, et cependant toujours aussi sublime que simple ; cette parole, confiée au sillon de l'humanité voyageuse, a porté des fruits d'une saveur divine. JÉSUS, Messieurs, est-il donc indigne d'être dit le fils de votre dieu Nature ?

Il est allé au bord du lac de Tibériade. Là il y avait de pauvres et ignorants bateliers, ne sachant que lancer et raccommoder leurs filets, poursuivant comme tous les autres hommes de leur condition, les rêves de bonheur de la vie terrestre : *Suivez-moi,* leur dit JÉSUS, *je ferai de vous des pêcheurs d'hommes.* Ils le suivirent, et l'on sait ce qu'ils sont devenus : les hérauts du CHRIST dans le monde entier. Le plus beau monument de la terre sert à ombrager la tombe glorieuse du pêcheur de Galilée, Pierre, chef de la dynastie impérissable des Papes, qui ont commandé à l'univers catholique avec une sagesse qui ne se dément jamais.

Jésus a demandé à l'humanité de consacrer son intelligence à le connaître, son cœur à l'aimer, sa volonté à réaliser ce qu'il a voulu; il lui a dit : *Je suis ton Roi !* Et voici que toute génération qui s'est levée lui a donné des apôtres, des martyrs, des docteurs, des vierges, des missionnaires, des serviteurs en nombre infini. Son Sépulcre, conservé par miracle, a vu passer et repasser les nations qui le vénéraient; sa Croix, le trône où il lui a plu d'expirer, attire le monde à soi. Ce fils de votre dieu Nature est-il assez grand, assez aimé ? Y a-t-il dans l'histoire des peuples une plus noble figure, dites-le-nous ? Pourquoi donc voulez-vous que l'enfance ne la contemple pas, elle qui a tant besoin de modèle ? A sa place que mettrez-vous ? Vous ne voulez pas du Christ Jésus: comme les Juifs préférerez-vous Barabbas?

Vos pères, les panthéistes de 93, eurent à certaines heures des lueurs de bon sens, et c'en est une qui leur montra en Jésus le plus grand ami du peuple. Ils l'acclamèrent comme tel. Vous êtes loin de vos pères, vous qui haïssez le Sauveur du monde.

Un écrivain moderne, avec les couleurs de son style oriental, a voulu peindre notre auguste Maître, l'Homme-Dieu, Jésus. Jésus avait été frappé chez Caïphe, harcelé, tourné en ridicule; chez Pilate il fut habillé par les soldats romains à la façon d'un roi de théâtre, livré à la risée de la populace : l'auteur de la *Vie de Jésus*, qu'il me permette de le dire, renouvela dans ses pages ces deux scènes et la passion tout entière. Cependant, je l'avoue, il ne craint pas de le présenter comme la plus haute expression de l'Être.

Parlant des personnages à ses yeux les plus élevés, comme Platon, saint Paul, saint François d'Assise, saint Augustin, il se demande s'ils étaient déistes ou panthéistes. «Ils sentaient, dit-il, le divin en eux-mêmes. — Au premier rang de cette grande famille des vrais fils de Dieu, il faut placer Jésus. Jésus n'a pas de visions ; Dieu ne lui parle pas comme à quelqu'un hors de lui ; Dieu est en lui ; il se sent avec Dieu, et il tire de son cœur ce qu'il dit de son Père. Il vit au sein de Dieu par une communication de tous les instants; il ne le voit pas, mais il l'entend, sans qu'il ait besoin de tonnerre et de buisson ardent... Il se croit en rapport direct avec Dieu, il se croit fils de Dieu. La plus haute conscience de Dieu qui ait existé au sein de l'humanité a été celle de Jésus. »

On ne saurait revêtir l'erreur de plus de charmes ondoyants et la mieux déguiser. Mettre Jésus au premier rang des nobles intelligences, c'est le faire choir du trône de la Divinité au rang de ses créatures, si nobles soient-elles. C'est là un blasphème judaïque, mais ce blasphème, ici, est parfumé.

Cette phrase : « *La plus haute conscience de Dieu qui ait existé au sein de l'humanité a été celle de* Jésus,» est du panthéisme pur ; mais cette affirmation sacrilège prend la tournure d'une louange, et c'en est une aux yeux du panthéiste, puisque par là Jésus est placé à la cime de l'humanité, si bien que le dieu Nature, qui n'a conscience de lui-même que dans l'homme ou dans l'humanité, n'a jamais été plus loin : « *La plus haute conscience de Dieu qui ait existé au sein de l'humanité a été celle de* JÉSUS. »

Plus loin, le même auteur ajoute : « Plaçons donc au plus haut sommet de la grandeur humaine la personne de JÉSUS. »

Oui, accordez-lui cet honneur, puisque JÉSUS est homme ; mais ne lui arrachez pas du front la couronne de sa Divinité. Vous faites JÉSUS trop grand pour qu'il ne soit qu'un homme, et trop petit, puisqu'il est Dieu. Pour arriver à n'être pas tout à fait déraisonnable vous-même, vous avez recours aux idées du panthéisme et, vous mettant en face de cette substance unique imaginée par Spinosa, ou plutôt mieux décrite par lui, vous en examinez les évolutions diverses, comme corps et esprits, et puis, portant votre jugement, vous dites que jamais ce Dieu n'a été plus grand qu'en JÉSUS. Encore une fois, cette louange est un blasphème ; mais nous en prenons acte et nous demandons encore une fois aux panthéistes d'à présent pourquoi, au lieu de s'aimer eux-mêmes en aimant la plus haute expression du Dieu qu'ils sont eux-mêmes, ils le haïssent ; quelle inconséquence !

Rapportons encore du même auteur ces paroles étranges :

« Sa tête s'inclina sur sa poitrine, et il expira.

« Repose maintenant dans ta gloire, noble initiateur : ton œuvre est achevée ; ta Divinité est fondée. Ne crains plus de voir crouler par une faute l'édifice de tes efforts. Désormais hors des atteintes de la fragilité, tu assisteras, du haut de la paix divine, aux conséquences infinies de tes actes. Au prix de quelques heures de souffrances, qui n'ont pas même atteint ta grande âme, tu as acheté la plus complète immortalité. Pour des milliers d'années le monde va relever de toi ! Drapeau de nos contradictions, tu seras le signe autour duquel se livrera la plus ardente bataille. Mille fois plus vivant et mille fois plus aimé depuis ta mort que durant les jours de ton passage ici-bas, tu deviendras à tel point la pierre angulaire de l'humanité, qu'arracher ton nom de ce monde serait l'ébranler jusqu'aux fondements. Entre toi et Dieu on ne distinguera plus. Pleinement vainqueur de la mort, prends possession de ton royaume, où te suivront, par la voie royale que tu as tracée, des siècles d'adorateurs. »

Oui, Monsieur Renan, vous l'avez dit : « *Arracher le nom de* Jésus *de ce monde serait l'ébranler jusqu'aux fondements !* » Eh bien ! c'est ce qu'ils essaient aussi de faire de nos jours ; et comme leur œuvre marche pour le moment à leur gré, le monde commence à trembler. A quand la grande secousse ? Quoi qu'il en soit, *Stat Crux !* la Croix demeure, tandis que ses ennemis s'évanouissent, emportés comme la poussière, par le vent de l'oubli, et l'on peut dire d'eux avec l'Écriture : *Periit memoria eorum cum sonitu,* leur mémoire s'est éteinte avec le bruit de leur vie et de leur mort.

Cette inconséquence du panthéisme maçonnique a été signalée il y a longtemps d'ailleurs, tant elle est flagrante. Il suffit de réfléchir un instant pour en être frappé. Au XVII$^e$ siècle, Bayle, que j'ai déjà cité, faisait voir que l'hypothèse de Spinosa rendait ridicules toute sa conduite et tous ses discours.

« Premièrement, disait-il, je voudrais savoir à qui l'on en veut quand il rejette certaines doctrines et qu'il en propose d'autres. Veut-on apprendre des vérités ? Veut-il réfuter des erreurs ? Mais est-il en droit de dire qu'il y a des erreurs ? Les pensées des philosophes ordinaires, celles des Juifs, celles des Chrétiens, ne sont-elles pas des modes de l'Être infini aussi bien que celles de son *Éthique?* Ne sont-elles pas des réalités aussi nécessaires à la perfection de l'univers que toutes ses spéculations ? N'émanent-elles pas de la cause nécessaire ? Comment donc peut-il prétendre qu'il y a là quelque chose à rectifier ? En second lieu, ne prétend-il pas que la Nature, dont elles sont les modalités, agit nécessairement, qu'elle va toujours son grand chemin, qu'elle ne peut ni se détourner ni s'arrêter, et qu'étant unique dans l'univers, aucune cause extérieure ne l'arrêtera jamais ni ne la redressera ? Il n'y a donc rien de plus inutile que les leçons de ce philosophe. C'est bien à lui, qui n'est qu'une modification de la substance, à prescrire à l'Être infini ce qu'il faut faire ! Cet Être l'entendra-t-il ? Et s'il l'entendait, pourrait-il en profiter ? N'agit-il pas toujours selon toute l'étendue de ses forces, *sans savoir ni où il va ni ce qu'il fait ?* Un homme comme Spinosa se tiendrait fort en repos s'il raisonnait. S'il est possible qu'un tel dogme s'établisse, dirait-il, la nécessité de la nature l'établira sans mon ouvrage ; s'il n'est pas possible, tous mes efforts n'y feront rien (¹). »

« Nous ajouterons aux remarques de Bayle, dit Rohrbacher, que si, comme l'assure le juif Spinosa,

---

1. Bayle, *Dictionnaire.*

les créatures ne sont que des modifications de Dieu, toutes les créatures méritent un culte divin ; l'Égyptien avait raison d'adorer le bouc de Mendès, le bœuf de Memphis, les chats de Bubaste, etc.; les Hindous ont raison d'adorer, non seulement le soleil, la lune, la mer, mais encore la paille, le couteau, le bassin, etc., dont ils se servent pour offrir le sacrifice. Enfin, si tous les hommes ne sont que des modifications de la Divinité, il s'ensuit que toutes les actions humaines, y compris le vol, le meurtre, le parricide, le régicide, l'adultère, l'inceste, les impuretés les plus exécrables, sont des actions divines, qui méritent nos respects et nos adorations, surtout dans ceux qui ont la force et qui, dans le système du juif Spinosa, sont les seuls et suprêmes régulateurs de la religion et de la morale (¹).»

J'ai le droit de conclure de cet exposé que le panthéisme maçonnique, pour être conséquent avec lui-même, devrait aimer tous les hommes et apprendre à ses adeptes à les aimer, comme le fait le christianisme. Après nous avoir enseigné que nous avons tous le même Père, qui est aux cieux, et que nous sommes tous frères, JÉSUS-CHRIST nous commande de nous aimer les uns les autres. « *Je vous donne*, dit-il, *un commandement nouveau: aimez-vous mutuellement.* » *Chérissez vos ennemis eux-mêmes*, ajoute-t-il. Pourquoi? Ils ont le même Père que vous. En effet, un père regarde comme fait à lui-même ce que l'on fait à ses enfants, et vainement un homme prétendra qu'il aime un père de famille s'il nourrit quelque haine contre l'un de ses enfants: il en est de même de Dieu. C'est

---

1. *Histoire de l'Église*, t. XXVI, p. 417.

pourquoi il nous est commandé par la religion chrétienne de donner à nos ennemis, non pas des témoignages d'une amitié particulière, mais les marques de
l'amitié ordinaire. Les âmes généreuses vont plus loin,
et le Sauveur, pour les encourager, a pardonné à ses
bourreaux et prié pour eux. Toujours il s'est montré
patient pour ses ennemis, n'usant jamais durant sa vie
mortelle de son infinie puissance pour les frapper.

Si donc les Francs-Maçons avaient foi en leur système panthéiste, et qu'ils crussent réellement à leur
dieu Nature, ils devraient regarder tous les hommes
comme leurs frères. Si, réellement, ils croyaient que le
Dieu des chrétiens n'existe pas et que nous sommes
dans l'erreur, au lieu de nous haïr ils devraient nous
plaindre; et puisqu'ils ont inventé à leur profit le faux
dogme de la liberté de conscience, ils devraient être
logiques et en faire bénéficier les cléricaux. Qu'en est-
il ? Tout le monde le sait: il suffit d'être catholique
pour être, de leur part, un objet d'aversion et en butte
à leurs attaques. Comme au temps des martyrs, aujourd'hui c'est un crime d'être chrétien. Malheur à
ceux qui remplissent leur devoir religieux! La défa-
veur les attend.

Donc les Francs-Maçons sont inconséquents, par ce
motif qu'ils ne croient pas à leur propre doctrine, à leur
dieu Nature. Ils n'ont pas la foi panthéiste, et partant
ils ne croient pas, en général du moins, ce qu'ils disent,
ce qu'ils écrivent, ce qu'ils osent publier et jeter à
tous les vents par leurs bulletins maçonniques, quand
ils prétendent que le Dieu des chrétiens n'existe pas,
que notre ciel est vide, que jamais nous n'y verrons

notre Créateur et Père; finalement, qu'il n'y a pas d'autre divinité que le monde et que « tant vaut l'homme, tant vaudra le dieu ». Disons le mot propre: ces Messieurs sont de MAUVAISE FOI. Qu'ils prouvent le contraire s'ils en sont capables.

### 3. LE PANTHÉISME MAÇONNIQUE EST SATANIQUE.

PUISQUE l'homme est essentiellement un être raisonnable, il est dans sa nature de n'être pas inconséquent, c'est-à-dire déraisonnable. Quand donc on le trouve volontairement et sciemment en désaccord avec la vérité, il faut chercher l'explication de cet égarement coupable dans quelque passion favorisée chez lui par l'erreur. C'est bien alors qu'il faut se souvenir, pour arriver au vrai, de cette maxime si familière aux magistrats: « *Is fecit cui prodest*: l'auteur du fait est celui à qui cela profite. » J'ai nommé au sujet du panthéisme en général et du panthéisme maçonnique en particulier, Satan, le révolté.

Jeter un voile sur les perfections infinies de Dieu, surtout sur sa bonté, afin que l'homme ne l'aime pas; le peindre comme un tyran cruel, pour que l'homme le blasphème et le haïsse; exalter les droits de l'homme jusqu'à la plus extrême indépendance; finalement, jeter Dieu à bas de son trône éternel et de ses autels, pour y mettre à sa place la créature, telle a toujours été la tactique savante de Satan dans sa guerre contre la Divinité et l'humanité; c'est aussi la tactique que l'on retrouve dans le panthéisme maçonnique, à la fois comme résultat et comme moyen d'action.

Rappelons d'abord que, dans l'échelle des êtres créés, il y a au sommet les esprits purs ou intelligences célestes, faites pour subsister sans être unies à un corps; puis l'homme, dit l'Écriture, « placé un peu au-dessous des anges : *paulo minus ab angelis;* » l'homme est composé d'une âme spirituelle unie à un corps matériel.

Une partie des intelligences célestes s'était révoltée, Lucifer à sa tête, contre le Créateur et souverain Maître de toutes choses, en lui refusant obéissance. Dieu avait puni ces rebelles, et l'enfer s'était ouvert pour devenir la demeure de ces déshérités du ciel: qu'y a-t-il loin de Dieu, pour un ange ou pour un homme, sinon l'enfer, au moins commencé? Dieu c'est la vie des intelligences et des âmes, comme l'âme est la vie du corps.

« Je voyais Satan, dit JÉSUS-CHRIST, tombant du ciel comme l'éclair. » Pourquoi ? « Il n'est pas resté dans la vérité. »

La vérité est que tous les anges devaient arriver au bonheur éternel, pour lequel ils étaient créés, par le secours de Dieu: ils voulurent, ceux qui s'abandonnèrent à l'orgueil, y arriver par eux-mêmes. « Je me placerai au-dessus des nuées les plus élevées et je serai semblable au Très-Haut, » disait Lucifer. (*Isaïe*, XII, 14.) C'est pourquoi il fut foudroyé, lui et ses complices; mais Dieu leur laissa leur intelligence naturelle, désormais tournée au mal, avec la liberté de tenter l'homme, pour éprouver sa vertu, dans la mesure où le permettrait la Sagesse divine.

Ces faits sont gravés dans les Livres Sacrés, que les Juifs vénèrent comme les Chrétiens, et qu'ils ont emportés partout avec eux ; ils ont eu un écho chez tous les peuples de la terre, qui ont peu à peu défiguré plus ou moins les traditions primitives.

Satan est donc bien désigné par le nom de *Tentateur*, puisque désormais, privé de la vue de Dieu et de son amour, il ne sait plus que haïr le Créateur avec toutes les créatures. Un poète anglais représente quelque part Satan allant à travers les mondes à la découverte de l'homme, dont il connaissait l'existence. Tout à coup il se trouve en face du soleil, qui lançait sur le monde terrestre ses flots de lumière et de feu ; Lucifer s'arrête émerveillé et s'écrie : Soleil, que tu es beau ! Mais bientôt, songeant que ce bel astre est l'œuvre du Créateur, son ennemi : Soleil, je te hais ! s'écrie-t-il alors. Satan hait ce qui vient de Dieu, tout être par conséquent.

J'ai dit que la tactique du tentateur est d'empêcher l'homme de connaître Dieu, de peur qu'en le connaissant il ne l'aime et ne soit heureux, en même temps que Dieu glorifié.

Satan sait mieux que nous la vérité de ces paroles de Jésus-Christ : *Hæc est vita æterna ut cognoscant te, solum Deum verum, et quem misisti, Jesum Christum :* La vie éternelle consiste à vous connaître, vous seul, vrai Dieu, avec Jésus-Christ, que vous avez envoyé.

Quel profit a donc cet esprit déchu à empêcher, soit la gloire de Dieu, soit le bonheur des hommes ? Nous l'avons dit : le plaisir de la vengeance, qui est, a-t-on dit, celui des dieux, mais des dieux infernaux ; car le seul vrai Dieu est miséricordieux jusqu'à l'infini, au point de fatiguer l'homme à force de lui offrir son pardon. Qui ne sait, en effet, comment l'envie pousse ceux

qui la nourrissent dans leur sein à s'affliger et à s'irri-
ter du bonheur d'autrui ; à traverser ses entreprises de
mille entraves, pour les faire choir à leur tour dans la
misère morale ou physique ? Si déjà cet ignoble sentiment, de la part des hommes, enfante sur la terre tant
et de si grands maux, quelles calamités n'a-t-il pas
jetées, plus grandes encore, dans le sein de l'humanité
par le fait du tentateur !

« Assurément, disait-il à notre première mère, si
vous mangez de ce fruit, vous ne mourrez point. Mais
c'est que Dieu sait qu'aussitôt que vous en aurez man-
gé, vos yeux seront ouverts et que vous serez comme
des dieux : — *Eritis sicut dii*, connaissant le bien et le
mal : — et il ne veut pas que vous deveniez semblables
à lui. »

Le démon parlait de la sorte à Ève, dit la Genèse,
caché sous la forme du serpent ; essayant de la tromper
et de l'éloigner de Dieu, qu'il peignait aux yeux de la
mère du genre humain tel qu'un maître jaloux et cruel.
*Hæc est vita æterna…* Connaître Dieu tel qu'il est, c'est
la vie éternelle, et Satan hait la vie éternelle.

Sur certaines lèvres j'aperçois un sourire qui semble
dire : Un serpent qui parle ! Qu'un Juif le croie, mais
pas moi.

Celui qui parle ainsi croit peut-être plus que moi aux
tables parlantes, et si je lui disais que jamais table n'a
parlé ni écrit, il hausserait les épaules en s'écriant : Ce
sont des faits, constatés par des milliers de témoins…
rien n'est brutal comme un fait certain.

Eh bien, si un esprit peut parler par une table, pourquoi pas par un serpent vrai ou apparent ?

Que les esprits produisent des sons au moyen d'un corps quelconque, il faut bien le croire, puisque nous parlons. Je conçois une idée, je la fixe dans mon âme, spirituelle comme l'idée, sa fille, et puis je l'envoie au monde de mes lecteurs ou de mes auditeurs, par l'écriture ou par la voix, choses sensibles ; qu'est-ce cela, sinon un esprit parlant par un corps ? Dire qu'un esprit est incapable de produire les sons qu'il veut est inepte. L'Évangile, d'ailleurs, est plein de récits et de faits où Satan parle : ce sont des faits certains.

En tout cas, à celui qui ne voudrait pas se rendre à cette observation je dirais, en imitant saint Augustin : Expliquez-moi comment une âme spirituelle peut s'exprimer avec des organes corporels, et alors je me charge de vous expliquer aussi comment un serpent ou un âne peuvent parler. En un mot, expliquez-moi le mystère du verbe humain, et je vous expliquerai le mystère du serpent qui parle.

On sait les résultats de ce premier assaut livré par Satan à nos premiers parents ; ils furent terribles pour eux et pour nous. L'ignorance à laquelle fut condamnée l'humanité par suite du péché originel enveloppa l'esprit de l'homme comme d'un voile qui lui cacha Dieu. La corruption, effet de l'ignorance, envahit peu à peu la terre : la culte du vrai Dieu ne tarda pas à être abandonné par les enfants de Seth, à l'instigation des enfants de Caïn ; l'indépendance de la raison foula aux pieds des lois divines et plaça sur l'autel la créature, objet de son adoration. Dieu dit alors : « Mon esprit ne demeurera pas pour toujours avec l'homme, parce qu'il n'est que chair : *Quia caro est.* »

Il fallut le déluge pour laver la terre de toutes ses iniquités.

Dieu conserva le genre humain avec Noé et sa famille. Les traditions primitives échappèrent ainsi au naufrage universel, et le culte religieux dû au Créateur se perpétua sur la terre.

L'erreur cependant ne tarda pas à voiler de nouveau la vérité, et Dieu, pour empêcher le mensonge de l'idolâtrie de triompher dans tout l'univers, se choisit un peuple, dont Abraham fut le chef, peuple que Moïse arracha de l'Égypte et qu'il conduisit jusqu'à la terre promise, où il vécut jusqu'au jour où Jérusalem déicide tomba sous les coups des armées romaines.

Durant les siècles qui s'écoulèrent depuis le déluge jusqu'à l'ère chrétienne, que faisait l'esprit d'erreur ?

A cette question Bossuet va répondre. Peut-être ce génie trouvera-t-il quelque respect encore devant nos incrédules modernes, qui semblent avoir confisqué à leur profit tout l'esprit du monde pour ne laisser aux catholiques que la superstition et l'ignorance en partage, qui en arrivent à croire qu'une chose est vraie parce qu'ils l'affirment et fausse quand ils la nient. Comme Jean-Jacques Rousseau les a bien peints quand il a dit des prétendus philosophes de son temps : « Quand les philosophes seraient en état de découvrir la vérité, qui d'entre eux prendrait intérêt à elle ? Chacun sait bien que son système n'est pas mieux fondé que les autres ; mais il le soutient parce qu'il est à lui. Il n'y en a pas un seul qui, tenant à connaître le vrai et le faux, ne préférât le mensonge qu'il a trouvé à la vérité découverte par un autre. »

« Ainsi, dit Bossuet, selon la maxime de l'Évangile, l'homme étant dompté par le diable, il devint incontinent son esclave : *A quo enim quis superatus est, hujus et servus est ;* et le monarque du monde étant surmonté par ce superbe vainqueur, tout le monde passa sous ses lois. Enflé de ce bon succès et n'oubliant pas son premier dessein de s'égaler à la nature divine, il se déclare ouvertement le rival de Dieu, et, tâchant de se revêtir de la majesté divine, comme il n'est pas en son pouvoir de faire de nouvelles créatures pour les opposer au Maître, que fait-il ? « Du moins il adultère tous les ouvrages de Dieu, dit le grave Tertullien ; il apprend aux hommes à en corrompre l'usage ; et les astres, et les éléments, et les plantes, et les animaux, *il tourne tout en idolâtrie, il abolit la connaissance de Dieu,* et par toute l'étendue de la terre il se fait adorer à sa place, suivant ce que dit le Prophète : *Les dieux des nations, ce sont les démons.* C'est pourquoi le Fils de Dieu l'appelle « le prince de ce monde », et l'Apôtre, « le gouverneur des ténèbres », et ailleurs, avec plus d'énergie, « le Dieu de ce siècle : *Deus hujus sæculi* (1) ».

« J'apprends aussi de Tertullien, continue Bossuet, que, non seulement les démons se faisaient présenter devant leurs idoles des vœux et des sacrifices, le propre de Dieu, mais qu'ils les faisaient parer des robes et ornements dont se revêtaient les magistrats, et porter devant eux les faisceaux et les bâtons d'ordonnance, et les autres marques d'autorité publique, parce qu'en effet, dit ce grand personnage, « les démons sont les magistrats du siècle : *Dæmones sunt magistratus sæ-*

---

1. *Epist. II ad Cor.,* IV, 4.

*culi*». Et à quelle insolence, mes Frères, ne s'est point porté le rival de Dieu ? Il a toujours affecté de faire ce que Dieu faisait, non pas pour se rapprocher en quelque sorte de la sainteté, c'est sa capitale ennemie, mais comme un sujet rebelle qui, par mépris ou par insolence, affecte la même pompe que son souverain : *Ut Dei Domini placita cum contumelia affectans.* Dieu a ses vierges qui lui sont consacrées, et le diable n'a-t-il pas eu ses Vestales ? N'a-t-il pas eu ses autels et ses temples, ses mystères et ses sacrifices, et les ministres de ses impures cérémonies, qu'il a rendues, autant qu'il a pu, semblables à celles de Dieu? Pour quelle raison, Fidèles ? Parce qu'il est jaloux de Dieu et veut paraître en tout son égal. Dieu, dans la nouvelle Alliance, régénère ses enfants par l'eau du baptême; et le diable faisait semblant de vouloir expier leurs crimes par diverses aspersions : il promettait aux siens une régénération, comme rapporte Tertullien, et il se voit encore quelques monuments publics où ce terme est employé dans ses profanes mystères (¹). »

Où voulez-vous en venir, me dira-t-on, avec ces aperçus sur Satan?

Je veux montrer « qu'il n'y a rien de nouveau sous le soleil » et que l'action de Satan, constatée dans l'ancien monde, n'a pas cessé dans le monde nouveau. Par ses attaques furibondes, le Tentateur renversa la vérité chez les Gentils, et parfois même chez les Juifs, peuple élu de Dieu, l'idolâtrie régna en souveraine avant Jésus-Christ. « Quand le Sauveur parut, dit Bossuet, tout était Dieu excepté Dieu lui-même. » Le panthéisme

---

1. *Œuvres de Bossuet*, tome VIII.

avait été florissant en Égypte, dans l'Inde, en Grèce, sans parler des autres contrées.

Abattu par la Croix, il essaya de se relever çà et là vers le dixième siècle en Europe; passant par des alternatives de succès et d'insuccès, voici qu'il nous arrive porté entre les mains de la Franc-Maçonnerie, qui s'efforce à son tour de l'implanter parmi nous.

Quelle tactique emploie-t-elle pour y arriver? Celle de Satan.

La Maçonnerie travaille de nos jours ouvertement à jeter sur Dieu et son CHRIST un voile destiné à nous cacher peu à peu la vérité. Elle ôte de nos écoles et des livres classiques le nom de Dieu et celui de JÉSUS-CHRIST, afin d'éteindre dans les âmes la foi chrétienne, et chez les peuples les principes du christianisme. Elle a déclaré à l'Église catholique une guerre à mort; chaque jour elle lui ôte parmi nous quelque chose de ses droits et de sa liberté, et à l'heure présente comme au temps des persécutions sanglantes, c'est un crime d'être chrétien. Si le CHRIST vivait parmi nous, comme les Juifs ils seraient capables de le crucifier, puisqu'ils le persécutent dans ses membres.

Quels blasphèmes ne font-ils pas entendre contre le vrai Dieu, dont ils disent que ce n'est plus « qu'un bon vieux mot! » Avec quelle mauvaise foi ne présentent-ils pas à la foule ignorante les objections mille fois repoussées victorieusement par nos théologiens et nos philosophes touchant la justice divine et ses décrets dictés par la Souveraine Raison? Tandis qu'ils bafouent le Dieu Créateur, le Dieu Sauveur, ils exaltent d'une façon insensée les droits de l'homme, la souveraineté sans conteste et sans frein du peuple, jusqu'à faire de l'homme un dieu : « Tant vaudra l'homme, s'écrient-ils, tant vaudra le dieu. » Ils éditent des manuels, tous panthéistes, puisque pas un de ces livres n'affirme l'existence d'un Dieu Créateur.

Il n'est plus besoin chez eux de jeter Dieu à bas de son trône et de ses autels : c'est fait. A sa place ils ont mis le dieu Humanité, que le panthéisme adore, et c'est en son nom qu'ils prétendent exercer les fonctions sacerdotales à l'occasion de la naissance, du mariage et de la mort.

Que font-ils en singeant de la sorte le culte religieux du catholicisme et des rites sacrés, sinon suivre la voie dont parlait Bossuet à propos de Satan? « N'a-t-il pas eu, disait l'évêque de Meaux en commentant Tertullien, ses autels et ses temples, ses mystères et ses sacrifices, et les ministres de ses impures cérémonies, qu'il a rendues autant qu'il a pu semblables à celles de Dieu? Pour quelle raison, Fidèles? Parce qu'il est jaloux de Dieu et veut paraître son égal. »

Je remets à dessein ce passage de Bossuet sous les yeux du lecteur pour mieux faire apprécier ce qui va suivre. MM. les Maçons ont beau dire qu'il n'y a pas de sacrements maçonniques; s'ils pouvaient en créer, ils en créeraient; du moins ils veulent les imiter le plus possible : qu'on en juge par les extraits suivants empruntés à leurs journaux officiels.

## Baptême civil.

« Tenue bl∴ à la R∴ L∴ n° 17 *l'Indépendance.*

« Le F∴ Poncerot, député de la L∴, prend la présidence. Le F∴ Cuénot et notre S∴ Cuénot, portant sa fille, se placent en face du président. Notre frère Christman et M^elle Bouché, parrain et marraine, prennent place à leurs côtés. Le président leur adresse les questions suivantes :

« T∴ C∴ F∴ Christman, et vous, Mademoiselle, vous connaissez vos droits et vos devoirs vis-à-vis de cet enfant. Consentez-vous à lui servir de parrain et de marraine ? — Oui. »

« Promettez-vous d'user de votre influence et de votre pouvoir pour faire donner à cet enfant une éducation conforme aux principes de saine morale et dégagée des préjugés et de toute servitude intellectuelle ? — Oui. »

« Promettez-vous de ne contrarier en quoi que ce soit sa liberté, si, à l'âge de raison et de sa pleine volonté elle déclarait vouloir embrasser une religion quelconque. — Oui. »

« Nous prenons acte de vos promesses. »

« Les père et mère, le parrain et la marraine, le Président et le Secrétaire apposent leur signature sur l'acte, qui est ensuite revêtu du sceau de la L∴

« Puis on donne lecture de cette pièce.

« Alors le président invite les Maç∴ à se mettre debout *sans ordre.*

« Mes FF∴, dit-il, il nous reste un devoir à accomplir. Notre F∴ Cuénot présente son enfant au protectorat maç∴ et notre F∴ Christman lui sert de parrain.

« La Maç∴, en vertu de son principe de solidarité, doit confirmer cette acceptation par la sienne propre.

« FF∴ Maçons, consentez-vous ? — Oui.

« Consentez-vous à être les soutiens et les protecteurs *ignorés* de la Lowt∴ Cuénot, dite Espérance? — Oui.

« Jurez-vous de l'aimer, de l'aider, de la secourir dans les moments difficiles de la vie? — Nous le jurons.

« Au nom de la Franc-Maç∴ universelle et de la G∴ L∴ symbolique de France, je proclame la Lowt∴ Cuénot, dite Espérance, placée sous le protectorat maçonnique, et je fais pour elle les vœux les plus ardents de bonheur et de prospérité.

« En votre nom aussi, mes FF∴, je donne à notre enfant l'accolade fraternelle. » Le F∴ Poncerot embrasse la Lowt∴ Cuénot et la présente à l'assemblée au milieu des applaudissements redoublés.

« Le F∴ Cuénot reprend ses fonctions et adresse ses remercîments aux Maç∴ et à la L∴.

.   .   .   .   .   .   .   .   .   .   .   .   .   .   .   .   .   .   .   .   .

« La parole est donnée à M^me Hardouin.

« Enfant, dit-elle, ce n'est point au nom du Père, du Fils et du Saint-Esprit, ne faisant qu'un Dieu, que nous venons bénir ton entrée dans la vie ; c'est avec tout notre cœur que nous nous déclarons tes amis et les protecteurs de ta faiblesse.

« Nous ne prendrons en ton nom aucun engagement, nous ne t'imposerons aucun dogme ; nous ne voulons pour le moment que te sourire et t'aimer. »

Le discours continue longuement, émaillé à l'endroit du catholicisme d'aménités comme celle-ci : « Le maître, c'est la mère… et c'est pour cette raison que le catholicisme, voulant tenir le monde dans ses mains, a commencé par s'associer la femme en la flattant... Ferons-nous un crime à ces mères des croyances qu'elles doivent à une éducation faussée par une suite de préjugés et d'enseignements mystiques ?

« Non. Dans quelques années seulement nous aurons ce droit, puisque, sous la République, on a enlevé de l'école l'enseignement de la Bible...

« Citoyennes, le catholicisme a exploité notre nature sensible et portée à la rêverie dans l'inconnu. On nous a énervées avec la musique, avec l'encens et par les décors éblouissants des fêtes d'un culte qui, dans une froide simplicité, n'eût pas duré deux siècles, et qu'on a exploité depuis dix-huit cents ans...

« Pour cet enfant qui grandit, à la place des histoires de S. Joseph, de S. Ignace, de S. Labre, etc., prenons ces incomparables exemples qu'enfanta la grande Révolution. »

Finalement, que veut cette Dame-Orateur ?

« Former l'alliance des opprimés contre les oppresseurs, de la justice contre le privilège, de la liberté contre l'arbitraire. C'est alors qu'allant au combat, compacts, unis, forts, nous aurons la gloire de préparer le banquet de la paix et de la fraternité universelle. »

« Une double salve d'applaudissements prolongés accueille la fin de ce discours. Le Vén∴ présente à M^me Hardouin les plus chaleureux remercîments au nom de l'At∴...

« Le F∴ Janvier, Vén∴ de la R∴ L∴ *Bienfaisance et Progrès*, Or∴ de Boulogne-sur-Seine, notre S∴ L∴ affil∴, prend ensuite la parole.

« Il remercie d'abord les Dames de ce qu'elles ont osé

franchir notre temple d'excommuniés. Les femmes sont les premières éducatrices de nos enfants, c'est d'elles que dépend l'avenir de la République et de la Libre-Pensée. Qu'elles ne permettent jamais que les jeunes âmes soient empoisonnées par les prêtres, car il est impossible plus tard d'extirper complètement les erreurs. Les vieux dogmes empestent l'humanité.... Le F∴ Janvier termine en rappelant le but de notre adoption de ce soir et en engageant toutes les femmes à élever leurs enfants comme nous élevons les nôtres.

« Les paroles chaleureuses de notre F∴ Janvier ont produit une profonde sensation. Les applaudissements redoublés de l'assemblée ont témoigné qu'il frappait fort et juste, et que les assistants étaient en parfaite communauté d'idées avec lui.

« Le Vén∴ adresse de nouveau ses remercîments aux personnes qui ont bien voulu venir assister à cette cérémonie, et il espère qu'elle portera ses fruits.

Signé : Delhotal (¹). »

Est-il possible de nier que cette cérémonie maçonnique ne soit l'imitation du baptême catholique ? Seulement ils n'ont pas versé l'eau sur le front de l'enfant, mais ils s'en sont dédommagés en insultant à l'adorable Trinité : Père, Fils et Saint-Esprit, notre Dieu, devant qui s'est prosterné ce que l'humanité a eu de plus sublime comme intelligences, de plus saint comme vertus, de plus fier comme courages, de plus généreux comme dévouements, de plus délicat au sein des générations qui se sont levées depuis bientôt

---

1. *Bulletin maçonnique de la Grande-Loge symbolique écossaise,* n° 30, septembre, p. 176 et suivantes.

dix-neuf siècles. Tout ce grand passé a été souffleté, comme nous venons de le voir, par les personnages précités, là, dans le secret, en face d'un auditoire d'hommes, mais aussi de femmes attirées par une curiosité imprudente. Les malheureuses devraient savoir que le serpent n'est pas la seule forme qu'adopte Satan, et qu'il a pour porte-voix surtout des hommes et des femmes.

Ils affectent de dire que leurs Lowtons et leurs Lowtonnes, « à l'âge de raison et de pleine volonté, pourront déclarer vouloir embrasser une religion quelconque, » et cela, juste après avoir fait cette question aux parrain et marraine : « *Promettez-vous d'user de votre influence et de votre pouvoir pour faire donner à cet enfant une éducation conforme aux principes de saine morale et dégagée des préjugés et de toute servitude intellectuelle ?* »

Si l'enfant se fait catholique malgré pareilles gardes maçonniques, en dépit des parents et des parrain et marraine, en vérité il faudra bien que Dieu y mette sa grâce... et c'est ce qui arrive cependant quelquefois.

Il ne manquait rien, dans ce travail maçonnique, pour parodier le baptême catholique ; il s'y trouvait même un Monsieur Christman, en français l'homme-Christ. Est-ce un pseudonyme ? Enfin il s'y trouve.

Ils parlent de *liberté de conscience!*... et voici que le F∴ Janvier, Vénérable de la Loge *Bienfaisance et Progrès*, demande aux femmes qui l'écoutent « qu'elles ne permettent jamais que les jeunes âmes soient empoisonnées par les prêtres...» Il ajoute : «Les vieux dogmes empestent l'humanité. »

N'aurions-nous pas le droit d'user ici de représailles

et d'affirmer que c'est la Franc-Maçonnerie qui empeste le monde moral et tue le monde physique? Si nous attendons après elle pour préparer le banquet de la paix et de la fraternité universelle, il y a longtemps que l'humanité sera morte de discordes et de guerres, sans parler de la famine qui nous envahira quand le vœu de la Dame Hardouin s'accomplira.

Quoi qu'il en soit, un jour « Georgette-Aglaé-Joséphine Cuénot, maçonniquement nommée Espérance, née le 13 janvier 1882, fille de Cuénot Jules, membre actif de la Loge, et de Marie Lesage son épouse », lira ce N° du *Bulletin maçonnique* qu'elle devra présenter comme l'extrait de son acte de baptême. Après l'avoir lu, se sentira-t-elle bien portée à donner au catholicisme autre chose que sa haine? la haine qui lui aura été inoculée par ses parents, son parrain, sa marraine, les Vénérables, les Maçons et les Maçonnes qui ont battu des mains aux discours haineux prononcés à l'occasion de son entrée dans la vie?

Qu'il y a loin de ces attaques aux prières de la liturgie de l'Église! Je sais que notre Rituel a des exorcismes contre Satan et que celui des Maçons n'en a pas ; mais c'est précisément pour ce motif que j'ai pu dire : *Le panthéisme maçonnique est satanique*. Mais allons au mariage maçonnique, relaté dans le N° 34, janvier 1883, du *Bulletin* de la Grande-Loge symbolique écossaise.

**Mariage maçonnique** à la R∴ L∴ *Bienfaisance et progrès*, Or∴ de Boulogne-sur-Seine.

« Deux fauteuils sont placés en face de l'Or∴ pour y recevoir les deux époux.

« Le Frère de Serre, membre du Conseil de l'Ordre, et plusieurs Vén∴ occupent l'Orient.

« Les travaux sont ouverts au premier degré par le F∴ Janvier, Vén∴, qui donne des instructions aux officiers dignitaires sur les devoirs qu'ils auront à remplir pendant la cérémonie. Après avoir fermé les trav∴ au premier degré, il donne l'entrée du temple aux dames et invités, et prononce ensuite une allocution dans laquelle il fait connaître qu'avec le concours de la femme la société gravitera sans cesse vers le progrès et la liberté, et qu'elle continuera ainsi sa marche ascendante jusqu'au jour où les vieux dogmes religieux, contraires à la raison, seront remplacés pour toujours par des cérémonies utiles et dépouillées de tout mysticisme religieux comme de toute formule sacramentelle.»

Le F∴ de Serre a donc fait une découverte. Jusqu'ici les plus savants hommes avaient dû reconnaître que les dogmes catholiques sont *au-dessus* de la raison, mais pas *contraires*. Car s'ils étaient contraires à la raison, pas un catholique de bon sens ne les admettrait.

Il en veut aussi aux vieux dogmes religieux, ce Monsieur de Serre, et il trouve que la femme française, qui a été et demeure catholique, fera graviter la société vers le progrès et la liberté si, au lieu d'aller à l'église, elle se rend au temple où il n'y a pas de formule sacramentelle, c'est-à-dire aux Loges maçonniques. Nous connaissons la nature de ce progrès pratiqué par la Maçonnerie avec le concours des Dames, soit avant la Révolution de 1793, soit depuis cette époque ; nous avons sous les yeux un recueil de chansons plus que légères composées pour l'entrée en loge d'une foule de Dames de haute lignée, et nous avons lu dans maint auteur qu'au sein de leurs réunions, si quelque sauvage tout à coup y était apparu, il aurait été plus vêtu que n'importe quel danseur et quelle danseuse de l'assemblée maçonnique.

C'était autrefois, dira-t-on.

Un jour, j'interrogeais un prêtre vénérable d'une grande ville sur ce point, et il me dit qu'à sa connaissance, les sociétés secrètes avaient des réunions fréquentes où se passaient des orgies semblables. Il en a prévenu le gouverneur de la ville, homme connu pour sa vaillance et son amour de l'ordre. Jamais, m'a dit ce pasteur zélé, homme à cheveux blancs qui achève de construire une magnifique église, jamais ses efforts unis à ceux du gouverneur, n'ont pu réussir à faire pénétrer un agent au-delà de la seconde porte : *le mot de passe manquait.*

Il y a quelques années, assis à la table d'un honorable fabricant d'une ville du Nord, je traitais la question ci-dessus. J'en parlais à voix basse. Vous pouvez en parler tout haut, me dit mon hôte : ces choses affreuses se passent ici aussi, et dans beaucoup de villes de France. *Les mystères antiques de la bonne Déesse ont reparu.*

Depuis lors, je me suis convaincu que le progrès a marché en ce sens, et que jamais liberté de penser n'a été plus suivie, parmi nous, de la liberté de faire ce qu'enseignent les penchants du dieu Humanité... Mais nous oublions que les deux époux attendent.... Lecteurs, cherchez et vous trouverez.

« L'allocution terminée, les deux époux, qui attendaient dans le parvis, frappent à la porte du temple.

« Le premier Surveillant :

« Vénérable, on frappe à la port du temple.»

« Le Vén∴ :

« Voyez qui frappe ainsi, mon Frère.»

« Le premier Surv∴ :

« Vénérable, ce sont deux jeunes époux qui, venant d'être mariés civilement, demandent l'entrée de notre Temple, à l'effet de compléter la cérémonie de leur mariage en se plaçant sous l'égide de la Franc-Maçonnerie, dont ils viennent réclamer les sages conseils et l'appui, ainsi qu'une nouvelle sanction à leur union.»

« Le Vén∴ :

« FF∴ Experts et FF∴ Maîtres des cérémonies, veuillez introduire les deux époux dans le temple, précédés des cinq étoiles de l'Or∴ et en les faisant passer sous la voûte d'acier. Et vous, mes FF∴, faites votre devoir. »

« Les époux sont introduits, maillets battants, tandis qu'une musique harmonieuse accompagne leur entrée.

« Le Vén∴ leur fait prendre place sur les deux fauteuils en face de l'Or∴

« Le Vén∴ :

«F∴ deuxième Surveillant, croyez-vous qu'il soit plus utile de venir réclamer nos conseils et notre appui plutôt que d'aller s'agenouiller devant un prêtre pour y recevoir la bénédiction nuptiale ?»

« Le deuxième Surv∴ :

«Oui, Vén∴, attendu que le mariage religieux n'est à mes yeux de libre-penseur qu'une comédie de pure convenance qui se joue le plus souvent par respect humain, hypocritement et avec ostentation, dans le but d'attirer les curieux de la localité, pour y briller lorsqu'on est assez riche pour payer tous les décors d'une mise en scène qui ne laisse rien de durable au souvenir des époux, tandis qu'au contraire, dans ce temple de la Sagesse et de la Fraternité, la Franc-Maçonnerie remplace avantageusement les momeries inutiles du prêtre en enseignant la pure et saine morale, l'amour du bien, du vrai et du juste, en leur apprenant que la pratique de la vertu seule sanctifiera leur union.»

« Le Vén∴ :

«Et vous F∴ Orateur, croyez-vous que le mariage maçonnique que nous célébrons fraternellement aujourd'hui puisse excercer une salutaire influence sur le bonheur à venir des jeunes époux ? »

« L'Orat∴ :

« Oui, T∴ C∴ V∴, attendu les grands préceptes de morale qui s'enseignent dans nos temples et qui, répétés sans cesse depuis plus d'un siècle, n'ont pas été sans fruits pour l'humanité ; et si nous sommes arrivés, à force d'apostolat et de persévérance, à détruire bien des fausses croyances et des superstitions honteuses,qui étaient un outrage à la dignité humaine, c'est grâce à la Maç∴ et à la science, qui ont travaillé en commun à l'émancipation de la raison.

« C'est donc au sein de la famille maçonnique qu'il est utile qu'un F∴ présente sa jeune épouse, s'il tient à en faire une femme digne de lui en la mettant à même d'entendre et de profiter de la haute et saine morale qui s'enseigne dans nos temples et qu'elle aura à pratiquer dans le mariage. »

« Le Vén∴ :

« Vous êtes dans le vrai, F∴ Orateur, la Franc-Maçonnerie, à l'opposé de l'Église, combat l'ignorance, qui croit et accepte tout sans contrôle ; la superstition, qui ne raisonne pas ; le fanatisme religieux, qui se prosterne inconscient devant des idoles.

« Espérons donc que les deux époux, qui ont eu le courage de braver aujourd'hui le qu'en-dira-t-on, sauront profiter de nos sages leçons. »

« Puis, s'adressant aux deux conjoints, le F∴ Janvier, Vén∴, s'exprime en ces termes :

« Maintenant que vous êtes indissolublement unis par les liens du mariage que vous avez librement contracté devant l'officier municipal, vous venez demander à la Franc-Mac∴ de vouloir bien sanctionner — *sanctionner !* — votre union. Je dois vous dire tout d'abord que nous n'avons nullement la prétention de vous administrer un sacrement maçon∴, attendu que nous sommes, vous le savez, les ennemis de toute forme religieuse et mystique.

« Je ne viens donc pas, à l'exemple des ministres des différents cultes, pour y pontifier, ce qui serait indigne de vous et de moi, mais seulement pour vous donner de sages et utiles conseils, qui, je l'espère, pourront contribuer à vous rendre naturellement heureux si vous savez en profiter. »

Qu'on me permette de m'arrêter un instant ici pour me reposer du labeur auquel je viens de me livrer en copiant ce qu'on vient de lire. C'est ce qu'on appelle boire le calice goutte à goutte et jusqu'à la lie. Heureusement le souvenir du Christ Jésus, à Gethsémani, donne du courage.

Quelle fureur, cher lecteur, chez ces Surveillants et ces Maçons Vénérables ou non, d'attaquer le catholicisme par des insanités, des mensonges et des parodies ! Que manque-t-il à leur cérémonie pour qu'elle soit la singerie complète du mariage catholique ?

Ils ont d'abord ce qu'ils nomment leur Temple, dont la porte, par exemple, est bien fermée et bien gardée. Il paraît que leur dieu n'est pas, en ce monde, dans sa famille, sinon la porte de sa maison serait ouverte tout le jour à ses enfants, comme le temple catholique.

Le premier Surveillant m'a bien l'air du suisse ou du bedeau, chargé d'introduire les fiancés.

Les époux sont introduits, maillets battants, au son de la musique : — cela tient la place de notre orgue.

Les deux fauteuils aussi y sont, … seulement le prie-Dieu est absent. Cela se comprend, puisque dans le système panthéiste l'homme est dieu. En priant, il se prierait lui-même, et c'est ridicule.

Ce qu'il y a d'étonnant, c'est que le Vén.·. prenne la peine de faire réciter par deux frères Surveillants des leçons d'un catéchisme maçonnique aux jeunes époux, qui sont, l'un dieu, l'autre déesse, comme s'ils avaient besoin d'entendre expliquer ces choses, qu'un Dieu n'ignore sûrement pas.

Quoi qu'il en soit, ils sont, au dire du deuxième Surveillant, dans le *Temple de la Sagesse, où la Franc-Maçonnerie remplace avantageusement les momeries inutiles du prêtre !*

Si le singe parlait, il est probable qu'il prétendrait que c'est l'homme qui l'imite, et non lui, quand il conforme ses mouvements aux nôtres.

Mais suivons.

Voici le discours du Vénérable aux deux époux. Il est fort long.

Il commence dans les termes suivants :

« La Nature a voulu que l'amour véritable, dont le mobile est une attraction pure et sincère qui porte l'un vers l'autre deux époux, fût la seule base possible qui pût assurer la perpétuité de l'affection et du bonheur au foyer domestique.

« C'est donc ce sentiment sublime de l'amour quintessencié par l'intelligence qui, nous distinguant de la brute, adoucit les amertumes de la vie, poétise et épure les enivrements des plaisirs sensuels. »

Ainsi parle le Vénérable.

J'ignore ce que la nature panthéiste a voulu, et elle ne le sait pas elle-même, au sentiment des docteurs panthéistes ; mais ce que je sais très bien, ainsi que tout homme sensé, c'est que personne ici-bas n'est parfait. De sorte que l'amour, qui divinise d'abord l'objet aimé, s'aperçoit bientôt qu'il est loin de posséder un être parfait. A mesure que le mirage s'évanouit, on se trouve devant la réalité et ses imperfections et ses misères. Qui donc apprendra à ces deux êtres différents de vues, de goûts, de croyances, et souvent d'éducation, à se supporter mutuellement, à s'aimer encore et toujours ? L'amour quintessencié par l'intelligence, dit le Vénérable, opérera ce prodige. Mais l'amour, c'est justement ce qui manque dans ces deux âmes ; c'est ce qui s'éteint peu à peu, à mesure que la raison reprend son empire chez les époux désillusionnés : dites-moi donc ce qu'a préparé la Nature pour rallumer cette flamme sublime, l'amour ; dites-le, ô Maçons !

La religion catholique fait infiniment mieux que vous. Elle dit que l'amour, venu de Dieu, non de la nature, se rallume par Celui de qui il émane quand la pauvre créature humaine veut recourir à lui, s'unir à lui et apprendre de lui à aimer malgré tout celui qu'elle a épousé. Clovis n'était pas aimable tous les jours, et cependant Clotilde l'aimait ardemment, mais en Dieu, pour Dieu et par le secours de Dieu. Mettez des femmes comme Clotilde à côté de tous les Clovis imaginables, vous aurez alors des foyers supportables ; sinon, il faudra recourir au docteur Naquet et au remède que les républicains préconisent : le divorce. Messieurs les Vénérables, vous ne connaissez pas le cœur humain ou bien, sachant qu'il aime à changer d'objet, vous le flattez. L'amour est aveugle, il faut le conduire ; mais, tout aveugle qu'il est, c'est une puissance indomptable que la main de l'homme ne saurait seule réfréner : il y faut la main de Dieu, et partant la prière ; car Dieu veut qu'on lui demande sa grâce. Il l'accorde à cette condition, aussi digne de sa bonté que salutaire à nos âmes.

Donc le prie-Dieu manque au mariage maçonnique.

Ce qu'il y a de bon dans le sermon du Vénérable Janvier se trouve en saint Paul, et en général dans l'Écriture Sainte. Je dirai même qu'il a dû, à mon avis, retenir quelque chose des allocutions de son curé, témoin ce passage :

« Pour conserver toujours la bonne harmonie qui doit régner dans le mariage, il est nécessaire que les deux époux apprennent à se faire de mutuelles concessions, en ayant soin de ne jamais prononcer des paroles blessantes, qui pourraient peu à peu altérer l'amour et l'affection qu'ils avaient l'un pour l'autre. On y fait peu attention tout d'abord, et une fois engagé dans cette voie on en arrive plus tard, insensiblement, des petites paroles blessantes aux gros mots, qui hélas! rompent pour toujours le lien de l'hyménée et troublent à jamais la paix du ménage.

« Oh! alors, la vie commune n'est plus qu'un enfer! c'est ce qu'il vous faudra éviter. »

Vénérable, c'est facile à dire, mais pas aussi facile à faire sans un secours que vous n'indiquez pas. Vous oubliez encore que, pour vaincre le mauvais naturel, il faut un secours surnaturel. Aussi je vous conseillerais volontiers de ne pas faire fi des sacrements et de créer, quand vous le pourrez, des sacrements maçonniques. Cela est nécessaire et cela vous manque, hélas! Car votre dieu Nature n'a point pensé à tout, n'ayant conscience de lui-même que dans l'homme, dédaigneux « de toute forme religieuse et mystique ».

Un avis qui ne se trouve pas dans saint Paul, mais dans l'allocution du Vén.·., c'est celui-ci :

« Permettez-moi encore un dernier conseil. De même que vous le faites aujourd'hui, donnez toujours l'exemple de la fermeté et de l'incorruptibilité dans tous les actes de votre vie, et ne permettez jamais, par une coupable faiblesse, qu'on enseigne à vos enfants ce que désavouent votre conscience et votre raison. »

Voilà un conseil peu en harmonie avec la promesse demandée aux parrain et marraine de la jeune Espérance : « Promettez-vous de ne contrarier en quoi que ce soit sa liberté, si, à l'âge de raison et de sa pleine volonté, elle déclarait vouloir embrasser une religion quelconque?» Comment un enfant peut-il embrasser, par exemple, la religion catholique, si sa mère veille à ce qu'on ne lui en parle jamais si ce n'est pour l'en éloigner? Le Vénérable Janvier, on vient de l'entendre, regarde comme une faiblesse coupable de la part d'une mère la liberté laissée à quelqu'un d'enseigner une religion positive à son enfant. Où est donc leur amour de la vérité? Comme le père du mensonge apparaît en tout cela!

Quand le Vén∴ eut achevé son sermon, « il fit monter les deux époux à l'autel ». Il y a donc un autel dans le temple maçonnique! Un autel suppose un dieu, vrai ou faux. Certes non, ce n'est pas le vrai: c'est donc le faux.

C'est le dieu Mars peut-être.

Le Vén∴ fait placer la main gauche sur le glaive et dit à l'époux: « Mon F∴, jurez-vous, sur votre foi de Maçon et sur ce glaive symbolique de l'honneur, d'observer fidèlement vos devoirs d'époux? »

Il répond: « Je le jure. »

Le Vén∴:

« Et vous, ma Sœur, jurez-vous aussi de remplir fidèlement et scrupuleusement tous vos devoirs d'épouse? »

Elle répond : « Je le jure. »

Le V∴:

« Nous en prenons acte. »

Alors le Vén∴ étend le glaive au-dessus de la tête des époux et leur dit:

« Au nom du G∴ O∴ de France, au nom de la R∴

L∴ *Bienfaisance et Progrès*, je vous souhaite à tous deux bonheur et prospérité, constance et amitié, respect et fidélité. » Il leur donne ensuite l'accolade fraternelle, et décore la jeune mariée d'un cordon bleu, qu'il lui passe en sautoir. »

Le deuxième Frère Surveillant avait bien raison de dire tout-à-l'heure: « Dans ce temple de la Sagesse et de la Fraternité, la Franc-Maçonnerie remplace *avantageusement* les momeries inutiles du prêtre... »

Sur l'ordre du Vénérable, le Maître des cérémonies conduit ensuite les époux entre les deux colonnes.

Le Vén∴ :

« Debout, mes Frères, sans être à l'ordre. »

« Frères premier et second Surveillants, veuillez inviter les FF∴ qui décorent vos colonnes à vouloir bien se joindre à vous et à moi pour tirer une chaleureuse batterie d'acclamation en l'honneur de l'union des deux époux. »

Les Surveillants répètent l'annonce.

La batterie d'acclamation tirée, le Maître des cérémonies reconduit les époux à leur place en face de l'Or∴.

Le Vén∴ F∴ Janvier donne alors la parole au F∴ de Serre, membre du Conseil de l'Ordre, qui, s'adressant au nouveau marié, s'exprime en ces termes:

« Mon T∴ C∴ F∴, Nous n'avons pas la prétention de consacrer ici le mariage que vous venez de contracter devant l'état civil, ainsi que vous l'a dit votre C∴ Vén∴ le F∴ Janvier. La Maç∴ ne donne pas de sacrement. » M. de Serre oublie que le Vén∴ Janvier a dit aux époux : « Vous venez demander à la Franc-Maç∴ de sanctionner votre union. » Or, le F∴ Littré,

dans son dictionnaire, définit la sanction : « Approbation sans laquelle une loi ne serait pas exécutoire. »
Mais passons.

Le F∴ de Serre continue : « L'Église catholique
peut avoir la prétention de considérer comme concubi-
nage toute union qu'elle n'a pas légitimée: cela prouve
qu'elle est en révolte incessante contre la loi. Il n'en
est pas ainsi de la Maç∴, qui recommande et fait jurer
aux Maç∴ le respect des lois du pays qu'ils habitent, et
qui tient par conséquent comme absolument légitimes
les actes de l'état civil.

« Ceci posé, chaque fois qu'un Maç∴ vient dire à ses
Frères: « J'ai choisi pour légitime épouse une femme
que j'aime parce que je l'estime, qui m'a promis de me
faire le confident de ses actes et de ses pensées, et de
ne jamais chercher à introduire sous mon toit le confesseur ennemi du foyer; permettez-moi de la présenter à
vous, avec qui je suis en communauté d'idées, de sentiments et d'actions, et veuillez porter sur elle l'estime
et l'affection que vous avez pour moi; » ce jour-là nous
sommes heureux d'accéder au désir de notre F∴ et de
dire à celle qui nous est ainsi présentée: « Au nom de
ce R∴ A∴, au nom du G∴ O∴ de France, et au nom
des Obédiences de sa correspondance, ma sœur, soyez la
bienvenue au sein de la grande famille maçon∴ »

Voilà ce qu'ils appellent *la liberté de conscience !*
Pour être accueilli par eux et avoir l'honneur d'obtenir
*la sanction de la Franc-Maç∴* les époux doivent porter un billet de *non-confession* au Vén∴ de la Loge.
C'est ainsi que ferait Satan s'il pontifiait lui-même à
l'autel maçonnique.

Lecteur, ne trouvez-vous pas qu'on prêche beaucoup aux mariages maçonniques ? Mais remarquez-le, ces Maçons-là ont une spécialité : ils détruisent au lieu d'édifier. M. de Serre, dans la suite de son discours, que nous ne rapporterons pas davantage, disait, en parlant des orphelins que la Maçonnerie élève à sa façon : « Ils ignorent le mot *charité*, qui est chrétien, mais qui assurément n'est pas maçonnique. » Cette affirmation est topique.

On raconte que, dans les amphithéâtres romains, les spectateurs prenaient un plaisir satanique à voir les chrétiens aux prises avec des fauves, et que jamais ils ne se lassaient de ce spectacle. Tels apparaissent les Francs-Maçons quand il s'agit des catholiques. Avec quelle ardeur ne les voyons-nous pas attaquer le Christ et ses disciples ! Ce que nous venons de lire le prouve bien ; et cependant la cérémonie du mariage en question n'est pas finie. Voici qu'un nouvel orateur apparaît lorsque finissent à peine les applaudissements soulevés par le discours de M. de Serre.

« Le Vén∴ donne ensuite la parole au F∴ Foucher, qui, avec une grande logique, fait ressortir les contradictions flagrantes qui existent entre les dogmes religieux enseignés par l'Église et les progrès de la science, qui, elle, prouve ce qu'elle affirme. »

Décidément, le catholicisme est l'enclume sur laquelle frappent les Francs-Maçons dans leurs loges secrètes, où, paraît-il, se révèlent des découvertes inouïes. S'ils sont si savants, pourquoi mettent-ils leur science sous clef et rendent-ils si difficile, ou plutôt impossible aux profanes, l'accès de leurs temples ? Il nous est impossible de faire jouir le lecteur du discours du F∴ Foucher, le Bulletin ne le donne pas, quoiqu'il soit, dit-il, *d'une grande logique*, chose que nous avions précisément cherchée en vain dans les discours précédents.

Si le mot charité n'est pas maçonnique, on pourrait le conclure à la fin de cette cérémonie: c'est qu'en Maçonnerie il n'a rien à exprimer.

Ainsi nous avons été témoins d'un enterrement, d'un baptême et d'un mariage maçonniques, où pontifient plus ou moins les Vén∴, où sont appelés prédicateurs sur prédicateurs, où apparaît l'autel, avec le glaive qu'on agite sur la tête des époux en forme de goupillon : la crainte, il est vrai, est le commencement de la sagesse devant la Maçonnerie, paraît-il, comme devant Dieu.

Ajoutons à ces pages fort instructives du *Bulletin maçonnique* l'article suivant :

## Nécrologie.

LA Franc-Maçonnerie « vient de faire, à la fin de l'année 1882 et au commencement de l'année 1883, une double perte, celle des FF∴ Gambetta et de Saint-Jean.

« Le F∴ Gambetta appartenait plus à la politique qu'à la Maçonnerie. La presse a, pendant près d'un mois, rappelé les actes du F∴ Gambetta, et tout le monde a vu ses funérailles ou en a lu le récit. Nous ne répéterons pas ce qui a été dit sur tous les tons ; nous constaterons seulement que la Maçonnerie a été représentée aux obsèques, à Paris et à Nice, par de nombreuses délégations, sans distinction de rites ou d'opinions. Ceux qui avaient pu regretter les défaillances des dernières années n'ont voulu se souvenir devant le cercueil que des services rendus; ils ont oublié le *Grand Ministère* pour ne se rappeler que la lutte contre l'Empire, la défense nationale, le 16 Mai. Tous ont voulu honorer dans le F∴ Gambetta une vertu éminemment maçonnique, l'amour de la patrie. »

L'organe maçonnique est plus bruyant au-dehors qu'au dedans, mais aussi plus communicatif en famille; cela se conçoit. Gambetta a donc *eu des défaillances dans les dernières années*, lesquelles défaillances ont fini par une mort tragique, que les journaux anglais ont affirmé être un simple assassinat. Les Francs-Maçons, qui peuvent tant de choses, n'ont pas su faire la lumière sur cette question et dire au juste qui avait frappé *le Dictateur, élu en 1872 à Locarno, pour la France, par un convent maçonnique :* ceci est de l'histoire. C'est fâcheux pour l'honneur des Maçons, et les fleurs et le bruit et les escouades maçonniques dont ils ont entouré son cercueil ne prouvent pas que sa mort ne soit pas la suite de ses défaillances. L'avenir le dira, car la vérité enfermée dans une tombe passe à travers la pierre comme une plante vivace, et se montre un jour à tous les yeux : le Père de la vérité est plus puissant que le père du mensonge.

Terminons cet aperçu en nous demandant une dernière fois d'où vient aux Francs-Maçons cette haine de tout ce qui porte au front quelque trait de Jésus-Christ.

Nous l'avons dit déjà : cette haine n'est pas raisonnable. Elle vient d'une source cachée, qui verse dans le cœur du Maçon je ne sais quel fiel mystérieux, capable de donner la mort à toute une société s'il venait à s'y répandre.

Jésus-Christ, objet de cette haine, en lui-même et dans ses membres, va nous révéler le mystère. Ce divin Maître parlait un jour de la vérité aux juifs, en leur disant que seule elle fait des hommes libres, tandis que l'erreur fait les esclaves.

« Si donc, disait le Sauveur, le Fils de l'homme vous affranchit, vous serez vraiment libres. Je sais que vous êtes enfants d'Abraham ; mais vous cherchez à me faire mourir parce que ma parole ne prend pas en vous. Pour moi, ce que j'ai vu en mon Père, je le dis ; et vous, ce que vous avez vu en votre père, vous le faites. Ils répliquèrent et lui dirent : Notre père est Abraham. Jésus leur dit : Si vous êtes enfants d'Abraham, faites les œuvres d'Abraham. Or, maintenant vous cherchez à me faire mourir, moi homme qui vous ai dit la vérité, que j'ai entendue de Dieu : cela, Abraham ne l'a point fait. Vous, vous faites les œuvres de votre père. Ils lui dirent aussitôt : Nous ne sommes point nés de fornication ; nous n'avons qu'un père, qui est Dieu. Jésus donc leur répondit : Si Dieu était votre Père, certes vous m'aimeriez, parce que c'est de Dieu que je suis sorti et suis venu ; en effet, je ne suis point venu de moi-même, mais c'est lui qui m'a envoyé. Pourquoi ne connaissez-vous pas mon langage ? Parce que vous ne pouvez pas écouter ma parole. Le père dont vous êtes nés est le démon, et vous voulez accomplir les désirs de votre père. Il était homicide dans le commencement, et il n'est point demeuré dans la vérité. Aussi la vérité n'est point en lui. Quand il profère le mensonge, il dit ce qui lui est propre, car il est menteur et père du mensonge. »

Concluons donc que le panthéisme maçonnique a pour tactique celle de Satan: il travaille sans cesse à défigurer la vérité, à jeter sur Dieu un voile épais qui cache aux peuples les attributs divins ; il nous montre Jésus-Christ Notre-Seigneur comme un homme ordinaire, tandis qu'il est l'Homme-Dieu; par le mensonge, la calomnie, la violence, les meurtres, il s'efforce de détruire sur la terre le règne spirituel et social de Jésus-Christ en persécutant l'Église catholique dans ses membres et sa doctrine ; c'est pourquoi, nous l'avons dit et nous le maintenons : le panthéisme maçonnique est satanique. La proposition suivante en sera une preuve nouvelle.

### 4. Le Panthéisme maçonnique est un système contre nature.

LE panthéisme maçonnique est un système contre nature, parce qu'il anéantit à la mort la personnalité humaine.

Par là même il détruit dans l'homme, par sa base, l'aspiration vers la vérité, le bonheur, le progrès et la gloire.

Il tue l'espérance dans l'âme, qu'il condamne fatalement au désespoir; il rend le repos impossible à l'homme.

*Le panthéisme maçonnique détruit la personnalité humaine.*

Cette proposition n'est qu'une conséquence forcée du panthéisme spinosiste.

En effet, il n'y a, d'après Spinosa, ainsi que nous l'avons vu, qu'une seule et unique substance, dont les modifications sont les esprits et les corps, lesquels apparaissent et disparaissent sans retour, — comme on voit, sous le ciel des Tropiques surtout, certaines souches, celle du bananier par exemple, produire chaque année un certain nombre de tiges qui s'élancent, croissent et meurent après avoir produit fleurs et fruits, tandis que la souche reste pour donner naissance à de nouvelles tiges les années suivantes. Tel aussi l'olivier, qui meurt pour renaître de sa racine et qui vit de siècle en siècle.

D'après le panthéisme de Spinosa, qui est la doctrine de la Maçonnerie, nous sortons de la substance unique comme le bananier de sa souche cachée, et puis nous tombons, après une existence plus ou moins longue, pour cesser d'être absolument : seule la substance unique demeure et continue ses évolutions, dont les esprits et les corps sont les modalités. Rappelons que cette substance unique, dans ce système, prend conscience d'elle-même dans l'homme, et dans l'homme seulement, car au-dessus de l'homme il n'y a plus rien : ni Dieu, ni anges, ni démons ; et M. Renan disait de notre adorable Maître : « La plus haute conscience de Dieu qui ait existé au sein de l'humanité a été celle de Jésus. »

Mais Jésus, l'homme parfait, est mort comme meurt tout être vivant, et il ne reste de lui, d'après les Maçons, absolument rien, pas plus que du jeune et infortuné Maurice Delhotal, dont nous avons dit le trépas prématuré : « Aujourd'hui, de tout ce qu'il a été plus rien ne reste », — disait de cet enfant le Vénérable de la loge *l'Indépendance.*

La personnalité humaine disparaît donc entièrement

au profit des tiges qui s'élanceront de la substance unique. « Cette terre, disait le même Vénérable au jeune Maurice, qui n'était plus rien si ce n'est un cadavre, va recouvrir son corps, elle en absorbera les éléments pour s'en refaire une parure verte aux premiers rayons du soleil printanier. Comme elle reverdiront nos espérances flétries, si nous savons goûter cette âpre et sublime jouissance des forts, de faire mûrir sur le champ voisin l'épi coupé chez nous dans sa fleur. »

Et ailleurs : « Eh ! qu'importe que je devienne poussière, si cette poussière est féconde ? Qu'importe, *si les débris de ce qui fut mon être* peuvent constituer une humanité plus heureuse, plus virile et plus grande ? »

Ainsi les débris de mon être, mais de mon être tout entier, âme et corps, deviendront après ma mort une parure verte aux premiers rayons du soleil printanier : adieu donc ma personnalité…! Il faut que d'avance je fasse mon deuil de ce qui est *Moi*.

Eh bien ! je dis que cette destruction du Moi, cet anéantissement de ma personnalité ne me plaisent pas du tout, et même qu'ils répugnent à ma nature, d'où je conclus que cela doit répugner aussi à la nature de mes semblables. En quoi j'ai l'honneur d'être d'accord avec saint Thomas d'Aquin, dont les œuvres résument l'enseignement de l'Église et les plus saines données de la plus haute raison. Ce grand docteur pose dans sa *Somme théologique* cette question :

*Est-il des choses qui rentrent dans le néant ?* Après avoir cité les paroles suivantes de l'Ecclésiaste : « J'ai appris que toutes les œuvres que Dieu a faites demeurent à jamais : *Didici quod omnia opera quæ fecit Deus perseverant in æternum* », saint Thomas donne cette conclusion : « Comme aucune créature n'est réduite au néant, ni par le cours naturel des choses ni par miracle, puisque les miracles ne se font que pour la manifestation de la grâce, il faut dire simplement que rien ne s'anéantit. »

« Les œuvres de Dieu, continue le Docteur angélique, s'accomplissent dans la création, ou selon le cours naturel des choses, ou d'une manière miraculeuse et contrairement à l'ordre de la nature même des choses ; et ce qu'il accomplit d'une manière miraculeuse a pour objet la manifestation de sa grâce, selon cette parole de saint Paul : « A chacun est donnée la manifestation de l'esprit pour l'utilité de tous… » et à la suite l'Apôtre énumère entre autres choses le don de faire des miracles. D'une part, les diverses natures des choses montrent bien qu'aucune d'elles n'est réduite au néant. Ces créatures sont, en effet, ou immatérielles, et dès lors elles ne sont pas susceptibles de non-être ; ou corporelles, et alors elles restent, du moins quant à leur matière, laquelle est incorruptible comme servant de sujet à la génération et à la corruption. D'autre part, réduire une chose au néant ne saurait être une manifestation de la grâce, car la puissance et la bonté divines trouvent au contraire leur exercice et leur gloire dans la conservation des êtres. Donc il faut dire sans restriction que rien absolument n'est anéanti : *Nihil omnino in nihilum redigitur.* »

Ailleurs saint Thomas raisonne de cette manière : « Avant qu'elles fussent, les créatures étaient possibles, non par aucune puissance créée, car rien de créé n'est éternel, mais par la puissance divine, qui seule pouvait les tirer du néant. Et comme il dépendait de la volonté de Dieu de les appeler à l'être, de même il dépend de sa volonté de les conserver ou non dans l'être ; car il ne les conserve dans l'être qu'en le leur donnant incessamment ; de sorte que, s'il leur retirait son action, elles retomberaient aussitôt dans le néant, comme le dit saint Augustin. Ainsi donc il était dans la puissance du Créateur que les choses fussent lorsqu'elles n'étaient pas, et il est dans sa puissance que les choses ne soient pas lorsqu'elles sont. Elles peuvent donc changer par la puissance qui est dans un autre, savoir en Dieu ; car, de même qu'il pouvait les appeler du néant à l'être, de même il peut les ramener de l'être au néant. »

Celui-là seul peut donc anéantir qui peut seul créer : Dieu.

Il n'y a pas un seul fait d'anéantissement dans la création : la science moderne elle-même le reconnaît. Le panthéisme maçonnique a donc tort d'admettre l'anéantissement de toutes les personnalités humaines qui ont existé et qui existeront sur la terre ; il a tort de prétendre que les âmes sont anéanties alors qu'il est forcé de reconnaître que le corps ne l'est pas, puisque ses débris servent de « verte parure au printemps » ; il a mille fois tort de vouloir nous faire admettre son dieu Nature, plus cruel que le Saturne du paganisme, car si Saturne dévorait ses enfants, le dieu du panthéisme va plus loin : il les anéantit. Non, nous ne voulons pas d'un dieu pareil, mais plutôt nous aimons à nous souvenir de ces paroles de Jésus-Christ : « Pour ce qui est de la résurrection des morts, n'avez-vous point lu les

paroles que Dieu vous a dites : Je suis le Dieu d'Abraham, et le Dieu d'Isaac, et le Dieu de Jacob; or, Dieu
n'est point le Dieu des morts, mais des vivants ; » les
personnalités ne sont donc pas anéanties; cet anéantissement répugne à la nature de Dieu, qui a fait les êtres
pour qu'ils soient : *ut sint*, dit saint Thomas. Il répugne
aussi au sentiment commun.

Réflexion faite, avec le système du panthéisme il
n'y a point de personnalité possible ; car le nom de
personne désigne un individu qui est le principe de ses
actes et qui subsiste dans une nature raisonnable. C'est,
dit saint Thomas d'Aquin, la substance individuelle
d'une nature raisonnable ; et Boèce dit que le mot
*personne* vient du verbe latin *personare*, résonner
à travers, par allusion aux masques des acteurs qui
représentaient les personnages dans les tragédies et les
comédies.

D'après le panthéisme, l'homme, en chaque individu
particulier, formerait une manière de masque derrière
lequel se cacherait la substance unique ou dieu Nature.
Celui-ci agirait seul dans tous les hommes ; seul il parlerait par leur voix ; seul il serait responsable de leurs
actes. L'homme considéré comme individu, ne serait
donc pas le principe de ses propres actes, et cette substance, au lieu d'être individuelle, serait universelle et la
même, au fond, chez tous les hommes : tel un soufflet
d'orgue faisant à lui seul parler tous les jeux de l'instrument. Ce soufflet, c'est le dieu Nature, et les hommes
composent un immense instrument mis en vibration
par lui.

Ces comparaisons qui semblent être une plaisanterie,

expriment cependant bien l'idée panthéiste ; qu'on en juge par les citations suivantes :

« Le panthéisme en général, dit César Cantu, n'admet qu'une seule âme, et Dieu, c'est le monde… D'après ce système, l'âme de Judas s'identifie avec l'âme de saint Pierre. — Ce dieu panthéiste de Spinosa détermine tout en nous ; nous sommes l'argile dans la main du potier ; l'homme est un automate spirituel. S'il se plaignait d'avoir reçu de Dieu un mauvais caractère, ce serait comme si le cercle se plaignait de n'avoir pas les propriétés de la sphère. Dira-t-on que s'il pèche il est excusable ? Si par là on entend qu'il n'excitera pas la colère de Dieu, on est dans le vrai, attendu que Dieu n'est pas irritable ; si l'on veut dire qu'il est digne de la béatitude, c'est une folie ; celui qui a été mordu par un chien enragé n'est certes pas coupable : on ne l'en étouffe pas moins et à bon droit ; ainsi l'homme qui ne peut dominer ses passions est excusable, mais il n'en doit pas moins être privé de la vision de Dieu. »

Continuant à exposer le système de Spinosa, César Cantu a écrit ce qui suit : «Croire que Dieu ait à choisir, lui attribuer une liberté d'indifférence, supposer que volontairement il proportionne certains moyens à certaines fins, c'est une grossière erreur. La liberté de Dieu est cette vertu qui fait que toutes choses procèdent de Dieu précisément comme elles en procèdent: les manifestations de Dieu lui sont inhérentes comme au triangle ses propriétés; en conséquence toutes choses sont bien comme elles sont, tout est pour le mieux ; tout vient de Dieu, tout est par Dieu, tout est Dieu ; Dieu est la cause efficiente, immanente de tout ce qui existe. »

En résumé, le dieu Nature de Spinosa est aveugle,
inconscient, sans liberté, produisant comme il les produit les esprits et les corps, sans savoir ce qu'il fait, à
la façon d'une machine ; et ce n'est que dans l'homme
qu'il arrive à avoir conscience de lui-même. Or, dit M.
Renan, qui a poétisé le Spinosisme, « la plus haute
conscience de Dieu qui ait existé au sein de l'humanité
a été celle de Jésus ». Qu'est-ce à dire ? « Jamais le dieu
Nature n'a eu conscience de lui-même plus parfaitement
qu'en Jésus. » Et plus loin : « Plaçons donc au plus haut
sommet de la grandeur humaine la personne de Jésus. »
Pour en revenir au mot *personare : résonner à travers*,
cela veut dire que l'âme universelle ou le dieu Nature
n'a jamais mieux parlé, mieux agi, montré plus de noblesse et de génie qu'en Jésus..... dont cependant, d'a-
près le système panthéiste, il ne reste absolument rien,
ni de son corps, qui est redevenu une *parure quelconque
au soleil printanier*, ni de son âme, qui s'est évanouie
dans le sein du dieu Monde. Voilà le calice amer qu'il
faut boire pour être bon adepte de la Franc-Maçonnerie ; heureusement que, comme leur dieu, ils font cela
sans le savoir. Après ces explications, il est bon de
relire le docte Bergier quand il dit : « Il suffit de consulter le sentiment intérieur, qui est le souverain degré
de l'évidence, pour être convaincu de l'absurdité de ce
langage. Je sens que je suis moi et non un autre, une
substance séparée de toute autre, un individu réel et
non une modification ; que mes pensées, mes volontés,
mes sensations, mes affections, sont à moi et non à un
autre, et que celles d'un autre ne sont pas les miennes.
Qu'un autre soit un être, une substance, une nature

aussi bien que moi, cette ressemblance n'est qu'une idée abstraite, une manière de nous considérer l'un l'autre, mais qui n'établit point d'*identité* ou une unité réelle entre nous. »

Vu ces considérations, il semble que, dans le système du panthéisme, la substance unique absorbe tout et que *la personne*, en dehors d'elle, n'est pas possible. Que dis-je ! rien, absolument rien n'est en dehors d'elle : elle est tout en tout, et finalement le dieu du panthéisme n'est autre que le monde, c'est-à-dire l'assemblage de tous les êtres, quels qu'ils soient. Voilà l'erreur qu'on appelle le Spinosisme maçonnique, et cette erreur est contre nature en détruisant la personnalité humaine dans l'individu.

### 5. Le Panthéisme détruit l'aspiration de l'ame vers la vérité.

IL n'est personne qui ne veuille connaître ce qui est, c'est-à-dire la vérité.

L'enfant passe à chercher la vérité les plus belles années de son existence ; il est ravi quand son maître la montre à ses regards avides, et lorsque, par l'étude, il la force à se découvrir et à resplendir à ses yeux, comme Archimède, il tressaille de bonheur en s'écriant : Je l'ai trouvée.

Qu'a-t-il donc trouvé ? La solution d'un problème ? Mais des millions d'autres s'offrent à sa légitime curiosité, et il comprend que, par delà les horizons qui lui apparaissent en se succédant à perte de vue, il y a encore l'infini.

La vérité? N'est-ce pas elle que les savants poursuivent à travers terres et mers, jusqu'au sommet des montagnes et au sein des plus profonds abîmes? Et qui de nous ne consacre son existence à s'instruire de plus en plus de la vérité, aliment sacré de l'intelligence?

Le vieillard lui-même ne saurait se désintéresser de cette question. Elle a charmé sa vie, consolé sa douleur, peuplé sa solitude; elle l'a soutenu dans le malheur en le relevant vers le Dieu bon et rémunérateur. La vérité, le vieillard l'aime toujours, et il s'appuie sur elle dans sa marche chancelante vers le tombeau, en jetant un regard d'amour par delà, au rivage de l'éternité, où il croit déjà l'apercevoir sous la douce figure de Jésus, qui a pu dire aux hommes cette parole qu'aucun autre homme n'aurait jamais osé prononcer: *Ego sum veritas:* Je suis la vérité, comme autrefois l'Éternel, son Père, disait à Moïse: *Ego sum qui sum:* Je suis Celui qui suis, c'est-à-dire, Celui qui est par lui-même et de qui émanent tous les êtres, tirés par lui du néant.

Eh bien ! cette vérité, que l'homme cherche et appelle de tous ses vœux, qu'il poursuit à travers les terres et les mers, jusqu'au plus haut sommet des montagnes, jusque dans les nues, jusqu'aux astres et par delà jusqu'aux plus profonds abîmes; cette vérité qu'il étudie dans tous les monuments du passé, dans les ruines antiques, dans le grain de sable, dans ces mondes immenses qui roulent sur nos têtes, cette vérité, l'homme parvient-il à la saisir tout entière ? Non, il ne peut s'approprier, quand il croit la tenir, que quelques lambeaux de son manteau royal. Alors grandit de plus en plus dans son âme le désir de la voir elle-même dans sa lumière infinie, et il s'écrie avec le Psalmiste inspiré: *Sitivit in te anima mea:* Mon âme a soif de toi, ô Dieu-Vérité!

Que répond à ce cri le panthéisme maçonnique? Vous l'avez entendu, chers lecteurs: « De tout ce qui a été plus rien ne reste. »

Ainsi donc, Messieurs les Francs-Maçons, votre dieu Nature, de qui vous chantez les louanges, manque de sagesse à ce point! Il allume dans toutes les âmes cet amour ardent et inextinguible de la vérité, et puis il se plaît à frapper l'homme, au moment peut-être où il s'immole pour saisir un rayon qu'elle projette vers lui; et puis c'est fini : plus rien ne reste de cet ami du vrai! Il disparaît sans avoir atteint son but, et son aspiration vers la vérité devient ainsi un mirage par lequel votre dieu se plaît à tromper les hommes, non pas les hommes grossiers, matérialistes, mais ce qu'il y a de plus noble et de plus vertueux dans l'humanité! Est-ce sage, est-ce juste? Pareille conduite chez un homme serait cruelle; chez un dieu elle est absurde. Non, Messieurs les Maçons, votre dieu n'est pas l'ami de la vérité: donc il n'est pas, et vous êtes vous-mêmes plongés dans la nuit profonde de l'erreur.

Combien autre est la doctrine catholique! Après avoir allumé dans nos âmes l'amour de la vérité, l'avoir nourri et développé en lui fournissant comme aliment ce qu'il y a de plus élevé dans la raison et de plus sublime dans la foi, elle nous montre le ciel, où nous verrons face à face Dieu, Vérité infinie, en qui nous apparaîtra l'Être des êtres. Là nous pourrons donner libre essor à notre intelligence et plonger notre regard dans la nature des choses pour y lire à découvert. Voilà, en résumé, l'enseignement de Jésus-Christ, et cet enseignement surnaturel satisfait parfaitement la raison, en même temps qu'il la surpasse et l'étonne par sa grandeur surhumaine.

Repousser cette doctrine, n'est-ce pas un acte contre nature? Eh bien ! c'est ce que fait le panthéisme maçonnique, condamnant l'homme, par son impiété, à des déconvenues cruelles, et son dieu lui-même à un manque absolu de sagesse.

Un jour, le Sauveur du monde disait à Pilate: « Je suis venu en ce monde pour rendre témoignage à la vérité. » Pilate répondit: « La vérité, qu'est-ce que c'est ? » Et aussitôt il sortit sans attendre la réponse. Que lui importait à lui la vérité? Et à l'instant il livra Jésus pour qu'on le flagellât.

La vérité, qu'importe la vérité à la Franc-Maçonnerie? L'Église l'enseigne avec une autorité divine, avec une science infaillible que dix-neuf siècles n'ont jamais pu prendre en défaut, et, au lieu de l'écouter, la secte livre dans ses loges la vérité à ses adeptes pour qu'ils la flagellent par des discours insensés, comme ceux que nous avons rapportés.

## 6. Le Panthéisme maçonnique détruit l'aspiration vers le bonheur.

L E bonheur d'un être intelligent consiste dans sa perfection. Si l'être intelligent possède toute la perfection dont il est capable, alors il est vraiment heureux, il n'a plus de désirs à former, il goûte les joies d'un repos absolu.

*Tel est notre Dieu, tel son bonheur éternel*, car notre Dieu est infiniment parfait. Pour l'homme, jamais son bonheur n'est parfait sur la terre, par ce motif, dit saint Thomas d'Aquin, qu'il nous est impossible d'éviter le mal moral, ni l'ignorance, ni la douleur physique, choses qui nous rendent nécessairement imparfaits dans les diverses facultés de notre être.

La doctrine catholique nous enseigne qu'après la mort l'homme sera parfait au ciel, d'abord dans son âme, parce que là *elle verra Dieu face à face comme il est*, selon le langage de saint Paul, et alors toutes les facultés de l'âme humaine, trouvant leur objet d'une façon adéquate, seront pleinement rassasiées et parfaites.

Après la résurrection, l'âme, réunie à son corps glorifié, jouira avec lui de son Dieu, et en même temps de la béatitude complète à laquelle elle est destinée pour toujours; car, redisons-le avec l'Ange de l'École, *Dieu a fait les choses pour qu'elles soient*, et l'anéantissement est contre sa nature.

Voilà le bonheur en lui-même, et il ne saurait être d'une autre nature; car il ne faut pas confondre cette noble chose, le bonheur, avec le plaisir, le bien-être, la jouissance, la volupté, la bonne chère, le confort: tout cela ne fait pas l'homme heureux; c'est d'ailleurs d'expérience.

Si la fortune, les plaisirs et les honneurs constituaient le bonheur de l'homme, où donc serait la justice divine? Dieu aurait fait les pauvres et les riches, les savants et les ignorants, les malades et les bien-portants, les héros en renom et ceux qui vivent inconnus du berceau à la tombe, en un mot, les heureux et les malheureux, ce qui accuserait sa bonté et sa justice.

Aussi faut-il placer le bonheur ailleurs : il est intime, dans l'âme, dans sa perfection, dans la possession de Dieu ici-bas par la foi, l'espérance et la charité, en attendant l'union parfaite du ciel. L'union de l'âme avec Dieu, en résumé, voilà la source du vrai bonheur, parce que Dieu est parfait et éternel. En se donnant à nous, il comble tous nos désirs.

Or, il n'est personne qui ne puisse aimer Dieu, et, par conséquent, le bonheur est possible à tous.

Tel est l'enseignement catholique ; que dit le panthéisme maçonnique ?

« La suprême joie, disait le Vénérable Massen, c'est le sacrifice. Le souverain bonheur, c'est de se donner ; c'est pourquoi la douleur est plus piquante alors que le cœur ne sait plus où s'épandre. »

Non, la suprême joie n'est pas le sacrifice, mais c'est l'amour qui inspire le sacrifice. Les martyrs trouvaient un bonheur ineffable à aimer Dieu jusqu'à souffrir les tourments les plus cruels ; l'amour les soutenait, les enivrait de joie. Le sacrifice est une douleur, et la douleur, même supportée avec amour, ne cesse pas d'être une douleur.

Si donc la joie est dans l'amour, je cherche l'être que peut aimer le panthéiste et en faveur duquel il se sacrifie, et je ne le trouve pas. Je ne refuse pas de mourir, mais à une condition, c'est qu'en me dévouant jusqu'à la mort, mon sacrifice sera utile à quelqu'un.

Quel profit donc y a-t-il pour le panthéisme

maçonnique dans le sacrifice et la donation de soi ?

Le seul profit est exprimé par ces mots, dont il faut se souvenir : « Eh ! qu'importe que je devienne poussière, si cette poussière est féconde ? Qu'importe, si les débris de ce qui fut mon être peuvent constituer une humanité plus heureuse, plus virile et plus grande? » Ainsi je dois renoncer à tout bonheur personnel en faveur de l'humanité, c'est-à-dire, dans le système panthéiste, en faveur du dieu Humanité, du dieu Nature, qui a besoin de ma dépouille pour se refaire une parure printanière, et de tout mon être pour être plus heureux, plus viril et plus grand ! Quel chaos d'idées ! quel système incohérent ! Non, cela n'est pas sérieux.

Oui, ce système est contre nature quand il me crie : « La suprême joie, c'est le sacrifice, » et qu'aussitôt il ajoute : « De tout ce qui a été Maurice plus rien ne reste. » Et il en est de même, évidemment, de tous les hommes : il ne reste rien de toutes les générations qui ont paru sur la terre.

Je le demande, avec ce système, que devient la notion du bonheur ? que devient le bonheur lui-même ?

Évidemment, le bonheur devient impossible à l'homme, ainsi que la perfection de son être, avec laquelle il s'identifie. Il faut donc que le Maçon panthéiste en fasse son deuil, et qu'il se résigne à dire avec son Vénérable : « Tu souffres ? Mais la vie, c'est la souffrance! »

Belle condition faite à l'humanité, en vérité ! Souffrir pendant la vie, et mourir tout entier ! Voilà, en résumé, le bonheur du panthéisme maçonnique : pour s'en contenter, il faut être, non un homme, mais une brute où un désespéré. L'animal, s'il avait conscience

de lui-même, pourrait dire en effet : Ma vie est une vie
de labeur et de souffrance, et la mort me tue tout entier ; ainsi doit parler le Maçon. Sur sa tombe, comme
sur la porte de l'*Enfer* du Dante, il faut graver ces
paroles : *Vous qui entrez ici, laissez toute espérance.*

C'est trop, puisque les damnés conservent leur être
tandis que les panthéistes consentent à n'être plus rien
du tout, si ce n'est une poussière innommée, perdue à
jamais dans le dieu Monde !

Tandis que le panthéisme maçonnique prononce ce
cruel arrêt de l'anéantissement total de mon être, je
sens ma nature se récrier, et du plus profond de mes
entrailles je dis : Non, je ne veux pas mourir tout
entier.... non, je ne veux pas être anéanti.... Je veux
la vie.... je veux le bonheur : *Non omnis moriar !*

Le bonheur ! n'est-ce pas ce que réclament l'enfant,
l'adolescent, l'homme mûr, le vieillard ? N'est-ce pas,
au fond, ce que poursuivent pauvres et riches, savants
et ignorants, rois et sujets, civilisés et barbares ? Y
a-t-il quelqu'un qui ait jamais dit, ou pu dire : Je veux
être malheureux ? Non, cet homme n'existe pas,
parce que Dieu a fait l'humanité pour le bonheur, et il
dépend de chacun de nous d'y arriver, en obéissant à
Dieu.

Le désir du bonheur est donc universel et invincible : donc il nous vient du Créateur, car le Créateur
peut seul créer dans l'homme un désir commun à tous
les hommes, par conséquent un désir universel.

Que devient donc la Sagesse divine dans le système panthéiste ? Que leur dieu soit ce qu'ils disent
autant qu'ils le voudront, cela ne saurait pas faire que

le désir d'être heureux n'existe pas dans le cœur de
tous les hommes : voilà un fait indépendant de toute
croyance. Or, comment concilier ce fait avec l'anéantissement préconisé par le panthéisme ? Que devient
la sagesse du dieu Nature avec l'anéantissement de la
personnalité humaine et la disparition absolue de l'individu à l'heure de sa mort ? Car enfin, d'où qu'elle vienne,
cette soif de bonheur me dévore. Je cours haletant
vers la source où je pourrai, je l'espère, l'étancher.
Je demande ce bonheur ; pour l'obtenir je brave
la mort sur la terre et sur l'onde, et, alors que je
crois y arriver, je tombe frappé à mort sans avoir pu
le saisir. J'ai tout sacrifié pour lui, et il m'échappe...
Je meurs...

Ouvre ton âme à la foi et à l'espérance, me dit
Jésus-Christ : je t'attends au rivage de l'Éternité. La
première figure que tu y apercevras, ce sera la mienne.
Je viendrai t'accueillir et te mettre en possession de la
vérité, du bien, du bonheur infini.

Non, dit le panthéiste maçon, l'homme meurt tout
entier. Son corps est réduit en poussière, et de son âme
il ne reste rien !

Eh bien, ô Maçons ! votre dieu manque de sagesse ;
j'ai le droit de lui dire qu'il manque à ses engagements
et qu'il m'a trompé en me refusant le moyen d'arriver
au bonheur, dont il m'a donné l'invincible désir. Votre
dieu, ô Panthéistes, est pris en flagrant délit d'injustice,
et puisqu'au moins il a conscience de lui-même dans
l'homme, il devrait être raisonnable, et sage comme un
honnête homme, comme un homme sensé : il n'est, évidemment, ni raisonnable, ni honnête, ni sensé ; il est

absurde : c'est dire qu'il n'existe pas ailleurs que dans votre système.

❧❧❧❧❧❧❧

### 7. Le Panthéisme maçonnique détruit l'aspiration vers le progrès.

DANS le système du panthéisme maçonnique, le progrès de l'individu se confond avec le progrès du dieu Nature, puisqu'il n'y a qu'une substance, dont les esprits et les corps ne sont que des modifications passagères, des évolutions successives. Où donc est ce progrès ? Est-ce dans les minéraux, les végétaux, les animaux, ou simplement dans l'homme, animal raisonnable, en qui seul le dieu Nature a conscience de lui?

Les minéraux, les végétaux, les animaux n'ont point progressé, que je sache, ni en quantité ni en qualité. Au dire de certains, seul le singe aurait progressé en devenant peu à peu homme, à mesure qu'il s'est dépouillé de ses poils et de sa laideur pour devenir ce que nous sommes.

Voilà une origine peu noble en vérité ; et si l'on venait à retrouver les parchemins qui prouvent aux inventeurs de cette idée que réellement ils sont fils de quelque goril africain, je ne sais s'ils seraient bien fiers d'exhiber leurs titres de noblesse. Ce ne serait toujours pas pour leurs enfants une recommandation qui leur procurerait des alliances avantageuses. Ils parlent de la sorte parce qu'ils entraînent avec eux l'humanité tout entière dans cette commune et déshonorante origine, et surtout parce qu'avec le dieu Nature la création proprement dite ne peut s'expliquer, vu que ce dieu-là n'est arrivé à la raison qu'au couronnement de son œuvre, c'est-à-dire dans l'homme. Comment donc aurait-il pu créer quelque chose, puisqu'il est fait lui-même par une prétendue vertu qui agit mystérieusement dans le monde, toujours à l'état de progrès ? Il fallait donc trouver pour le besoin de la cause un système en rapport avec celui des panthéistes : Darwin leur a rendu ce service, sans doute sans pouvoir s'empêcher, comme les augures qui se rencontraient, de rire.

Quoi qu'il en soit, pour ne pas sortir de mon sujet, j'ai à montrer ce qu'il faut penser du progrès, tel que l'entendent les panthéistes.

Il est bon de les faire parler eux-mêmes. Écoutons encore, à ce sujet, M. Renan, pour qu'on ne m'accuse pas de citer un panthéiste vulgaire. Nous apprendrons de lui que depuis 1883 ans le dieu Nature n'a fait aucun progrès, et qu'il n'en fera plus à l'avenir ; citons donc l'auteur :

« La plus haute conscience de Dieu qui ait existé au sein de l'humanité a été celle de Jésus... Le parfait idéalisme de Jésus est la plus haute règle de la vie détachée et vertueuse. Il a créé le ciel des âmes pures, où se trouve ce qu'on demande en vain à la terre, la parfaite noblesse des enfants de Dieu, la pureté absclue, la totale abstraction des souillures du monde, la liberté enfin, que la société réelle exclut comme une impossibilité, et qui n'a toute son amplitude que dans le domaine de la pensée. Le grand maître de ceux qui se réfugient dans ce monde idéal est encore Jésus... Christianisme est ainsi devenu presque synonyme de religion. Tout ce qu'on fera en dehors de cette grande et bonne tradition chrétienne sera stérile. Jésus a fondé la religion dans l'humanité, comme Socrate y a fondé la philosophie, comme Aristote y a fondé la science... Quelles que puissent être les transformations du dogme, Jésus restera en religion le créateur du sentiment pur ; *le Sermon sur la montagne ne sera pas dépassé.* Aucune révolution ne fera que nous ne nous rattachions en religion à la grande ligne intellectuelle et morale en tête de laquelle brille le nom de Jésus. En ce sens, nous sommes chrétiens, même quand nous nous séparons presque sur tous les points de la tradition chrétienne qui nous a précédés.

« Et cette grande fondation fut bien l'œuvre personnelle de Jésus. Pour s'être fait adorer à ce point, il faut qu'il ait été adorable. L'amour ne va pas sans un objet digne de l'allumer, et nous ne saurions rien de Jésus si ce n'est la passion qu'il inspira à son entourage, que nous devrions affirmer encore qu'il fut grand et pur. La foi, l'enthousiasme, la constance de la première génération chrétienne ne s'expliquent qu'en supposant à l'origine de tout le mouvement un homme de proportions colossales... Plaçons donc au plus haut sommet de la grandeur humaine le personne de Jésus. Ne nous laissons pas égarer par des défiances exagérées en présence d'une légende qui nous vient toujours dans un monde surhumain. La vie de François d'Assise n'est aussi qu'un tissu de miracles ; a-t-on jamais douté, cependant, de l'existence et du rôle de François d'Assise ? Ne disons pas davantage que la gloire de la fondation du christianisme doit revenir à la foule des premiers chrétiens, et non à celui que la légende a déifié. L'inégalité des hommes est bien plus marquée en Orient que chez nous. Il n'est pas rare de voir s'y élever, au milieu d'une atmosphère générale de méchanceté, des caractères dont la grandeur nous étonne. Bien loin que Jésus ait été créé par ses disciples, Jésus apparaît en tout comme supérieur à ses disciples. Cette sublime personne qui chaque jour préside encore au destin du monde, il est permis de l'appeler divine, non en ce sens que Jésus ait absorbé tout le divin ou lui ait été adéquat ( pour employer l'expression de la scolastique), mais en ce sens que Jésus est l'individu qui a fait faire à son espèce le plus grand pas vers le divin. L'humanité dans son ensemble offre un assemblage d'êtres bas, égoïstes, supérieurs à l'animal en cela seul que leur égoïsme est plus réfléchi. Mais, au milieu de cette uniforme vulgarité, des colonnes s'élèvent vers le ciel et attestent une plus haute destinée. Jésus est la plus haute de ces colonnes qui montrent à l'homme d'où il vient et où il doit tendre...»

Ainsi parle M. Renan à la fin de son ouvrage *La vie de* Jésus. Sans doute on y trouve des contradictions, mais il n'en contient pas moins les passages qu'on vient de lire, et ces passages prouvent que jamais Jésus n'a été surpassé.

Or, Jésus-Christ vivait il y a dix-neuf siècles bientôt, et c'est au XIXᵉ que M. Renan écrit: donc il n'y a pas eu de progrès dans l'humanité depuis dix-neuf siècles, puisque Jésus *demeure placé au plus haut sommet de la grandeur humaine, et la plus haute colonne qui montre à l'homme d'où il vient et où il doit tendre.*

Qu'a donc fait le dieu Nature depuis Jésus ? Sans

doute il s'est reposé de son grand enfantement. A en juger par les dires de M. Renan, il se reposera long-temps et toujours de ce labeur divin, et jamais le Fils de Marie ne sera surpassé par aucun individu humain.

En lisant ces pages, où l'erreur est entraînée, comme malgré elle, à laisser entrevoir la vérité, dont elle parle en un si beau langage, on se demande ce qui a pu guider l'écrivain et l'on est conduit à se dire que tout artiste sent le besoin d'un idéal, c'est-à-dire d'un modèle inté-rieur qu'il voudrait exprimer. Or, le panthéisme maçon-nique est fatalement condamné à déchoir, lui et ses adeptes, parce qu'il manque d'idéal.

### 8. LE PANTHÉISME MAÇONNIQUE MANQUE D'IDÉAL.

DANS toute son histoire, le panthéisme n'a pas offert à M. Renan un seul homme digne d'être présen-té à l'humanité comme modèle à imiter, comme exem-ple à suivre dans la voie pratique ; en un mot, comme idéal parfait de l'homme. C'est pourquoi, par un larcin sacrilège, il a osé dérober aux chrétiens leur Dieu, qu'il a découronné de sa divinité, tout en lui donnant le premier rang dans la grandeur humaine et le titre de divin.

Cet écrivain a compris qu'il est dans la nature de l'homme de travailler d'après modèle, et que le soin de la religion est d'offrir au peuple un modèle à imiter.

Qui dit *religion* dit nécessairement ce qui *relie* l'homme à Dieu. Or, le modèle à suivre ne peut être pour l'humanité que Dieu seul, car seul Dieu est par-fait. Moïse nous a peint le Seigneur Dieu avec les attributs de la perfection infinie, afin que nous le contemplions et que nous cherchions à lui ressembler, et Jésus, divin fondateur du christianisme, a dit aux foules enchaînées à ses pas et à ses lèvres : « Soyez parfaits comme votre Père céleste est parfait. »

J'ai dit que Dieu seul peut servir de modèle aux hommes, parce que seul Dieu est parfait : cela est évident. Nous sommes tous convaincus de notre imperfection individuelle, au point de n'avoir pas même l'idée de vouloir la nier sans nous exposer à passer pour insensés aux yeux de nos semblables. Il n'y a qu'un homme qui ait osé dire à l'humanité : « Qui de vous me convaincra de péché ? » Cet homme est Jésus-Christ, et il n'a pu tenir hardiment ce langage que parce qu'il est l'*Homme-Dieu*.

Au lieu d'exciter la risée générale, notre divin modèle a vu le genre humain tomber à genoux devant lui et lui baiser les pieds : adorable, il a été adoré. La science, l'art, le génie, la grandeur d'âme, la sainteté, la délicatesse virginale, ce qu'il y a dans la nature humaine de plus noble, de plus généreux, de plus sublime, passent et repassent depuis bientôt dix-neuf siècles sous le regard de Jésus crucifié ; ils s'arrêtent devant lui, le contemplent avec admiration, avec amour, dans des extases inspirées, puis redescendent de ces hauteurs pour s'efforcer de retracer quelque trait de cette figure divine, et quand ils réussissent à donner à leurs semblables une idée de ce parfait modèle, ils sont réputés artistes, génies, saints ; en un mot, grands parmi les grands de la terre.

En dehors de Jésus-Christ, où donc y a-t-il un homme parfait, dans l'antiquité ou dans le monde moderne ? Je parcours les siècles et les divers peuples qui ont vécu et qui vivent, j'interroge tous les horizons, j'écoute toutes les voix, et de toutes parts un seul nom me revient: JÉSUS-CHRIST!

Ce nom n'appartient pas au panthéisme ; M. Renan l'a usurpé. JÉSUS est à nous. D'ailleurs, les Maçons panthéistes, plus logiques, en un sens, n'en veulent pas, et comme les Juifs ils s'écrient: « Nous ne voulons pas qu'il règne sur nous!» Ils bannissent son nom de leurs manuels et son image sacrée de leurs écoles. Ils apprennent à leurs adeptes à fouler aux pieds le crucifix; leur rage va jusqu'à briser les croix, jusqu'à les jeter aux immondices.

Qui donc mettent-ils à la place de JÉSUS-CHRIST ? Qui sera désormais l'exemplaire de l'homme, depuis l'enfance jusqu'à l'âge mûr et au delà? Nous voyons bien apparaître çà et là des bustes et des statues, mais ces bustes, certes, ne sont pas un idéal; et ces statues, qui figurent Voltaire en France, Spinosa en Hollande, Garibaldi en Italie, que sais-je encore? ne sont pas non plus des modèles parfaits. Et cependant, qui ne voit que le grand travail de toute religion et de toute instruction est de former les peuples, et en particulier les enfants, sur un modèle qu'on place sous leurs yeux? Ainsi agit-on pour l'écriture, la peinture, la sculpture, les arts en général; pourquoi n'en serait-il pas de même en morale? *Exempla trahunt:* les exemples entraînent, a dit la Sagesse des peuples, et c'est absolument vrai. Où donc, encore une fois, se trouve l'exemplaire des Maçons panthéistes? Ils n'en ont pas, et ils sont condamnés à n'en avoir jamais.

En effet, ils ne peuvent que nous montrer des hommes, et les hommes sont toujours imparfaits. Quant à leur dieu, ils reconnaissent qu'il n'a pas conscience de lui-même, si ce n'est dans l'homme ; donc, dans l'homme imparfait ; donc, il n'est pas d'idéal possible pour les Maçons panthéistes. Voilà pourquoi M. Renan a été forcé de peindre Jésus comme la colonne la plus sublime qui nous montre la voie en s'élançant vers le ciel.

C'est peut-être le besoin d'idéal qui a inspiré le projet suivant, exposé dans le *Bulletin maçonnique* de la Grande-Loge symbolique écossaise, n° 32, Novembre 1882.

## Un Vœu maçonnique.

La R∴ L∴ « *La Sociale* », Loge écossaise n° 22, sous l'obédience de la Grande-Loge symbolique écossaise, vient, à peine née, d'émettre une proposition qui est destinée à avoir, tant dans le monde maçonnique que dans le monde profane, un très grand retentissement.

De quoi s'agit-il ?

Les auteurs de cette proposition « ont pensé que la meilleure protestation contre la basilique catholique du Sacré-Cœur serait l'érection sur la place St-Pierre, dans le square tenant à l'église du Sacré-Cœur, d'un buste de la République, et que, pour donner plus de force à cette protestation, elle devra avoir lieu le 21 janvier, anniversaire de la royauté.... »

En conséquence, on proposa « d'ouvrir une souscription démocratique, pour ériger le 21 janvier 1883, dans le square St-Pierre de Montmartre, un buste colossal en marbre de la République, au nom des communes de notre T∴ C∴ F∴ Jacques France.... »

« Le Vén∴ met la proposition sous le maillet et, sur les conclusions favorables du T∴ C∴ F∴ Duchoiselle, Or∴ Adj∴, elle est adoptée à l'unanimité. »

Quel est le sens de cette proposition et du vote précité ? Le voici : « Nos adversaires de la France entière ont choisi Montmartre pour y élever *un monument de défi*, c'est à nos FF∴ de toute la France qu'appartient la protestation. »

Opposer le buste en marbre de la République au Sacré-Cœur, c'est bien mal comprendre les catholiques et le Sacré-Cœur de Jésus lui-même, car Jésus-Christ n'est pas ennemi des Républiques. Il les bénit en elles-mêmes, et il bénit aussi les républicains quand ils respectent la liberté de son Église.

En vérité, c'est une idée étrange que d'opposer le buste de la République au Sacré-Cœur. Ce n'est pas le moyen de nous la faire aimer si nous étions ses ennemis. En tout cas, ce buste ne saurait servir d'idéal à qui que ce soit ni de quoi que ce soit. Si ce buste figure la patrie, je ne sais s'il éveillera le patriotisme chez beaucoup de Français. La statue de Jeanne d'Arc est, à mon avis, plus éloquente pour nous faire aimer et servir la France ; et le Christ sur la croix, mourant pour le salut de l'humanité, serait surtout à sa place « dans le square Saint-Pierre de Montmartre, » puisque Pierre, Denis, Rustique et Éleuthère, témoins de sa Divinité jusqu'au martyre, ont donné à cette butte célèbre le nom de Montmartre, — Mont des Martyrs.

### 9. Le Panthéisme maçonnique détruit l'aspiration vers la gloire.

LE panthéisme maçonnique détruit l'aspiration vers la gloire, parce qu'en niant l'immortalité de l'âme individuelle, il nous condamne à ne jamais jouir de la gloire du ciel et à nous repaître de celle de la terre.

Or, la gloire qui nous vient des hommes est presque toujours malsaine, fausse, incertaine, et le partage de quelques-uns.

Disons d'abord avec saint Ambroise que « la gloire n'est pas autre chose qu'une notoriété éclatante et accompagnée d'Éloges : *Est clara cum laude notitia.* » « Quant à la gloire, dit saint Thomas d'Aquin, elle est l'effet de l'honneur et de la louange. Lorsqu'on atteste et qu'on célèbre la bonté de quelqu'un, on la porte à la connaissance des hommes, on la met en relief, on la fait éclater à la lumière, et c'est là ce qu'exprime le mot *gloire :* car gloire est comme *clara, claritas,* clarté ; d'où saint Ambroise, commentant saint Paul aux Romains, dit : La gloire est la claire connaissance accompagnée de la louange.— Le passage de saint Paul, auquel on fait ici allusion, est celui où l'Apôtre dit des philosophes païens : « Connaissant Dieu, ils ne l'ont point glorifié comme Dieu, et ne lui ont point rendu grâce ; mais ils se sont évanouis dans leurs pensées, et leur cœur a été obscurci. Ainsi, se disant sages, ils sont devenus fous. Et ils ont changé la gloire de Dieu incorruptible en l'image représentant un homme corruptible, et des oiseaux, et des quadrupèdes, et des serpents. C'est pourquoi Dieu les a livrés aux désirs de leur cœur, à l'impureté, et ils ont déshonoré leurs propres corps en eux-mêmes, eux qui ont transformé la vérité de Dieu en mensonge, et qui ont adoré et servi la créature plutôt que le Créateur, qui est béni dans les siècles. Amen. »

Ces paroles et les autres qui suivent peuvent s'appliquer aux Maçons panthéistes qui, admettant une seule substance dont les esprits et les corps sont les modalités, reconnaissent nécessairement dès lors que tout est Dieu, même les oiseaux, les quadrupèdes, les serpents, l'homme, en qui seul l'unique substance a conscience d'elle-même.

La gloire, ai-je dit, est presque toujours malsaine : « Le sage, dit saint Augustin, sait que l'amour de la louange est un défaut : *Sanius videt qui et amorem laudis vitium esse cognoscit.* »

Voici une proposition du Docteur angélique qui résume la question : « Quoiqu'il ne soit pas défendu de désirer la gloire, c'est cependant un péché de rechercher la vaine gloire, en voulant la tirer, soit de ce qui n'existe pas ou de ce qui n'est pas digne de gloire, soit de ce qui est loué seulement au jugement des hommes, ou bien en la rapportant à une fin illicite. »

« Il est dangereux de se complaire en soi-même, dit saint Augustin, lorsqu'on doit prendre garde de s'enorgueillir : il n'y a que celui qui est au-dessus de tout qui peut se louer sans s'élever. Car il nous est utile de le connaître, et cela est impossible s'il ne se montre à nous. »

« Que celui qui se glorifie, dit saint Paul, se glorifie dans le Seigneur. Car ce n'est pas celui qui se rend témoignage à lui-même qui est approuvé, mais celui à qui Dieu rend témoignage. »

Certainement on peut désirer la gloire ; « celle, dit Fénelon, qui vient après la vertu, » soit en vue de glorifier Dieu, soit pour l'utilité du prochain, soit même pour soi, afin d'édifier les autres ; mais chacun sait les dangers de la vaine gloire, et combien vite la fumée qui s'en exhale enivre les plus beaux génies, lès plus pures vertus. Aussi faut-il la réputer malsaine, alors même qu'elle pousse à des actes éclatants. C'est en ce sens que saint Augustin a pu dire des Romains : « Vains, ils ont reçu une récompense vaine comme leurs désirs. »

Eh bien ! le panthéisme maçonnique nous condamne à ne jamais posséder d'autre gloire que celle-là. Par conséquent, il nous égare en nous poussant vers elle, « puisque le sage sait que l'amour de la louange est un défaut ; » et si, par modestie, nous savons fuir la gloire que les hommes donnent, voici que notre vie s'écoule dans l'inconnu.

D'où il résulte que le panthéisme maçonnique détruit dans l'homme l'aspiration vers la gloire, en n'offrant à nos désirs qu'une gloire malsaine.

Ajoutons que la gloire humaine est fausse : car, comme le dit Salluste, un seul homme ne saurait donner la gloire : « *Gloriari ad unum non est ;* » il faut que la multitude la donne. Or, la multitude est aveugle ; elle couronne aussi bien le vice que la vertu ; son jugement se fonde souvent plutôt sur l'opinion publique, frivole de sa nature, que sur la conscience publique, basée sur les principes de la saine raison. Dès lors, qu'importent à l'homme sage les vaines louanges d'une foule plus changeante que le vent, plus mobile que la mer, où sans cesse l'on voit la tempête succéder au calme ? Pour moissonner une telle gloire, je ne me livrerais pas aux travaux qu'elle exige. N'était l'espoir d'être connu et loué de mon Dieu, à qui rien n'échappe, je renoncerais vite à tout labeur : non, la foule n'est pas bon juge en fait de mérite.

Enfin, la gloire humaine est incertaine, en ce sens qu'on ne l'obtient pas toujours quand on la mérite Souvent même ceux qui en sont les plus dignes meu rent méconnus. Comme l'âme est immortelle, Dieu lui assure la récompense de sa vertu, et la gloire en fait partie ; mais que peut faire la louange des hommes à la poussière de mon être devenue, *au renouveau*, une parure printanière pour la nature ?

La gloire est capricieuse : elle ressemble à l'ombre, qui nous fuit quand nous la poursuivons, et qui s'attache à nos pas quand nous la fuyons.

Celui qui s'avisera de composer un dictionnaire *des Grands Hommes* aura bien vite, en dehors des saints et des chrétiens, cité leurs noms ; et, à part quelques-uns plus souvent redits par les écrivains, les autres sont inconnus de la multitude.

Jésus-Christ seul est vraiment glorieux parmi les hommes, parce que Jésus, nous l'avons dit, est l'Homme-Dieu. Sa gloire est universelle comme son nom. Non seulement il est glorieux en lui-même, mais il a la puissance de glorifier ceux qui l'aiment et le servent. Y a-t-il, après le sien, un nom plus glorieux que celui de sa Mère, Marie ? Ce charpentier d'il y a dix-neuf siècles bientôt, Joseph, n'est-il pas plus connu que les empereurs et les rois ? Jésus-Christ a partout des autels, et il a voulu qu'à côté du sien on en élevât un à sa Mère et à Joseph, son Père nourricier. Ce n'est pas assez : Jésus a voulu que ses apôtres, ses martyrs, ses confesseurs, ses vierges, tous ses amis héroïques, fussent connus et loués de tous les siècles et de tous les peuples. Jusqu'à ce pauvre mendiant qui se laissait dévorer par la vermine, Joseph Labre, pour expier nos voluptés, Jésus l'a voulu jeter à la cime de l'humanité. A la voix du Pontife de Rome, le monde catholique s'est épris d'amour pour lui, et le *Pauvre français* du Colysée est devenu glorieux par toute la terre. Oui, il vaut mieux servir le Christ que le blasphémer : l'amour du Christ conduit à la vraie gloire, tandis que l'erreur maçonnique ne peut nous offrir en partage qu'une gloire malsaine, fausse et incertaine.

Qui saura jamais dire les génies et les dévouements enfantés par cette noble aspiration de l'homme vers la gloire du ciel ? Ils demeurent l'honneur de l'humanité, et pour nous autant de colonnes sublimes qui nous montrent la voie à suivre pour arriver à Dieu, notre Créateur et notre Père.

Pour terminer cette considération, rappelons-nous ces paroles de l'Écriture Sainte : « *Gloriam præcedit humilitas :* l'humilité précède la gloire. » Oui, pour arriver à la gloire il faut être humble : *Dieu humilie les orgueilleux ; il donne sa grâce aux humbles.* Sachons donc obéir et méditons souvent ce portrait de l'idéal, peint par le modèle des hommes lui-même, Jésus-Christ, disant : *Apprenez de moi que je suis doux et humble de cœur, et vous trouverez la paix pour vos âmes.* Nous prouvons ajouter : et aussi la gloire.

### 10. Le panthéisme maçonnique tue l'espérance dans l'ame humaine.

L'ESPÉRANCE ! quelle parole douce à nos cœurs ! Eh bien ! le panthéiste maçonnique se plaît à l'en arracher pour y verser l'affreux désespoir.

Il y a l'espérance humaine et l'espérance divine.

Saint Jean Chrysostome dit : « Tous les hommes sont portés par un instinct naturel à une profession quelconque. Dans toutes les âmes un mobile général, l'espérance, détermine leur affection. C'est elle qui les aide à supporter les épreuves les plus laborieuses. »

En effet, le laboureur est soutenu dans ses travaux par l'espoir de la moisson ; le navigateur affronte les hasards de la mer avec l'espérance de s'enrichir ; le guerrier s'expose à la mort pour arriver à la gloire ; tous nous portons en nous-mêmes une espérance intime, dont l'objet, plus ou moins ardemment désiré, nous attire et nous soutient dans nos labeurs. Personne ne peut le nier sans faire violence à sa propre nature et sans mentir à ses convictions les plus profondes.

Mais il faut observer ici que bien souvent nos espérances sont déçues. Nous n'obtenons pas le fruit de nos travaux ; nous le perdons quelquefois après l'avoir recueilli ; la fortune, la santé, la renommée, les plaisirs, qui nous avaient souri, s'envolent en nous laissant aux prises avec des épreuves parfois terribles, cruelles, insurmontables.

Alors nous avons absolument besoin de la patience, que saint Thomas d'Aquin a définie dans les termes suivants : « Vertu par laquelle on conserve les forces de la raison contre les atteintes de la tristesse. »

Le docte auteur ajoute : « La bonté des vertus morales consiste en ce qu'elles conservent les forces de la raison contre les assauts des passions. Or, parmi les passions, la tristesse est une des plus puissantes à troubler la raison.» « La tristesse du siècle produit la mort,» dit saint Paul. « La tristesse tue beaucoup d'hommes, dit l'Ecclésiaste, et il n'y a point d'utilité en elle. » Il est donc nécessaire qu'il y ait une vertu qui conserve les forces de la raison contre la tristesse, de peur que la raison ne succombe sous ses attaques, et c'est ce que fait la patience. Aussi saint Augustin dit-il « que la patience nous fait supporter avec un courage égal les coups du malheur, de peur que nous n'abandonnions, par une mauvaise inspiration, les biens qui doivent nous conduire à un état meilleur. »

Mais la patience, d'où vient-elle ? Le Psalmiste dit en parlant de Dieu : *Ab ipso patientia mea.* Ma patience vient de lui.

« C'est la force du désir, dit saint Augustin, qui fait supporter les travaux et les peines, et personne ne consent volontairement à souffrir que pour ce qu'il aime.»

La raison en est que nous sommes ennemis de la tristesse et de la douleur ; c'est pourquoi nous ne consentons jamais à souffrir que dans un but déterminé. Il faut donc que le bien en vue duquel on souffre nous soit plus cher que celui dont la perte nous fait souffrir. Or, il n'y a que la charité, qui aime Dieu par-dessus tout, qui puisse nous faire préférer le bien surnaturel à tous les biens naturels dont la perte peut causer de la douleur. D'où il est évident que la patience, en tant qu'elle est une vertu, naît de la charité, selon cette parole de saint Paul : « La charité est patiente. » Et comme il n'est pas moins évident que la charité ne peut exister sans le secours de Dieu, selon cette autre parole de saint Paul aux Romains : « La charité de Dieu a été répandue dans nos cœurs par le Saint-Esprit qui nous a été donné, » il s'ensuit que la patience ne peut venir que de Dieu.

C'est ainsi que raisonne le prince des philosophes et des théologiens, saint Thomas d'Aquin, et cette magnifique étude sur la patience nous montre comment cette vertu est la garde nécessaire de l'espérance. Sans elle, dit plus haut saint Augustin, nous abandonnerions les biens qui nous doivent conduire à un état meilleur, c'est-à-dire nous perdrions l'espérance.

Comment donc le panthéisme maçonnique explique-t-il tous ces phénomènes intimes de l'âme ? Évidemment il n'admet que l'espérance humaine, puisque pour lui tout finit au tombeau. Il faut donc que nous trouvions en nous-mêmes et l'espérance et la patience sans le secours d'aucun être supérieur à nous, puisqu'il n'y en a pas au-dessus de l'homme, et que le ciel, disent-ils, est vide : « Tant vaut l'homme, tant vaut le dieu. » Qu'en est-il en réalité ? Sommes-nous patients dans l'adversité, dans la maladie, dans les cruelles épreuves de la vie ? Gardent-ils quelque espérance, ce père et cette mère à qui la mort, frappant comme l'aveugle, arrache un fils unique pour qui seul ils vivaient ? Que devient, à de pareils moments, un maçon panthéiste et comment se console-t-il ? Écoutons encore une fois ses accents ; qu'il nous dise lui-même la vérité qui le condamne, lui et son système.

« Il y a quelques semaines, les parents désolés qui viennent pleurer sur cette fosse accompagnaient à sa dernière demeure le cadavre de mon pauvre enfant.

« C'est à moi que revient aujourd'hui le devoir de tenter, près d'un ami cruellement éprouvé, une consolation *que je n'ai pu trouver encore pour moi-même*, de confondre avec les siennes mes larmes de frère, et de m'unir à lui dans la fraternité de la douleur. » On se demande où ce père affligé pourrait rencontrer un motif de se consoler, puisqu'il n'aura jamais devant ses yeux, en pensant à son fils, que le néant.

L'ami de ce malheureux père, prenant à son tour la parole, disait : « Nos cœurs de mai.·. et de pères se sentent douloureusement serrés devant cette tombe d'enfant. C'est là que gisent les consolations, les espérances, les suprêmes joies de cette malheureuse famille amie plongée aujourd'hui dans la plus amère douleur. C'est que là va se cacher désormais à nos yeux ce pauvre enfant naguère si joyeux et si enjoué, et dont la mort, hélas ! a pour jamais glacé les lèvres et le sourire. Gémissons !... Aujourd'hui, de tout ce qu'il a été plus rien ne reste. L'enfant, en franchissant la dernière fois le seuil paternel, a laissé le deuil et le désespoir au foyer, comme il a laissé le deuil et le désespoir dans le cœur de tous ceux qui l'ont connu et aimé. »

Le désespoir ! voilà donc le mot qui exprime le sentiment qu'inspire au Maçon panthéiste la perte d'un enfant !

Pour nous, chrétiens, devant une tombe où descendent les restes vénérés de celui que nous pleurons, nous nous souvenons de Jésus-Christ rendant à la veuve de Naïm son fils unique, à Jaïre sa fille bien-aimée, à Marthe et à Marie Lazare, leur frère chéri, et puis nous disons : Un jour, les nôtres aussi nous seront rendus.

Que l'on compare donc ce pauvre père désespéré à la Mère de Jésus, à Marie, silencieuse, résignée, debout au pied de la croix de son divin Fils mourant, et de quelle mort ! Quelle différence ! C'est là qu'on voit la vérité et l'erreur avec la distance qui sépare le chrétien du panthéiste. Nous ne finirions pas si nous voulions achever ce tableau et poursuivre cette considération.

Concluons en disant avec Châteaubriand et en affirmant « qu'elle fut révélée du Ciel, cette religion qui fit une vertu de l'espérance. Cette nourrice des infortunés, placée auprès de l'homme comme une mère auprès de son enfant malade, le berce dans ses bras, le suspend à sa mamelle intarissable et l'abreuve d'un lait qui calme ses douleurs. Elle veille à son chevet solitaire et l'endort par des chants magiques ».

Voilà ce que fait la religion chrétienne, tandis que le panthéisme maçonnique se révèle à nous par les désespoirs qu'il enfante, les suicides qu'il multiplie fatalement en raison de sa doctrine, par cette tristesse qui nous gagne de toutes parts et qui nous menace d'une mort, en résumé, moins cruelle que la vie.

## 11. Le Panthéisme maçonnique rend impossible a l'homme le vrai repos.

L E désir du repos est naturel à l'homme ; chacun le cherche ici-bas, sans cependant le trouver jamais complètement. Prétendre que tout l'homme finit au tombeau, c'est donc encore une fois affirmer que Dieu n'est ni sage, ni juste, ni bon, puisqu'il a mis en nous des désirs qui nous tourmentent sans cesse et ne se réalisent jamais.

Voici comment Horace écrivait à Mécène dans une satire intitulée : « *Presque personne n'est content de son sort* » :

« Comment peut-il se faire, Mécène, que nul homme ne soit content de son état ? Qu'il le tienne du hasard ou qu'il l'ait choisi par goût, à l'entendre, il n'en est pas qui ne soit préférable au sien. Que les marchands sont heureux ! s'écrie le soldat, quand il sent le poids des armes sur un corps usé par les longs travaux ; que le métier des armes est beau ! s'écrie à son tour le marchand, quand son vaisseau est emporté par les flots. En effet, on se bat, et à l'instant on est mort ou comblé de joie par la victoire. Le jurisconsulte envie le sort du laboureur, lorsqu'au point du jour il entend le client qui heurte à sa porte. Le laboureur, de son côté, lorsqu'un procès le force de venir en ville et d'abandonner sa charrue, prétend qu'il n'y a de gens heureux que ceux qui demeurent dans les villes…

« Qu'on écoute celui qui trace avec le soc un sillon pénible, ce marchand trompeur, ce soldat, ce négociant qui parcourt les mers, tous ils vous diront que, s'ils travaillent avec tant d'ardeur, ce n'est qu'afin de s'assurer pour leur vieillesse un repos assuré quand ils auront amassé de quoi vivre comme la sage fourmi (car c'est l'exemple qu'on cite), qui porte, qui traîne avec effort de quoi grossir le petit magasin qu'elle fait pour l'avenir, qu'elle prévoit. »

« J'admets l'exemple, continue le poète. Mais cette même fourmi, quand une fois le Verseau a ramené la saison des frimas, ne sort plus de sa retraite. Elle a la sagesse d'user du bien qu'elle a amassé. Et vous, il n'est point de saison qui puisse vous retenir. Ni les chaleurs de l'été, ni les rigueurs de l'hiver, le feu, la mer, le fer, rien ne vous arrête, dans la crainte d'être moins riche qu'un autre. »

Horace continue de traiter le sujet avec l'esprit et le bon sens qu'on lui connaît ; puis il termine cette satire en disant : « Je reviens au point d'où je suis parti. Nous sommes tous comme les avares, mécontents de nous et jaloux des autres. Que la chèvre du voisin rende plus de lait que la nôtre : voilà de quoi sécher. Plutôt que de se comparer avec le plus grand nombre, qui est moins bien que nous, on veut surpasser celui-ci, celui-là ; on s'empresse, on se hâte, et toujours on trouve devant soi quelqu'un qui fait envie. Ainsi quand les chars s'élancent de la barrière, les rivaux pleins d'ardeur volent sur ceux qui les précèdent, et ne regardent plus celui qu'ils ont laissé bien loin derrière eux. Qu'arrive-t-il de là ? Qu'on trouve peu de gens vraiment contents de la manière dont ils ont employé leur vie, et qui sortent de ce monde comme un convive rassasié sort d'un festin... »

Ainsi le banquet de la vie, au jugement d'Horace,

contente bien peu de convives, et personne ne trouve dans son passage en ce monde le repos tant désiré de tous.

Il n'en saurait être autrement, par ce motif que le repos n'est pas autre chose que la joie résultant d'un désir accompli : *Gaudium de desiderio impleto*, dit saint Thomas d'Aquin.

Or, lorsque nos désirs ont pour objet la créature, quelle qu'elle soit, nous ne pouvons obtenir que la fortune, les plaisirs et les honneurs, incapables de nous rassasier, alors même que nous les avons obtenus après les avoir ardemment désirés. Salomon, dans le monde ancien, nous a dit la vanité des biens de la terre, le vide qu'ils laissent toujours dans l'âme.

Saint Augustin, qui avait pour lui le génie et aussi l'expérience, s'est écrié : « Vous nous avez faits pour vous, Seigneur, et notre cœur demeure sans repos jusqu'à ce qu'il repose en vous. »

Fénelon, avec son style inimitable, a écrit ce qui suit : « Le cœur malade des mortels compte toujours pour rien ce qu'il a le plus désiré quand il le possède, et il est ingénieux à se créer de nouveaux désirs. »

C'est que Dieu a fait le cœur humain vide; mais ce vide est profond comme les abîmes, rien ne saurait le combler sinon Dieu lui-même, sinon l'infini; car nos désirs courent à l'infini.

La créature ne saurait donc donner à nos âmes une joie qui soit pour elles un vrai repos en ce monde.

Le Créateur lui-même, quoique étant le Bien infini, ne saurait nous assurer sur la terre le repos parfait, par cette raison que nous ne le possédons jamais parfaitement, puisqu'il échappe à nos regards: jamais homme n'a vu ni pu voir Dieu, en ce monde, dans son essence.

Nous, chrétiens, nous pouvons venger la sagesse, la justice, la bonté de Dieu, en disant que le repos nous sera donné au ciel. En effet, l'Église chante sur la tombe de ses enfants ces paroles, qui sont une prière sublime: *Dona eis requiem sempiternam:* Donnez-leur le repos éternel; mais, nous le demandons, comment le panthéiste peut-il expliquer la conduite de son dieu Nature, d'une part, allumant dans nos âmes le désir ardent et universel du repos, et, de l'autre, le trompant jusqu'au moment où il nous anéantit pour reprendre tous les éléments de notre être, dont il a besoin pour d'autres évolutions?

A cette objection, le panthéiste nous dira qu'on n'a pas à répondre, puisque le dieu Nature n'a pas conscience de ce qu'il fait et que les choses se font comme elles se font, par une vertu mystérieuse et insondable cachée au fond du monde. Et bien, pour des hommes qui ne veulent admettre que ce qu'ils comprennent, en vérité ces explications sont dures à entendre et fort peu intelligibles. Ce qu'il y a de clair, en résumé, c'est que le dieu Nature nous trompe en nous promettant le repos, qu'il ne nous donne pas durant notre vie, et qu'il ne nous donnera jamais, puisqu'il n'y a pas d'autre vie pour l'homme, disent les Maçons panthéistes.

Concluons une fois encore que le panthéisme maçonnique est contre nature, puisqu'il rend impossible à l'homme le repos vers lequel nous aspirons tous, le repos dont nous avons faim et soif, le repos dont l'humanité voudrait couronner ses labeurs.

Ici encore nous pouvons nous écrier: Qu'il y a loin du panthéisme au catholicisme!

Le catholique s'est attaché à Dieu, Vérité infinie, Bien infini, Être infiniment parfait; il a médité ses grandeurs, ses bontés et ses beautés sans nombre; souvent il a poussé vers lui ce cri de son amour: *Sitivit in te anima mea:* Mon âme a soif de vous, ô mon Dieu!

Enfin, la mort vient briser les liens qui la retiennent, et cette âme, avide de voir Dieu, s'élance vers lui; et Dieu accueille une fille bien-aimée. Il se découvre à elle, et l'âme, en le contemplant, goûte des joies enivrantes. Alors la vérité lui apparaît dans toute sa splendeur; son intelligence est ravie, son cœur est dans la jubilation, toutes ses facultés ont trouvé leur objet et leur perfection adéquate: l'âme vivante et libre, en pleine possession d'elle-même, n'a plus qu'à attendre d'être réunie à son corps pour jouir de la suprême félicité et de son repos éternel par la vision intuitive de Dieu. O Panthéistes, votre repos est celui du néant! le sommeil de la mort absolue! le repos de la brute!!

***

### 12. LE PANTHÉISME MAÇONNIQUE EST SUBVERSIF DE TOUTE RELIGION, DE TOUTE AUTORITÉ, ET AUSSI DE LA PROPRIÉTÉ; PAR CONSÉQUENT DE LA SOCIÉTÉ.

LES lois religieuses relient l'homme à Dieu; les lois civiles relient l'inférieur au supérieur et protègent le droit de propriété.

Or, le panthéisme maçonnique détruit toute loi.

Donc il est subversif de toute religion, de toute autorité, et aussi de la propriété.

Le panthéisme maçonnique détruit toute loi, parce qu'il ôte forcément aux lois la sanction, sans laquelle elles ne sont qu'un conseil et une direction, qu'on peut mépriser; cela est évident et n'a pas besoin de preuve; il n'y a pas de lois sans sanction.

Comment le panthéisme ôte-t-il aux lois leur sanction?

En niant l'immortalité de l'âme.

Si mon âme n'était pas immortelle, je pourrais mépriser les lois religieuses pendant ma vie, en me disant que mourant tout entier, corps et âme, j'échappe ainsi aux coups de la justice divine. Donc, pour les Maçons panthéistes, qui dit religion dit superstition, qu'il faut livrer à la risée populaire.

En dehors des choses religieuses, il y a une foule d'actes qui ne sont pas défendus par les lois civiles et qui sont cependant criminels; par exemple, les désirs coupables, les fautes cachées, et même les fautes publiques qui ne tombent pas sous le coup les lois comme délits. Eh bien, par là même que tout périt à la mort, d'après le panthéisme maçonnique, on peut impunément se permettre tous ces actes et tous ces crimes: il n'y a pas de sanction pour ces choses-là.

Je n'ai donc, dans cette hypothèse, que le gendarme à craindre; et si je puis, par n'importe quel moyen, lui échapper, je suis libre de suivre mon instinct, si dépravé qu'il soit; d'écouter mes passions et de me livrer à toutes les débauches de mon esprit et de mes sens. Quand je mourrai, tout mourra, *et de mon être rien ne restera.*

Arrière donc l'autorité de l'État, l'autorité des parents, l'autorité des supérieurs quelconques. *Ni Dieu ni maître!* voilà la vraie maxime.

Que devient alors la propriété?

Elle n'a plus, pour être protégée, ni les commandements de Dieu ni la conscience Seul l'État ou la société, qui ne peuvent vivre sans elle, la défendent et condamnent les voleurs d'une certaine catégorie à l'amende et à la prison.

Mais alors le peuple, qui est logique à ses heures, voyant qu'en haut on foule aux pieds les lois, on persécute la religion qui les garde, la magistrature qui les applique, l'armée qui les fait respecter, le peuple, à son tour, rôde autour de la propriété, réduite à l'état d'une place sans défense, et bientôt il se rue à la curée. La révolution commence avec le pillage et se continue par des crimes de tout genre.

Nous défions un gouvernement, républicain ou autre, de demeurer en paix et stable avec la Franc-Maçonnerie libre dans son action, par ce motif que pour elle *toute loi est tyrannique.* Son idéal, c'est l'anarchie. Bien aveugles sont les princes qui caressent cette bête féroce : elle finira par les dévorer, comme font les fauves pour leur dompteur. Qu'on lise donc l'histoire.

Mais, dira-t-on encore, la Maçonnerie ne veut pas cela. — Erreur! c'est la doctrine du maître. Qu'on se souvienne, en effet, de ce raisonnement de Weishaupt où est résumé tout son système : « L'homme a reçu du dieu Nature l'égalité et la liberté. L'égalité a été détruite par la propriété, et la liberté par les gouvernements ou sociétés civiles. Or, les gouvernements reposent sur les lois civiles et religieuses. Donc, pour rendre à l'homme son égalité et sa liberté natives, il faut détruire tout gouvernement, toute religion, en attendant qu'on détruise toute propriété. »

L'auteur de l'Illuminisme allemand parlait ainsi, et bientôt, comme on le sait, ses principes atroces étaient appliqués par les adeptes allemands et français à notre malheureux pays, vraie tête de Turc contre laquelle l'erreur étrangère a toujours dirigé et continue de diriger ses coups. La révolution de 1793 renversait la monarchie pour faire régner à sa place l'anarchie ; elle détruisait les églises, jetait les papes en prison, guillotinait les évêques et les prêtres, confisquait les biens du clergé et des nobles, frappait de ses édits de mort ou de proscription les suspects sans nulle forme de procès, couvrait la France de ruines, de larmes, de sang et de désespoir.

« Ce ne sont pas là, écrivait Barruel, les derniers coups que la secte maçonnique médité contre la propriété, pour écraser enfin toute société. Nous avons vu ses adresses au peuple tracées par Babœuf, Drouet, Lagnelot et les autres adeptes des derniers mystères, et là nous avons lu : « Législateurs, gouvernants, riches, propriétaires, écoutez à votre tour : — nous sommes tous égaux ; — eh bien ! nous prétendons désormais vivre et mourir comme nous sommes nés. Nous voulons l'égalité réelle ou la mort. » « La Révolution française n'est que l'avant-courrière d'une révolution bien plus grande, bien plus solennelle, et qui sera la dernière. — Nous consentons à faire table rase pour nous en tenir à l'égalité. Périssent, s'il le faut, tous les arts, pourvu qu'il nous reste l'égalité réelle ! »

Quel était donc leur idéal social ? Le voici: « Nous tendons à quelque chose de plus sublime, de plus équitable : le bien commun ou la communauté des biens. Plus de propriété individuelle des terres. La terre n'est à personne. Nous réclamons, nous voulons la jouissance communale des biens de la terre ; les fruits sont à tout le monde… Disparaissez enfin, révoltantes distinctions de riches et de pauvres, de grands et de petits, de maîtres et de valets, de gouvernants et de gouvernés ! Qu'il ne soit plus de différence parmi les hommes que celle de l'âge et du sexe.» (Extrait des letres trouvées chez Babœuf, imprimées par ordre de l'assemblée.)

Évidemment la révolution ébauchée en 1848, reprise en 1871, n'est que le prélude de celle qui se prépare à l'heure présente d'un bout de l'Europe à l'autre, et l'on pourrait dire dans le monde entier. Celle de 1793 n'aurait-elle été, en vérité, que l'avant-courrière de la nôtre ? L'avenir nous le dira. En tout cas, il est évident qu'en ce moment la Franc-Maçonnerie, mère de toutes les sociétés secrètes, lance au combat ses légions d'adeptes, d'affiliés et de dupes. Déjà elle a choisi et elle occupe les meilleures positions; elle déploie son armée, elle attend le signal : à quand l'heure marquée pour la conflagration qui doit nous doter de la République universelle, ou, mieux, de la Commune européenne ?

Quelqu'un des survivants, méditant alors sur les ruines amoncelées par la Révolution maçonnique, pourra dire : Depuis un siècle, nous avons vu la puissance aux mains de la monarchie et de la noblesse, de la bourgeoisie, de la démocratie couronnée, de la démocratie sans couronne, de la *voyoucratie* et de la *nou-méocratie* ; et toutes ces couches sociales ont disparu les unes après les autres pour avoir fait la guerre à Dieu, au Christ et à son Église. Et maintenant le Sauveur des hommes, rappelé de nouveau par son peuple, répare les ruines et relève la France abattue.

Ce n'est pas prophétiser que de parler ainsi, puisque, d'une part, les plans de la secte nous sont connus ainsi que sa puissance ; et que, de l'autre, nous savons que l'hérésie trouve toujours sa mort dans son triomphe apparent : elle réussit à détruire et jamais à rien édifier. Si elle bâtit, c'est sur le sable.

En résumé, que veulent-ils mettre à la place de la société chrétienne, dont ils ébranlent aujourd'hui les fondements ? Écoutons l'illuminé Weishaupt, leur père, nommé par Louis Blanc *le plus grand des conspirateurs.*

« Tout ce que nous avons fait jusqu'ici pour vous
« tendait à vous rendre dignes de travailler comme
« nous et avec nous à la destruction, à l'anéantisse-
« ment *de toute magistrature, de tout gouvernement, de*
« *toute loi, de toute société civile, de toute république*
« *même, de toute démocratie comme de toute aristocra-*
« *tie, de toute monarchie.* — Tout cela ne tendait qu'à
« vous faire deviner peu à peu, à vous persuader ce
« que nous vous disons aujourd'hui clairement.

« Tous les hommes sont égaux et libres ; c'est là leur
« droit imprescriptible ; mais ce n'est pas sous les rois
« seulement que vous perdez l'usage de cette liberté.
« Elle est nulle partout où *il existe d'autres lois pour les*
« *hommes que leur volonté même.* Nous vous avons beau-

« coup parlé de despotisme et de tyrannie, mais le despo-
« tisme et la tyrannie ne sont pas dans le monarque seule-
« ment ou dans l'aristocrate : on les retrouve essentiel-
« lement dans le peuple souverain démocrate, dans le
« peuple législateur tout comme dans le roi législateur.
« Quel droit a donc ce peuple ou cette multitude et sa
« majorité de me soumettre moi et la minorité à ses dé-
« crets? Était-ce là le droit de la nature ? Existait-il des
« peuples souverains et législateurs, plus que des rois et
« des aristocrates législateurs, quand l'homme jouissait
« de son égalité et de sa liberté naturelles? Tout ce que
« nous disions contre les despotes et les tyrans n'était
« que pour vous amener enfin à ce que nous avons à
« vous dire du peuple même, de ses lois et de sa tyran-
« nie. Ces gouvernements démocratiques ne sont pas
« plus dans la nature que les autres gouvernements.
« Si vous demandez comment les hommes vivront
« désormais sans lois et sans magistrature, sans auto-
« rités constituées réunies dans leurs villes, la réponse
« est aisée: Laissez là et vos villes et vos villages, et
« brûlez vos maisons. Sous la vie patriarcale, les
« hommes bâtissaient-ils des villes, des maisons, des
« villages ? Ils étaient égaux et libres ; la terre était à
« eux ; elle était également à tous, et ils vivaient éga-
« lement partout. Leur patrie était le monde, et non
« pas l'Angleterre ou l'Espagne, l'Allemagne ou la
« France. C'était toute la terre, et non pas un royaume
« ou une république dans un coin de la terre. Soyez
« égaux et libres, et vous serez cosmopolites ou citoyens
« du monde. Sachez apprécier l'égalité et la liberté, et
« vous ne craindrez pas de voir brûler Rome, Vienne,

« Paris, Londres, Constantinople, et ces villes quel-
« conques, ces bourgs et ces villages, que vous appelez
« votre patrie. Frère et ami, tel est le grand secret que
« nous vous réservions pour ces mystères ([1]). »

Voilà les rêves insensés de celui qui est le père du
panthéisme maçonnique. Son plan est de tout détruire
pour faire de l'homme un sauvage et un barbare, vivant
en nomade à travers les forêts et les champs, comme
autrefois, dit Weishaupt, vivaient les patriarches.

Parlant des barbares venus du nord et ayant subi
l'influence désastreuse de la civilisation, Weishaupt dit :
« Ah ! s'il restait alors parmi eux quelques sages assez
heureux pour s'être préservés de la contagion, combien
ils soupirèrent et quels vœux ils formèrent pour revoir
le séjour de leurs ancêtres, pour goûter de nouveau
leurs anciens plaisirs sur le bord d'un ruisseau, à
l'ombre d'un arbre chargé de fruits, à côté de l'objet
sensible de leurs amours ! Alors ils conçurent quel bien
c'est que la liberté, quelle faute ils avaient faite en
mettant trop de puissance dans la main d'un homme... »

C'est un rêveur qui a tenu ce langage, dira-t-on.
Oui, c'est un rêveur ; mais les Francs-Maçons, ses fils,
ont rêvé et rêvent comme leur père. Est-ce que Proudhon n'a pas fait le même rêve quand il nous a décrit
son idéal social en disant : « L'homme souverain dans
sa cabane, indépendant de Dieu et des hommes ? »

Que voulaient donc faire les insurgés de Paris en
1871, quand ils brûlaient leur ville ?

D'où viennent les aspirations des amis du pétrole, de

---

1. *Écrits originaux de Weishaupt.* — Barruel, t. III, p. 271.

la dynamite, du picrate et autres engins de destruction, sinon des rêves socialistes ou maçonniques ?

A quoi visent ceux qui travaillent à conduire les gouvernements à la banqueroute, si ce n'est à arriver, par une ruine générale, à la réalisation du rêve panthéiste de Mazzini, quand, en 1866, au congrès maçonnique de Genève, il décrétait solennellement *les États-Unis de la République Européenne ?*

Que voulait dire Victor Hugo lorsque, écrivant à Garibaldi, il lui disait : « *Aujourd'hui tout tend à devenir Europe ? »*

N'est-ce pas encore ce même rêve qui agite les révolutionnaires de tous les pays lorsqu'ils se répondent de nation à nation en portant des toasts *à la Commune Européenne ?*

Après cet exposé, si rapide qu'il soit, n'a-t-on pas le droit de conclure, je me le demande, que vraiment le panthéisme maçonnique est subversif de toute religion, de toute autorité et aussi de la propriété, par suite de la société ? Celui qui voudra méditer cette considération ne tardera pas à voir l'abîme effrayant creusé par l'erreur panthéiste sous les pas de l'humanité. Comme le voyageur égaré, arrivé tout à coup sur le bord d'un gouffre, se sent pris de vertige et s'y plonge malgré lui, l'adepte des loges maçonniques, égaré par les discours enthousiastes des orateurs sectaires, arrive à son tour sur le bord du gouffre qu'on appelle *le Nihilisme*, et bientôt on le voit s'y ruer avec fureur en maudissant le dieu Nature, en demandant l'anéantissement de tout être avec lui-même.

## II.

Le Panthéisme maçonnique fait de l'homme un dieu malgré lui;
il le pousse au suicide ; il le passionne pour la destruction ; il
en fait un nihiliste dans toute l'acception du mot.

### 13. Le Panthéisme maçonnique fait de l'homme un dieu malgré lui.

NOUS avions eu *le malade malgré lui* et *le médecin malgré lui*, sans parler du *coiffeur malgré lui ;* voici que nous avons, avec le panthéiste, *le dieu malgré lui.*

En effet, moi le premier je n'entends pas être dieu, et je suis sûr qu'il y a des millions d'hommes du même sentiment que moi. Je comprends que M. Renan ait pu dire de Jésus, qui est vraiment Dieu : « Jésus n'a pas de visions ; Dieu est en lui ; Dieu ne lui parle pas comme à quelqu'un hors de lui, Dieu est en lui ; il se sent avec Dieu, et il tire de son cœur ce qu'il dit à son Père. Il vit au sein de Dieu par une communication de tous les instants ; il ne le voit pas, mais il l'entend, sans qu'il ait besoin de tonnerre ni de buisson ardent.... Il se croit en rapport direct avec Dieu, il se croit Fils de Dieu. La plus haute conscience de Dieu qui ait existé au sein de l'humanité a été celle de Jésus. »

Mais ce langage de l'auteur de la *Vie de* Jésus, je l'avoue, ne saurait pas plus s'appliquer à moi qu'à d'autres en dehors de Jésus. Ainsi que Moïse, nous aurions besoin de vision et de buisson ardent, voire même de tonnerre, pour nous montrer Dieu et nous le faire entendre. En un mot, il est nécessaire que Dieu vienne à nous, car nous ne sommes pas lui, ni en petite ni en grande partie ; et si j'osais dire que Dieu a conscience de lui en moi, je croirais blasphémer, renverser les rôles, et, comme l'on dit, mettre la charrue avant les bœufs.

Je confesse que la vérité est en dehors de moi, et que je ne l'ai pas apportée en venant au monde. Elle m'est venue du dehors comme la lumière du ciel, comme la chaleur du ciel, comme la pluie du ciel, comme toute grâce me vient du ciel. Quand mes yeux se fermeront à la lumière, je n'emporterai pas avec moi la vérité : elle est indépendante de moi. Ce que j'ai en fait de vérité et de vertus surnaturelles, j'affirme l'avoir demandé à genoux à mon Dieu, qui m'a exaucé quand et comme il lui a plu. C'est vrai, j'ai senti Dieu en moi, parce qu'il daigne s'unir à moi comme un père à son enfant, mais comme un père qui est esprit, père des esprits créés à son image. Alors, je le comprenais dans cette union de Lui avec mon âme ; j'étais semblable à un misérable que visite un roi infiniment riche et bon, et mon âme était enrichie des biens que lui apportait en dot cet Époux divinement royal. Alors le vœu de l'Église se réalisait en moi lorsque, se tournant vers le peuple, elle lui dit : *Dominus vobiscum :* le Seigneur soit avec vous !

Que l'incrédulité ne s'avise plus de rire de ma foi et de mon amour pour mon Dieu, sinon je lui dirai : Mais vous, ô Panthéiste, vous allez bien plus loin que moi, puisque vous croyez qu'entre vous et Dieu il n'y a pas de différence. Je suis seulement plus modeste que vous, et, au lieu de me placer moi-même sur l'autel de la Divinité, je ploie mes genoux devant elle, je l'adore, je l'appelle, et, dans son infinie bonté, elle daigne venir à moi.

Non, je ne me crois pas Dieu, et jamais je ne me suis senti la puissance divine. A l'heure où la tempête grondait sur ma tête et sous mes pieds, je comprenais, à ne pouvoir en douter, que je ne commandais ni aux vents ni à la mer; et quand mon navire s'inclinait sans pouvoir se relever, menaçant de tomber et de m'entraîner avec lui dans les abîmes, jamais la pensée que je fusse Neptune ou quelque autre dieu ne m'est venue. J'implorais à cette heure suprême mon Dieu en regardant instinctivement le ciel. O Panthéiste, vous me dites « que le ciel est vide... et que je cherchais alors dans l'idéal d'un monde imaginaire des consolations factices, propres à engourdir pour un temps ma douleur ;» vous me dites «que le dieu qu'on me fait chercher là-haut, dans des espaces infinis où je ne le découvrirai jamais, *c'est en moi-même qu'il existe*, et que *tant vaut l'homme, tant vaudra le dieu;* » eh bien! non, je ne vous crois pas, et je refuse d'être dieu ; non, je ne veux pas jouir du privilège que vous m'offrez, et je me résigne à jouer la comédie du *dieu malgré lui*, puisque vous y tenez absolument.

## 14. Le Panthéisme maçonnique pousse au suicide.

CE système cruel dit à l'homme que de lui plus rien ne reste après la mort si ce n'est la poussière de son corps, dont le dieu Nature a besoin. Je n'ai donc rien à craindre après cette vie, rien, absolument rien ; ma personnalité ne laisse pas même après elle ce sillage que trace le navire après soi sur les flots de la mer.

Les panthéistes avouent, nous les avons entendus, que la vie humaine est une suite de souffrances, ne laissant parfois au foyer que le désespoir.

Si donc mon existence m'est un fardeau insupportable, pourquoi ne m'en déchargerais-je pas ? Une douleur d'un moment est vite passée, et puis c'en est fait de moi.

La doctrine chrétienne ne nie pas que la vie soit, en soi, sujette à mille douleurs ; mais elle les appelle des épreuves, parce qu'elle les envisage comme des moyens employés par la sagesse divine pour grandir nos vertus et nos mérites. De plus, elle enseigne que l'homme impuissant de lui-même à vaincre les tentations, surtout la tristesse, « qui en a tué beaucoup, » dit saint Paul, peut se vaincre lui-même avec l'aide du secours de Dieu appelé Grâce. Or, cette grâce céleste est accordée à celui qui la demande par la prière.

Le panthéisme renverse cet ordre admirable en niant la création, le Créateur, le péché originel, la nécessité de la grâce et la vertu de la prière. En fait de péché originel, il en reconnaît trois : la *Religion*, le *Gouvernement* et la *Propriété*, qu'il s'obstine à effacer par les moyens qu'on sait.

Rejetant tout secours divin, le panthéiste est abandonné à son désespoir et il se tue.

N'est-ce pas cette doctrine insensée qui, depuis quelque temps, multiplie les suicides et les crimes ? En tout cas, qu'on attribue à quoi l'on voudra les suicides, il est évident que le panthéisme y pousse fortement, en niant l'immortalité de l'âme, en rendant impossible toute sanction d'outre-tombe, en détruisant par la base toute loi religieuse et divine.

### 15. Le Panthéisme maçonnique passionne pour la destruction.

QUEL est donc, je le demande, le spectacle offert au panthéiste, habituellement, par son système lui-même ? La destruction.

La mort, qui frappe sans cesse autour de nous, détruit irrévocablement toutes les générations qui se lèvent et bientôt vont se coucher dans la tombe ; la mort anéantit toute personnalité humaine : la terre est un cimetière immense où dorment, comme le mot l'indique, tous ceux qui ont vécu, mais pour ne s'éveiller jamais.

Tandis que la doctrine chrétienne nous crie : *Credo carnis resurrectionem :* Je crois la résurrection de la chair, le panthéisme s'amuse de ce dogme en nous disant que l'homme sombre tout entier, corps et âme, dans le sépulcre, pour jamais.

Le dieu panthéiste est donc lui-même le génie de la destruction.

Avec l'immortalité de l'âme et la vie éternellement heureuse du ciel, on comprend qu'il puisse plaire à Dieu d'appeler à lui l'enfant, dont il abrège le pèlerinage en ce monde ; mais que signifient ces morts prématurées de l'enfant au berceau, de l'adulte, de l'adolescent, du jeune homme, et même de l'homme mûr ? Est-ce que le dieu Nature ne devrait pas respecter au moins l'*égalité*, si fort en honneur chez ses adeptes, et laisser vivre en paix ceux qu'il a produits ? Ressemble-t-il à ces hommes d'État en détresse, condamnés à dépouiller ceux qui ont pour donner à ceux qui n'ont pas ? Le dieu Nature est donc bien souvent en disette de matière première pour venir sans cesse, comme il le fait, frapper de mort avant le temps ses sujets, qui ne sont, après tout, que lui-même ? C'est tout de même singulier que cette amputation continue et cette destruction non interrompue dans la pauvre humanité, en qui le dieu panthéiste a cependant plus ou moins conscience de lui-même.

Quoi qu'il en soit, ce spectacle doit fortement parler au panthéiste et le passionner pour la destruction.

Je ne suis pas étonné de lire dans le *Catéchisme révolutionnaire* de Bakounine ce qui suit :

« 1. Le révolutionnaire est revêtu d'un caractère sacré. Il n'a rien qui lui soit personnel, ni un intérêt, ni un sentiment, ni une propriété, ni même un nom. Tout en lui est absorbé par un objet unique : *la Révolution.*

« 2. Il a rompu absolument, au plus profond de son être, avec tout l'ordre civil actuel, avec tout le monde civilisé, avec les lois, les usages, la morale. Il en est l'adversaire impitoyable ; il ne vit que pour les détruire.

« 3. Le révolutionnaire méprise tout le doctrinarisme ; il ne connaît bien qu'une seule science : *la destruction.* Il étudie la mécanique, la physique, la chimie, et peut-être la médecine, *mais ce n'est que dans le but de détruire.* Il se livre, dans le même but, à l'étude de la science vivante, c'est-à-dire à l'étude des hommes, de leur caractère, de leurs conditions sociales actuelles. Son désir sera toujours la destruction la plus prompte et la plus sûre de ces ignobles conditions sociales.

« 4. Le révolutionnaire méprise l'opinion publique. Il a le même mépris et la même haine pour la morale actuelle dans toutes ses manifestations. »

Pour lui, tout ce qui favorise le triomphe de la révolution est honnête ; tout ce qui entrave ce triomphe est immoral et criminel.

Le sol, il le regarde comme le bien commun de ceux qui le cultivent, et la liberté, comme un droit qui appartient à tous les hommes d'être les seuls maîtres d'eux-mêmes et de leurs actions. *Terre et liberté !*

« Arracher le sol aux seigneurs et à ses détenteurs, et, dans certains cas, exterminer les fonctionnaires et tous les représentants de l'autorité. » (Voir *Les Sociétés secrètes*, 3e volume).

Ces doctrines effrayantes produisent leurs fruits. Un journal de Moscou nous en fournit la preuve. « Ce n'est pas sans la plus profonde amertume, dit ce journal, et sans les appréhensions les plus sérieuses qu'on songe à notre jeunesse. A douze ans, l'enfant a cessé de croire en Dieu, à la famille, à l'État ; à quatorze ans, il s'exerce à la protestation pratique ; à quinze ans, il est un conspirateur ; à seize ans, il est peut-être déjà un criminel ; à dix-sept ans, il clôt son bilan *en se brûlant la cervelle*. Telle est, hélas! l'histoire trop souvent répétée de nos enfants. »

« Vive le chaos! Vive la destruction! Vive la mort! Place à l'avenir! » Cris de Bakounine.

### 16. Le Panthéisme pousse l'homme au Nihilisme.

ARRIVÉ à cette fureur de détruire, où donc l'homme s'arrêtera-t-il? Nulle part, évidemment. Comme l'empereur romain il dira: « Je voudrais que le genre humain n'eût qu'une tête pour la couper d'un seul coup. » « L'humanité n'aura d'intelligence que le jour où tous ses membres se réuniront, disent les nihilistes, et s'entr'égorgeront. »

Ce vœu est naturel aux panthéistes. En effet, si j'adoptais cette affreuse doctrine, malgré toute ma bonne volonté je ne saurais me dépouiller de mon amour instinctif de la vie; je demanderais la continuation de mon être, j'appellerais à grands cris l'immortalité. Le néant me répugne et m'effraie.

Si je suis vertueux, je le suis au prix de sacrifices pénibles à ma nature, et naturellement j'aspire à en être récompensé dans une vie meilleure. Il faut être corrompu et n'avoir en perspective que le châtiment de ses crimes pour porter la démence jusqu'à vouloir être anéanti.

Juste ou criminel, en face de cette destruction dont le panthéiste est menacé, que peut-il demander au moment où il se sent mourir et périr tout entier, sinon que tout périsse avec lui, sinon l'anéantissement de tout être, la destruction absolue?

Les Juifs ont crucifié Jésus-Christ : nous sommes sûr que si le dieu Nature pouvait tomber aux mains des révolutionnaires nihilistes, ils se feraient une dernière joie de l'exterminer, avec l'espoir qu'en le tuant plus rien n'existerait et que le monde sombrerait dans le néant.

Pareil désir est insensé; mais dans sa rage impuissante Satan a dû se dire: S'il m'était donné de détruire l'œuvre de Dieu et Dieu lui-même, quelle joie je goûterais en me plongeant, tête baissée, dant le néant avec tout ce qui est!

Ce rêve infernal, il le souffle aux hommes, aux révolutionnaires, aux nihilistes. C'est ainsi qu'ils arrivent à déclarer qu'ils ne connaissent et qu'ils n'aiment qu'une seule chose : *la destruction.*

Allez donc redire à ces forcenés les paroles citées plus haut du F∴ Massen : « Eh! qu'importe que vous deveniez poussière, si cette poussière est féconde? Qu'importe, si les débris de ce qui fut votre être peuvent constituer une humanité plus heureuse, plus virile et plus grande? »

L'humanité! vous répondra le nihiliste, je la hais et je veux la détruire... *Vive la destruction! Vive la mort! Vive le chaos!*

Une foule d'hommes refusent d'aimer un Dieu personnel, qui les comble de bienfaits en cette vie et leur en promet de plus grands encore dans l'autre, et vous, ô Panthéistes, vous voulez nous faire aimer un dieu qui nous laisse ici-bas sans consolation, un dieu qui nous anéantit à l'heure de la mort! Non, cela n'est pas sérieux. La haine seule de la vérité, unie à la crainte de l'éternelle justice, peut expliquer de pareilles aberrations.

Le panthéisme maçonnique conduit donc fatalement l'homme au désespoir, et du désespoir à la haine de tout être, y compris le dieu Nature. L'idéal alors, c'est *le Nihilisme pur et absolu.* En se plongeant dans le gouffre du néant, l'homme, qu'on arrache malgré lui à la vie et à l'immortalité, voudrait pouvoir y entraîner avec lui toute l'humanité avec tous les êtres : voilà où arrive le panthéisme maçonnique; il n'est pas donné à l'homme d'aller plus loin, ni dans l'erreur, ni dans la haine, ni dans le blasphème. Pareil état confine à l'enfer; le langage du nihiliste ne doit guère différer de celui des démons, qui, eux aussi, ne savent que haïr et blasphémer l'Être créateur de tous les êtres.

Loin d'être reniés par les Maçons ordinaires, les nihilistes sont applaudis et admirés par eux. Les vrais Maçons les regardent comme des frères qui marchent en avant, guidés par la vraie lumière, vers le but réel de la Maçonnerie universelle. Ils disent « qu'ils ont la vraie doctrine et les véritables termes ».

De l'exposé rapide qu'on vient de lire il est permis de conclure, je crois, que la Franc-Maçonnerie est panthéiste et que le panthéisme maçonnique est un système philosophiquement faux, inconséquent avec lui-même, satanique, contre nature, subversif de toute religion, de tout gouvernement, de toute propriété; qu'il fait de l'homme un *dieu malgré lui;* qu'il pousse au suicide, à la destruction, finalement au nihilisme absolu.

D'où il suit que la Franc-Maçonnerie, outre les condamnations et excommunications lancées directement contre elle par les Pontifes romains, Docteurs infaillibles de l'Église universelle, tombe aussi sous le coup des anathèmes du Concile du Vatican, dont le Canon Ier est conçu dans les termes suivants:

« De Dieu créateur de toutes choses.

« 1. Si quelqu'un nie un seul vrai Dieu créateur et maître des choses visibles et invisibles, qu'il soit anathème.

« 2. Si quelqu'un ne rougit pas d'affirmer qu'en dehors de la matière il n'y a rien, qu'il soit anathème,

« 3. Si quelqu'un dit qu'il n'y a qu'une seule et même substance ou essence de Dieu et de toutes choses, qu'il soit anathème.

« 4. Si quelqu'un dit que les choses finies, soit corporelles soit spirituelles, ou du moins les spirituelles, sont émanées de la substance divine ;

« Ou que la divine essence, par la manifestation ou l'évolution d'elle-même, devient toutes choses ;

« Ou enfin que Dieu est l'Être universel et indéfini qui, en se déterminant lui-même, constitue l'universalité des choses en genres, espèces et individus, qu'il soit anathème.

« 5. Si quelqu'un ne confesse pas que le monde et que toutes les choses qui y sont contenues, soit spirituelles soit matérielles, ont été, quant à toute leur substance, produites du néant par Dieu ;

« Ou dit que Dieu a créé, non par sa volonté, libre de toute nécessité, mais aussi nécessairement qu'il s'aime lui-même ;

« Ou nie que le monde ait été fait pour la gloire de Dieu, qu'il soit anathème. »

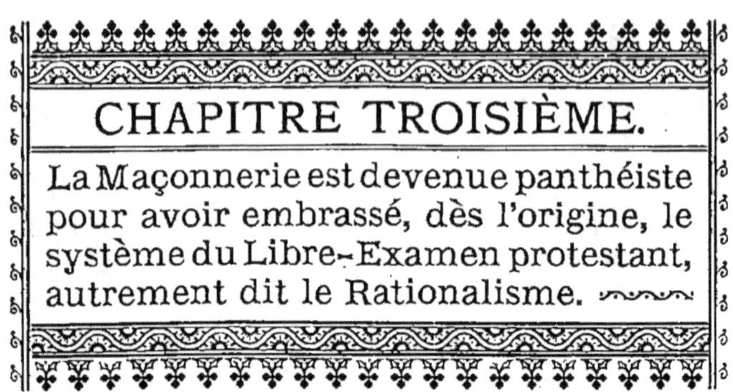

# CHAPITRE TROISIÈME.

## La Maçonnerie est devenue panthéiste pour avoir embrassé, dès l'origine, le système du Libre-Examen protestant, autrement dit le Rationalisme.

Le mal du Rationalisme — Le remède à ce mal.

### I. Le mal du Rationalisme.

NOUS ne calomnierons sûrement pas notre époque en disant qu'elle étudie peu la théologie ; partant, qu'elle est ignorante de la religion. La science religieuse, comme toute science, ne s'acquiert que par l'étude.

Cette ignorance, qui s'affiche partout de nos jours, qu'on entend, qu'on lit de ses yeux, qu'on érige en système, devient un fléau quand elle a la prétention d'ouvrir elle-même devant un peuple la voie où doit s'engager l'esprit humain pour arriver à ses destinées.

Malheur à ceux qui s'embarquent sur un navire commandé par un tel capitaine ! Ils sont certains de faire naufrage et de rouler aux abîmes.

Cette science tant ignorée, la théologie, après avoir prouvé l'existence d'un Dieu créateur de tous les êtres, nous montre que, par cela même qu'aucun peuple privé de la parole divine ou de *la Révélation* n'a jamais rendu à Dieu un culte digne de lui et n'a pu éviter de tomber dans des erreurs absurdes, contraires à la saine morale, dont personne n'a pu le tirer : il en faut conclure la nécessité morale de la  Révélation divine.

En effet, les monuments historiques qui nous parlent des peuples anciens ; la science des géographes et les relations des voyageurs savants, qui nous font connaître le véritable état des nations modernes, demeurées privées jusqu'à présent de la parole divine ou qui l'ont rejetée, nous montrent clairement que ces divers peuples, qui n'avaient pour se guider que les seules lumières de la raison, ont vécu dans l'erreur, et dans l'erreur poussée jusqu'à l'idolâtrie.

La pente à l'erreur est naturelle et la chute à l'idolâtrie est fatale. Cessez de parler à un peuple, soit de Dieu, soit du monde invisible, dont l'âme humaine fait elle-même partie, peu à peu vous le verrez ne plus s'occuper que des objets sensibles, n'être plus frappé que par eux, et finir par oublier tout ce qui ne tombe pas sous les sens. Bossuet, cherchant la source de l'idolâtrie, la trouve précisément dans cet abandon de la pensée de Dieu, invisible de sa nature. C'est donc à l'idolâtrie que nous conduit infailliblement la Franc-Maçonnerie quand elle ôte Dieu au peuple et qu'elle en bannit l'idée de ses statuts et, autant qu'elle le peut, de tous les esprits.

Elle n'empêchera pas l'homme d'être religieux. Il est invinciblement religieux, parce qu'il est essentiellement raisonnable. Sa raison le force à conclure de l'effet à la cause, et comme il sent bien, malgré les élucubrations des docteurs panthéistes, qu'il n'est pas lui-même son créateur, mais une pauvre créature, naturellement il cherche l'Être appelé Dieu, nommé dans toutes les langues sous des noms divers, afin de se *relier* à lui, et ce *lien* est précisément *la Religion.* Jamais on n'a vu un peuple sans religion ni un homme sans croyance, vraie ou fausse, par ce motif, nous le répétons, que l'homme, étant raisonnable, conclut invinciblement de l'effet à la cause, et du monde visible à son auteur invisible. Est-ce que les Francs-Maçons eux-mêmes ne sont pas obligés d'admettre le dieu Nature, inventé par la raison en délire ? N'avons-nous pas prouvé, par leur propre *Bulletin*, qu'ils ont une manière de culte religieux ?

Les païens d'autrefois appelaient leurs dieux Jupiter, Minerve, Mercure, Bacchus, Cérès, que sais-je ? Celui-ci leur donnait ses moissons ; celui-là, le vin ; Apollon conduisait le char du soleil. Il y avait quelque dieu partout : à la source des fleuves, dans les forêts, aux foyers, dans la paix, dans la guerre, en tous lieux. Plutôt que d'être déraisonnables en admettant des effets sans cause, les hommes imaginaient eux-mêmes une cause, suivant leur génie, et ils l'adoraient. C'est ainsi qu'ils devenaient idolâtres en adorant de faux dieux. D'où il faut conclure logiquement et nécessairement que les panthéistes, adorateurs du dieu Nature éclos de la cervelle humaine, sont idolâtres. Or, les Francs-Maçons sont panthéistes ; conclusion inévitable, c'est que les Francs-Maçons sont, ni plus ni moins, des idolâtres, conscients ou inconscients.

L'histoire nous a tracé le tableau des nations livrées à la superstition idolâtrique. Elle nous a montré les maux qui les affligeaient : absence presque totale de conscience publique sachant flétrir le mal et honorer le bien, châtier le vice et récompenser la veru ; déchéance de la famille, où le chef est tyran plutôt que père et époux, où la femme est esclave au lieu d'être compagne, où l'enfant est laissé à ses instincts mauvais, sans aucune culture morale : savent-ils, ces barbares, ces sauvages, ces idolâtres, ce que c'est qu'une âme ?

L'histoire nous a nommé aussi ces monstres d'orgueil et de lubricité qui se dressaient à eux-mêmes des colonnes superbes et des statues qu'il fallait adorer sous peine d'être jeté dans la fosse aux lions, dans la fournaise ardente, ou à quelque autre genre de mort. Le peuple, avili par de tels maîtres, se prosternait, ne demandant en retour que du pain et des plaisirs : *Panem et Circenses !* Voilà où conduit toujours l'idolâtrie.

A Pompéi, les demeures qui sortent de leur linceul séculaire montrent au voyageur leurs fresques, leurs statues, leurs inscriptions, leurs maisons de joie : tout cela respire l'odeur du vice. On sent que la luxure gâtait ce peuple et le pénétrait jusqu'à la moelle, jusqu'à la racine de l'âme, et l'on se hâte de fuir ces rues, ces demeures, ces places païennes pour respirer l'air pur des campagnes et des cités chrétiennes : telles sont les mœurs païennes. Ces spectacles sont nauséabonds ; mais, pour bien apprécier un peuple, une contrée où *la Révélation divine* n'a pas jeté la lumière du ciel, il faut y vivre, entendre ces populations tumultueuses, avoir commerce avec elles, les voir dans leur vie intime. Alors on a devant soi des hommes qui se jouent, quand ils sont chefs, des intérêts, des aspirations et de la vie de leurs sujets ; qui ne reculent devant aucune extravagance, s'abandonnent à leurs caprices jusqu'à la folie;

qui sacrifieraient leur pays au plaisir de contenter quelque appétit grossier.

Nous avons vu ces peuples, ces hommes, ces crimes, ce mépris de l'humanité ; nous avons vu les sauvages et nous avons vécu au milieu d'eux. Alors surtout nous avons compris que Jésus-Christ est le Sauveur de l'humanité.

Malheur à nous si les idolâtres modernes nous arrachent du cœur la foi en Jésus-Christ ! Bientôt l'erreur païenne nous ramènerait les mœurs et la vie païennes. Car il n'y a pas de milieu : il faut être chrétien ou païen, adorateur du vrai Dieu ou idolâtre.

Mais, dira-t-on, n'y avait-il pas chez les nations antiques, n'y a-t-il pas chez les peuples modernes privés de la *Révélation divine*, des sages, des philosophes, des intelligences supérieures, capables d'éclairer les foules et de les empêcher de s'abandonner à ces erreurs et à ces crimes ?

C'est vrai, il y avait chez les anciens, et il y a chez les peuples modernes, des sages, des philosophes. Mais ces philosophes, si savants soient-ils, ont été incapables et le sont encore de composer un symbole de foi et un code de morale qu'on puisse accepter ; lors même qu'ils y parviendraient, jamais ils ne sauraient décider les peuples à suivre leur doctrine, et cela pour trois raisons principales.

D'abord, parce qu'ils sont condamnés eux-mêmes à être victimes de leur ignorance et à tomber dans l'erreur. En effet, parmi les écoles philosophiques les plus célèbres de l'antiquité, il faut citer celles qui sont connues sous les noms de l'Académie, du Lycée, du

Portique. Eh bien! elles sont toutes trois tombées dans de graves erreurs, ainsi que Socrate, Aristote, Zénon et les autres philosophes.

« Emportés par la fureur de la contradiction, dit Lactance, ces philosophes ne savent que défendre leurs propres erreurs en détruisant la vérité chez les autres, et ainsi le vrai, qu'ils avaient l'air de rechercher, leur échappe. »

Ajoutons en second lieu que ces philosophes n'ont jamais su s'élever au-dessus du doute sur ce qui est la base du dogme et de la morale, et le plus accessible à la raison, nous voulons parler de l'immortalité de l'âme.

Non seulement Cicéron déclarait qu'il est difficile de voir clair dans la question *de natura Deorum*, de la nature des Dieux ; mais aussi il avouait son embarras en ce qui touche à l'immortalité des esprits. « Je ne sais comment il se fait, écrit-il, que, quand je lis les preuves qui démontrent que l'âme est immortelle, je crois à son immortalité ; et que, quand j'ai fermé le livre et que je réfléchis en moi-même à l'immortalité des esprits, toute ma croyance s'évanouit : *Assensio omnis illa elabitur.* »

Socrate lui-même, qui avait étudié toute sa vie les questions morales, parle, dans ses derniers entretiens avec ses amis, de l'immortalité de l'âme comme d'une chose douteuse, et ainsi, dit Tertullien, « son assurance ne venait pas de la possession d'une vérité découverte: *Non fiducia compertæ veritatis.* »

Enfin, comment les philosophes auraient-ils pu indiquer aux peuples un culte religieux digne de Dieu, eux qui étaient dans l'ignorance complète du mode à suivre pour apaiser la Divinité offensée par les péchés de l'homme ? La raison chez eux était assez éclairée pour voir le désordre moral ; la conscience humaine pouvait aussi par ses remords torturer le coupable ; mais la philosophie était muette à l'endroit de la voie à suivre pour arriver à l'expiation et au pardon du crime.

Pour ces trois motifs, la philosophie était donc incapable de formuler un vrai symbole de doctrine, et son incapacité est toujours la même chez nos philosophes modernes.

Nous avons dit aussi que, quand même les philosophes auraient pu composer un symbole de foi et un code de morale, jamais ils ne seraient parvenus à les faire accepter par le peuple.

D'abord, les philosophes enseignaient dans les écoles par mode de discussion. Qui donc, dans le peuple, avait l'aptitude voulue pour aller écouter et comprendre leurs savantes leçons ? Si les populations étaient obligées d'apprendre par l'étude la vérité religieuse au pied de la chaire des philosophes ; si les philosophes eux-mêmes devaient inventer leurs doctrines religieuses, qu'on dise si les foules se rendraient à ces leçons, et s'il serait facile aux professeurs eux-mêmes de les donner.

D'ailleurs, est-ce que le peuple a jamais eu le temps de suivre des cours d'instruction philosophique ? Il est condamné à gagner son pain de chaque jour à la sueur de son front : ne lui demandez donc pas de se livrer à de hautes études et d'apprendre en quoi consiste le ténébreux panthéisme.

Pour instruire le peuple au point de vue religieux, il faut instituer un vaste apostolat, comme a fait l'Église catholique, conformément à cette parole de Jésus-Christ : « Allez et enseignez toutes les nations. » Or, cet apostolat exige un symbole défini, une morale basée sur des principes éternels, une autorité qui ait le droit d'enseigner, qui puisse mettre une sanction à ce qu'elle prescrit. Où donc la Maçonnerie trouvera-t-elle un pareil apostolat ?

Comme le protestantisme, dont au fond elle fait partie par Fauste Socin, son auteur, elle s'entend à détruire, pas à édifier. Attaquer le catholicisme, le calomnier, le dénigrer, l'abattre, là où elle prévaut : voilà son œuvre ; mais elle n'enseigne aucune doctrine. En admettant le panthéisme, elle fait de l'homme un dieu, dont les idées, les sentiments et les actes sont fatalement ce qu'ils sont. Un dieu, évidemment, est à lui-même sa propre loi ; il n'y a rien au-dessus de lui ni personne. Nous sommes tous des dieux : vive la liberté ! vive l'égalité ! Aussi la Maçonnerie a supprimé dans les écoles le Dieu des chrétiens et l'enseignement religieux,

C'est Proudhon qui a résumé tout cela en donnant à la Société maçonnique son véritable état normal, celui-ci : « L'homme souverain dans sa cabane, indépendant de Dieu et des hommes. » Et Blanqui : « Ni Dieu ni maître ! »

De sorte que les Francs-Maçons sont incapables de formuler un dogme ; ils admettent une morale... indépendante ; jusqu'ici ils ont le culte qu'on a vu dépeint dans les scènes rapportées ci-dessus : quel peut donc être leur apostolat ? Encore une fois, ils n'ont qu'une seule chose à faire, et ils n'en font qu'une : essayer de détruire le catholicisme, ainsi que fait lui-même le protestantisme, qui n'a pas un seul dogme debout. Si quelqu'un pouvait encore douter de l'origine de la Franc-Maçonnerie, ces traits de famille qu'elle a avec le protestantisme devraient bien le convaincre qu'elle en vient.

Pour être apôtre, il faut se recommander par sa vertu. Or, il est avéré que les philosophes anciens étaient plus corrompus que le peuple lui-même. Saint Paul dit que, « pour n'avoir pas rendu à Dieu l'honneur qui lui est dû après avoir connu son existence par le spectacle de la création, le Seigneur les livra à leurs désirs insensés, de sorte qu'ils déshonorèrent leur propre corps. » Le même sort a été réservé à ceux qui leur ressemblent.

Nous avons étudié l'histoire intime de la Franc-Maçonnerie avant la révolution de 1793 ; nous savons ce qui se passait dans leurs réunions, dans leurs fêtes, dans leurs bals : c'était le paganisme renouvelé avec ses saturnales ; et, comme la volupté est cruelle, ces orgies finirent par les scènes sanglantes que l'on sait.

Pour porter un jugement sur les mœurs maçonniques d'aujourd'hui, nous pourrions aussi citer des faits. Nous nous contenterons de redire notre maxime : *Tant vaut la doctrine, tant vaut la société.*

« Je consultai les philosophes, dit Jean-Jacques Rousseau, je feuilletai leurs livres, j'examinai leurs diverses opinions : je les trouvai tous fiers, affirmatifs, dogmatiques, même dans leur scepticisme prétendu ;

n'ignorant rien, ne prouvant rien, se moquant les uns des autres : et ce point commun à tous me parut le seul sur lequel ils ont raison. Triomphants quand ils attaquent, ils sont sans vigueur en se défendant. Si vous pesez leurs raisons, ils n'en ont que pour détruire ; si vous comptez les voix, chacun est réduit à la sienne ; ils ne s'accordent que pour disputer ; les écouter n'était pas le moyen de sortir de mon incertitude. *Je conçus que l'insuffisance de l'esprit humain est la première cause de cette prodigieuse diversité de sentiments, et que l'orgueil est la seconde.* Quand les philosophes seraient en état de découvrir la vérité, qui d'entre eux prendrait intérêt à elle ? Chacun sait bien que son système n'est pas mieux fondé que les autres, mais il le soutient parce qu'il est à lui. Il n'y en a pas un seul qui, venant à connaître le vrai et le faux, ne préférât le mensonge qu'il a trouvé à la vérité découverte par un autre. Où est le philosophe qui, pour sa propre gloire, ne tromperait pas volontiers le genre humain ? Où est celui qui, dans le secret de son cœur, se propose un autre objet que de se distinguer ? Pourvu qu'il s'élève au-dessus du vulgaire, pourvu qu'il efface l'éclat de ses concurrents, que demande-t-il de plus ? L'essentiel est de penser autrement que les autres. Chez les croyants, il est athée ; chez les athées, il serait croyant. »

Jean-Jacques Rousseau a mis le doigt sur la plaie. Au sein de son incertitude, « je conçus, dit-il, que l'insuffisance de l'esprit humain est la première cause de cette prodigieuse diversité de sentiments, et que l'orgueil est la seconde. » Voilà le Rationalisme pris sur le fait et condamné par l'un des siens.

Mais parmi ces philosophes dont parlait Jean-Jacques, il faut évidemment placer Spinosa. Il lui était connu, et cependant il ne croyait pas en lui, et il le flagellait comme les autres. Les Maçons, paraît-il, ont vu plus clair que Jean-Jacques Rousseau et ils ont dit : Spinosa est dans la vérité.

Mais non, ils n'ont pas dit cela sûrement. Car sur cent Francs-Maçons il n'y en a pas toujours un, je crois, qui soit capable de comprendre le panthéisme de ce philosophe. Qu'on en juge par l'exposé que nous en avons fait.

Pourquoi donc l'acceptent-ils, eux qui prétendent qu'on ne doit rien croire à moins qu'on ne le comprenne ?

Concluons, nous aussi, que l'esprit humain n'a jamais su nulle part, en dehors de la Révélation divine, composer un symbole de foi ni un code de morale dignes de Dieu, dignes de l'homme ; disons que la raison a été impuissante, même chez les plus grands philosophes, à se tenir ferme dans la croyance à l'immortalité de l'âme ; reconnaissons que le Rationalisme, en se substituant à l'autorité enseignante de l'Église catholique, commet un crime envers Dieu et envers les hommes, par ce motif que le Magistère de l'Église est un remède que Dieu a donné à la faiblesse de la raison humaine.

### 2. LE REMÈDE.

LE remède au mal que nous venons de décrire, c'est l'enseignement divin : jamais l'humanité n'en a été privée, ni avant, ni après JÉSUS-CHRIST.

1° Discutant un jour avec le ministre protestant Claude, Bossuet prononçait ces mémorables paroles :

« Je dis que l'Église est infaillible ; je dis qu'il n'y eut jamais aucun temps où il n'y ait eu sur la terre une autorité visible et parlante à qui il ne faille céder. Avant Jésus-Christ nous avions la Synagogue, au point que, la Synagogue devant défaillir, Jésus-Christ parut lui-même ; quand Jésus-Christ s'est retiré, il a laissé son Église, à qui il a envoyé son Saint-Esprit. Faites revenir Jésus-Christ enseignant, prêchant, faisant des miracles, je n'ai plus besoin de l'Église ; mais aussi ôtez-moi l'Église, il me faut Jésus-Christ en personne, parlant, prêchant, décidant avec des miracles et une autorité infaillible. »

« Mais, répliquait Claude, vous avez la Parole. »

« Oui, répondait Bossuet, nous avons une Parole sainte et adorable, mais qui se laisse expliquer et manier comme on veut, et qui ne réplique rien à ceux qui l'entendent mal. Je dis qu'il faut un moyen extérieur de se résoudre sur les doutes, et que ce moyen soit certain. »

Bossuet continue son argumentation en montrant à Claude et à l'assemblée qui l'écoutait que, quand la Synagogue se trompa en condamnant Jésus-Christ, sa mission était finie, puisque Jésus-Christ lui-même parlait et devait être écouté.

Il résulte de là que la bonté paternelle de Dieu est vengée ; il a été prouvé que jamais l'homme n'a été privé « d'une autorité visible et parlante à qui il ne faille céder. »

La Sainte Écriture, d'ailleurs, nous montre clairement qu'il en fut ainsi.

Dieu, dit-elle, a créé l'homme de terre, et il l'a formé à son image. Il lui a créé de sa substance une aide semblable à lui et leur a donné le discernement : *Disciplina intellectus replevit illos.* Il les a remplis de la lumière de l'intelligence. Il leur a prescrit l'ordre de leur conduite et les a rendus dépositaires de la loi de vie (*Eccl.*).

Cette loi de vie a été communiquée par nos premiers parents à leurs enfants; aussi voyons-nous Caïn et Abel offrir à Dieu des sacrifices, soit des fruits de la terre, soit des victimes choisies de leurs troupeaux. Cette loi de vie survit à la dépravation des hommes et même au déluge, puisque Noé, au sortir de l'arche, offre à Dieu un sacrifice. « Or Noé, dit la Genèse, dressa un autel au Seigneur, et, prenant de tous les animaux et de tous les oiseaux purs, il les offrit en holocauste sur cet autel. » La Genèse ajoute que le Seigneur eut pour agréable cette offrande de son fidèle serviteur.

Énos, fils de Seth, lui-même frère de Caïn et d'Abel, avait commencé, dit la Genèse, à invoquer publiquement le Nom du Seigneur, exerçant ainsi au milieu de ses frères comme un sacerdoce : *Iste cœpit invocare Nomen Domini;* et voici qu'après Noé, et au temps d'Abraham, apparaît un homme mystérieux, Melchisédech, roi de Salem, plus tard Jérusalem, qui offre à Dieu le pain et le vin, car, dit l'Écriture, il était prêtre du Très-Haut : *Proferens panem et vinum erat enim sacerdos Dei altissimi.*

Ainsi, près de vingt-et-un siècles s'étaient écoulés depuis la création d'Adam et d'Ève, et le culte religieux enseigné à nos premiers parents se conservait encore pur et légitime ; les promesses d'un Messie futur, gravées dans l'âme des patriarches, se transmettaient de père en fils avec des paroles et des accents prophétiques que les Saints Livres ont pris soin de nous apporter textuellement par le ministère de Moïse, qui allait recevoir les traditions du passé, les écrire sous la dictée du Saint-Esprit, et converser lui-même avec le Seigneur comme un ami avec son ami; le sacerdoce d'Aaron allait être institué pour se conserver jusqu'à Jésus-Christ, auteur lui-même du Sacerdoce chrétien, qui ne finira qu'avec le monde, puisque le Sacrifice de la Messe, dont les sacrifices antiques n'étaient que la figure, ne doit jamais cesser si ce n'est avec le temps lui-même.

Concluons avec Bossuet « qu'il n'y eut jamais aucun temps où il n'y ait eu sur la terre une autorité visible et parlante à qui il ne faille céder.» Le Sacerdoce remonte aux premiers âges du monde, et il entre si avant dans les conceptions de l'esprit humain que les païens et les sauvages eux-mêmes, quoique idolâtres, ont eu dans le passé et gardent encore cette institution, du moins à l'état de débris et de ruine.

En ce qui touche la Synagogue, tribunal religieux chargé chez les Juifs de dirimer les questions sacrées, Bossuet, vous l'avez entendu, dit que c'était « un moyen certain de se résoudre sur les doutes ».

Notre-Seigneur Jésus-Christ lui-même a confirmé ce sentiment par ses paroles en disant au peuple assemblé : « Les Scribes et les Pharisiens sont assis dans la chaire de Moïse. Retenez donc tout ce qu'ils vous diront et faites-le; mais gardez-vous d'agir selon leurs œuvres, car ils disent et ne font pas. » « Il fallait donc, dit encore Bossuet à l'occasion de ces paroles, tenir pour certain ce qui avait passé en dogme constant de la Synagogue. »

Dieu, on le voit, avait établi au milieu de son peuple un tribunal sacré chargé de garder et d'expliquer les traditions saintes, qui s'étaient conservées de père en fils pendant quelque temps, et qui ensuite avaient été confiées au Sacerdoce. Ce tribunal de Docteurs de la loi devait être écouté dans son enseignement, JÉSUS-CHRIST lui-même l'a dit ; d'où il résulte qu'avant l'ère chrétienne l'humanité a eu, pour se guider, la Révélation divine, que le peuple juif emportait avec lui partout où il allait, en Égypte, en Orient et en Occident, dans ses captivités et sa dispersion ; en tous lieux il portait ses livres sacrés et les promesses glorieuses à lui faites de donner le jour au Sauveur du monde, honneur ambitionné chez les Juifs par toutes les mères. La mission de la Synagogue, consistant à instruire les grands et les petits, les chefs et les sujets, le pouvoir lui-même, montre évidemment que Dieu n'a laissé personne sans un phare qui le guide, ni les peuples ni les gouvernements. Autrefois il fallait écouter ceux qui étaient assis dans la chaire de Moïse ; maintenant il faut écouter les Pontifes qui sont assis dans la chaire de Pierre : c'est ce que nous allons prouver.

2º « Je dis que l'Église est infaillible, » affirmait de sa grande voix Bossuet, et cette voix n'est que l'écho de la voix de JÉSUS-CHRIST disant à Pierre : « Tu es Pierre, et sur cette pierre je bâtirai mon Église, et les Portes de l'Enfer ne prévaudront pas contre elle. Et je te donnerai les clefs du royaume des cieux, et tout ce que tu lieras sur la terre sera aussi lié dans le ciel, et tout ce que tu délieras sur la terre sera aussi délié dans le ciel. »

Puis, quand Notre-Seigneur envoya ses Apôtres enseigner tous les hommes, et toutes les sociétés, et tous les pouvoirs indistinctement, il leur dit : « Allez et enseignez toutes les nations... leur apprenant à garder tout ce que je vous ai mandé... Voici que je suis avec vous tous les jours jusqu'à la consommation des siècles : *Ecce ego vobiscum sum omnibus diebus usque ad consummationem sæculi.* »

Jésus-Christ est donc d'une manière invisible, mais réelle et personnelle, avec son Église enseignante. Il continue par elle son apostolat de la Judée, de la Samarie et de la Galilée, à travers les siècles et toutes les contrées, confiant aux aînées parmi les nations chrétiennes la mission d'aller éclairer les pays qui demeurent assis à l'ombre de la mort.

Ce n'est pas assez de s'être donné à son Église, Jésus-Christ a voulu lui envoyer encore son Esprit, pour qu'il fût comme son âme.

« Pour moi, disait le Seigneur, je vous ai parlé, et ma parole s'est perdue dans le silence des montagnes et la solitude du temple : vous l'avez oubliée ; mais le Saint-Esprit, que mon Père vous enverra en mon nom, vous enseignera toutes choses, et vous fera ressouvenir de tout ce que je vous ai dit : *Suggeret vobis omnia quæcumque dixero vobis...* Mon sang demeurera un moment comme une source inconnue au pied du Calvaire; mais le Saint-Esprit viendra sur vous, et vous recevrez sa vertu pour devenir mes témoins à Jérusalem et en tous lieux, afin que les mérites de mon sang soient appliqués aux Juifs et aux Gentils, à toutes les nations.»

Et, afin que personne n'ait le droit de rejeter votre parole, «je prierai mon Père et il vous donnera un autre Paraclet, qui demeurera avec vous éternellement... l'Esprit de vérité: *Rogabo Patrem et alium Paracletum dabit vobis, ut maneat vobiscum in æternum...Spiritum veritatis.* »

Cet esprit de vérité est donc toujours avec l'Église depuis qu'il est descendu sur elle, au jour de la Pentecôte des Juifs, et il ne l'a jamais quittée. Il n'y a jamais eu, dans son assistance et sa permanente demeure au sein de l'Église, de solution de continuité. D'où il résulte que l'Église est faite à l'image de JÉSUS-CHRIST, son époux mystique.

En JÉSUS-CHRIST il y avait l'Homme-Christ et le Verbe: l'élément humain et la Divinité; c'était l'Homme-Dieu.

Dans l'Église il y a aussi l'élément humain, c'est-à-dire le Pape et les Évêques, qui forment l'Église enseignante, et puis il y a aussi le Saint-Esprit, qui reste toujours en elle, de sorte que l'Église est une société humano-divine, comme JÉSUS est l'Homme-Dieu.

Quand JÉSUS-CHRIST parlait, il ne pouvait se tromper, puisque c'était le Verbe, vrai Fils de Dieu, qui parlait par sa bouche : de même, quand l'Église enseignante parle et enseigne, elle ne peut se tromper, parce qu'elle est alors l'organe du Saint-Esprit parlant par elle : *Placuit Spiritui Sancto et nobis*, disaient les apôtres au sortir du concile de Jérusalem.

Certainement il n'y a que Dieu qui soit infaillible,

mais c'est précisément parce que Dieu, disons-nous, est avec l'Église enseignante, avec le Pape enseignant en qualité de docteur universel, qu'il faut écouter ce qu'ils disent. Le Pape et les Évêques sont assis sur la chaire de Pierre, pourquoi ne faudrait-il pas les écouter ? Est-ce que l'Église de Jésus-Christ n'a pas reçu des privilèges supérieurs à ceux de la Synagogue elle-même ? L'Église n'a-t-elle pas aussi les promesses de l'immortalité, tandis que le tribunal de la Synagogue devait prendre fin ? Si donc tous et chacun devaient écouter la Synagogue, tous et chacun doivent écouter l'Église, et ainsi est vivante parmi nous l'autorité visible et parlante devant qui il n'est personne « qui ne doive céder », dit Bossuet.

Saint Augustin a bien exprimé cette doctrine quand il a dit: « Ce que l'âme est au corps humain, le Saint-Esprit l'est au corps du Christ, qui est l'Église. Le Saint-Esprit opère dans l'Église entière ce que l'âme opère dans les divers membres d'un même corps… Or, il arrive que dans un corps il faut couper un pied, une main, un doigt…; eh bien, est-ce que l'âme s'en va avec le membre coupé? Non. Quand ce membre était uni au corps, il vivait ; coupé, il perd la vie. Ainsi du catholique (continue saint Augustin) uni au corps de Jésus-Christ, qui est l'Église : il vit : retranché, il devient hérétique : mais l'Esprit-Saint ne le suit pas ; l'Esprit, âme de l'Église, reste avec elle. Si donc vous voulez vivre de l'Esprit-Saint, gardez la charité, aimez la vérité, soupirez après l'unité, afin de parvenir à l'éternité.

C'est encore saint Augustin qui disait : « Je ne

croirais pas à l'Évangile si l'autorité de l'Église ne commandait pas d'y croire : *Ego Evangelio non crederem nisi me compelleret Ecclesiæ auctoritas.* »

Telle est la doctrine de l'Église.

Voilà donc le remède divin présenté par la main de Dieu, par la main bénie de Jésus-Christ, ou plutôt par son Cœur paternel, à la faible raison humaine, puisque *la bouche parle de l'abondance du cœur.* Ce remède, ce Magistère infaillible de l'Église, n'avait pas été repoussé par les hérésiarques eux-mêmes : Arius, Pélage, Macédonius et les autres ne discutaient que le sens de la doctrine et non l'autorité de l'Église. Luther vint qui essaya d'ébranler la colonne de la vérité. Comprit-il dans toute son étendue le crime qu'il commettait en s'efforçant d'ôter à l'humanité l'autorité visible et parlante que Dieu avait assurée aux hommes pour dirimer les questions religieuses et dissiper leurs doutes? Nous ne le croyons pas, et Luther lui-même a confessé que, si Dieu ne lui avait pas caché l'avenir de la Réforme, il ne l'eût pas faite.

Nous savons désormais comment Fauste Socin, marchant sur les traces de son oncle Lœlius, embrassa la Réforme et poussa immédiatement l'usage du Libre-Examen, système inventé par Luther, jusqu'à l'extrême. Il nia la Divinité de Jésus-Christ et devint de ce chef, hérétique plus que les pères eux-mêmes du protestantisme. Il jeta dans ses écrits les germes de toutes les erreurs modernes, que ses fils ont cultivés avec ardeur, développés et jetés à tous les vents pour le malheur de l'humanité.

C'étaient des fruits de mort que le Rationalisme

devait produire fatalement. Nous l'avions affirmé ; nous croyons l'avoir prouvé, et, c'est notre conclusion en achevant ce troisième et dernier chapitre.

Mal inspirés sont donc les esprits qui embrassent le système préconisé par les rationalistes ainsi que leurs conceptions aussi nombreuses et aussi mobiles que le sable du désert ! Bien inspirés, au contraire, sont ceux qui reconnaissent la faiblesse de la raison en matière religieuse, et qui s'attachent à l'autorité enseignante de l'Église catholique, fondée par le Verbe Incarné, Jésus-Christ Notre-Seigneur, sur le roc inébranlable du Pontificat souverain, sur Pierre et ses successeurs, dont la dynastie est impérissable.

# CONCLUSIONS GÉNÉRALES.

OUS croyons qu'il est utile de terminer ce petit ouvrage par quelques conclusions générales.

1. Nous devons tous respecter les condamnations portées contre la secte maçonnique par l'Église notre Mère. Nous n'avons pas assez écouté, assez étudié les Encycliques des Papes sur cette question. Sentinelles du peuple de Dieu, les Pontifes romains voient de haut, et reçoivent du ciel les grâces dont ils ont besoin pour guider le troupeau de JÉSUS-CHRIST loin des pâturages empoisonnés de l'erreur. Attachons-nous donc au Vicaire du CHRIST avec une foi et un amour sans restriction, et nous serons sauvés par notre obéissance.

2. Sont donc dans une grave erreur tous ceux qui s'obstinent, malgré l'évidence des faits et des paroles contraires, à dire que la Franc-Maçonnerie est une société inoffensive.

Nous admettons qu'il y a nombre de Maçons inoffensifs, parce qu'ignorant la doctrine de la secte, ils vivent conformément aux bons principes qu'ils ont reçus d'ailleurs; mais la secte elle-même est hérétique, panthéiste, excommuniée par l'Église, et elle mérite cent fois de l'être.

3. Les parents, les tuteurs, toutes les personnes qui ont charge d'âmes, doivent donc regarder comme un devoir sacré et une obligation rigoureuse d'empêcher

autant qu'ils le peuvent ceux qui leur sont confiés d'entrer dans la Franc-Maçonnerie, où les âmes perdent leur foi, leur liberté et leur éternel bonheur, si elles s'obstinent jusqu'à la mort à y demeurer.

4. Toute autorité, quelle que soit sa nature, sachant que la Franc-Maçonnerie est essentiellement son ennemie et qu'elle cherchera à la détruire par tous les moyens dont elle dispose, avouables ou non, doit elle-même, si elle ne veut pas être renversée, agir en conséquence.

5. Puisque la Maçonnerie est ennemie de toute loi et qu'elle aspire à l'anarchie par sa doctrine; puisqu'elle a pour but de détruire tout gouvernement, toute religion, toute propriété, sont donc aveugles et traîtres à leur devoir les gouvernants, les magistrats, les militaires, les catholiques, les propriétaires qui se font Francs-Maçons, ou qui, ayant mieux connu cette société, y persévèrent. Tôt ou tard ils peuvent être placés entre leur conscience d'une part, et de l'autre un ordre émané des loges, et alors que feront-ils? Il est à craindre que le devoir ne soit oublié.

6. Les ouvriers qu'on a trompés en leur enseignant des doctrines subversives de la propriété afin de pouvoir se servir d'eux contre l'autorité et la religion, ne doivent pas, malgré ces promesses fallacieuses, continuer à faire la guerre au capital, aux propriétaires, aux bourgeois, comme ils s'y excitent mutuellement, parce que c'est un crime d'en agir ainsi, et aussi parce que le capital est absolument nécessaire à l'industrie, par conséquent à l'ouvrier. Le partage des biens est impossible. Tout essai qu'on fera pour y arriver sera une occasion de

pillage, d'incendies, de meurtres, dont le résultat sera la ruine de tous.

7. Tout homme sérieux doit réfléchir et comprendre qu'en résumé la Franc-Maçonnerie n'attire les gens à elle, comme l'a fait son fondateur lui-même, qu'en brisant le joug de la doctrine religieuse, si salutaire à l'humanité; qu'en lâchant la bride à l'orgeuil, à la volupté, à l'avarice, à tous les penchants mauvais de la nature; qu'en détruisant par là même la famille, la vertu, l'ordre, tout ce qui assure ici-bas et après la mort le bonheur.

8. La femme, mère, épouse, jeune fille, doit fuir ce qu'on appelle en Maçonnerie *les Réunions blanches*, où elles sont admises avec les hommes. Là elles entendront des discours comme ceux que nous avons rapportés ci-dessus; des discours on en vient aux actes, et alors la vertu et l'honneur de la femme ont fait naufrage. Nous pourrions à ce sujet révéler ici des choses lamentables, qui ne sont pas des secrets.

9. Tout catholique zélé a pour devoir d'étudier la doctrine maçonnique, puisque cette erreur, depuis plusieurs siècles et encore de nos jours, perd les âmes, pervertit les masses, porte le trouble dans les familles et le pays.

Tout catholique instruit, sachant parler et écrire, doit regarder comme un apostolat imposé à sa foi celui de travailler à la destruction de l'erreur maçonnique par la parole et par des écrits qui démasquent l'erreur et montrent la vérité.

Nous demandons aux professeurs de nos Facultés catholiques de composer, à la manière de Mgr de Ségur, de petits ouvrages où soient mises à la portée du peuple les preuves qui établissent l'existence de Dieu, l'immortalité de l'âme, et les autres vérités de l'ordre naturel. — Nous demandons à nos théologiens, en général aux membres du clergé qui ont cette aptitude, des pages, des tracts, faciles à composer et à répandre, où l'on montrera la fausseté de l'hérésie Socinienne, qui nie la divinité de Notre-Seigneur JÉSUS-CHRIST, ainsi que les prétentions ridicules du panthéisme, en vertu duquel l'homme, venu en ce monde à la façon d'un champignon, à moins qu'il ne soit un singe transformé est cependant, le panthéisme l'enseigne, une portion du dieu Nature, une modalité de la substance unique ou *animal universel*.

Cette union de toutes les intelligences éclairées et de toutes les bonnes volontés est nécessaire pour neutraliser les efforts immenses que fait en ce moment dans toutes les contrées de l'univers, surtout parmi nous, la Franc-Maçonnerie en vue de discréditer le catholicisme et d'arriver, si elle le pouvait, à le détruire. Nous l'avons vu, c'est là le but qu'elle se propose, et elle y travaille activement.

10. Que ceux qui ne peuvent pas faire autre chose prient, en disant souvent, avec foi et ardeur, le *Pater* et l'*Ave Maria*, où sont renfermées les demandes intéressant la gloire de Dieu et le Règne de JÉSUS-CHRIST son Fils: *Adveniat regnum tuum!* Que ces personnes, si elles le peuvent, propagent le *Crucifix*, car porter sur soi un Crucifix, c'est dire que l'on croit en JÉSUS Sauveur des hommes, qu'on espère en lui et qu'on l'aime. La Vierge de nos Alpes nous l'a

recommandé en disant: *Faites-le passer à mon peuple.*

On veut nous l'arracher, cette divine image; les fils de Socin ont juré de faire disparaître le CHRIST: Enfants de la Vierge Marie, jurons aussi de rester fidèles à JÉSUS, son adorable Fils, et de combattre pour sa gloire. *Christus vincit, Christus regnat, Christus imperat:* le CHRIST est vainqueur, le CHRIST règne, le CHRIST commande!

NOUS reproduisons *in extenso* à la fin de notre travail le programme de la Franc-Maçonnerie, dont nous n'avons cité que quelques lignes à la page 112 du présent ouvrage. C'est un document qui démontre jusqu'à l'évidence ce que veulent les Francs-Maçons.

## Programme de la Franc-Maçonnerie.

IL a été décidé le 11 juin 1879, à l'assemblée générale des Loges, ce qui suit. Étaient présents les délégués de tous pays.

1º Choses à faire en France et au Nord. Déchristianiser par tous les moyens, mais surtout en étranglant le catholicisme peu à peu, chaque année, par des lois nouvelles contre le clergé. — Arriver enfin à la fermeture des églises.

Dans huit ans, grâce à l'instruction laïque sans Dieu, on aura une génération athée. On fera alors une armée et on la lancera sur l'Europe.

On sera aidé pour tous les frères et amis des pays, qu'on envahira cette année-là.

Le mouvement se fera contre le Nord, parce que là

encore sont les souverains les plus solides, attendu qu'ils ont de fortes institutions militaires.

On veillera à diminuer l'esprit militaire de ces pays.

On fera *chaque année* et *partout* des tentatives de régicide. A la fin, après huit ans, si les souverains n'ont pas tous disparu, les monarchies seront affaiblies.

En Italie: — elle viendra vite à la République, quand on voudra ne pas s'en inquiéter.

En Espagne, — peuple fanatique, ami des prêtres, fanatisme ravivé par la guerre carliste: — user du régicide, plus nécessaire que partout ailleurs; — y déconsidérer le clergé par tous les moyens; — lui imputer des crimes; — incendier, et lui attribuer ces incendies. — On avait pensé à gâter les dépôts de grains: — c'est difficile; — recourir aux incendies à Séville, Valence, Madrid, Barcelonne, Valladolid, Gérona; — les membres des parlements et des loges doivent voyager et profiter de tout. — On aurait voulu sauver Otero.. — Les socialistes allemands et les nihilistes disent qu'une fois la révolution établie en Espagne, elle sera indestructible. — *Les nihilistes ont les meilleurs mots et les meilleurs moyens.*

Aller avec prudence et marcher toujours.

# TABLE DES MATIÈRES.

e½